"十四五"职业教育国家规划教材

互联网+教育改革新理念教材

物流法律与法规

（第2版）

主审　邱文云

主编　朱军兰

教·学
资　源

上海交通大学出版社
SHANGHAI JIAO TONG UNIVERSITY PRESS

内容提要

本书从实用的角度出发，对采购、运输、仓储、流通加工、配送、包装、装卸搬运等物流活动涉及的法律法规进行了阐述。全书分为九个项目，内容包括物流法律法规基础、采购法律制度、运输法律制度（上）、运输法律制度（下）、仓储法律制度、流通加工与配送法律制度、包装与装卸搬运法律制度、物流保险法律制度、物流争议解决。

本书内容实用，案例典型，体例新颖，集实用性、指导性、操作性于一体，可作为高等职业院校物流管理专业及其他相关专业的教材。

图书在版编目（CIP）数据

物流法律与法规 / 朱军兰主编. -- 2版. -- 上海 : 上海交通大学出版社, 2021.8（2024.2重印）
ISBN 978-7-313-25258-6

Ⅰ. ①物… Ⅱ. ①朱… Ⅲ. ①物流管理－法规－中国－教材 Ⅳ. ①D922.294.1

中国版本图书馆CIP数据核字(2021)第159085号

物流法律与法规（第2版）
WULIU FALü YU FAGUI (DI-ER BAN)

主　　编：朱军兰
出版发行：上海交通大学出版社　　地　　址：上海市番禺路951号
邮政编码：200030　　电　　话：021-64071208
印　　制：北京京华铭诚工贸有限公司　　经　　销：全国新华书店
开　　本：787 mm×1092 mm　1/16　　印　　张：15.25
字　　数：340千字
版　　次：2021年8月第2版　　印　　次：2024年2月第5次印刷
书　　号：ISBN 978-7-313-25258-6
定　　价：49.80元

前言

PREFACE

良好的法制环境是物流行业健康、快速发展的基础和保障。加快物流法制建设，强化物流从业人员的法制观念，维护物流市场秩序，不仅是时代的要求，也是保护物流从业人员和物流企业合法权益的根本措施。

物流法律法规既是物流企业经营管理的法律依据，也是物流从业人员的行为准则，更是相关行政机关依法行政的尺度。物流从业人员只有认真领会和熟练掌握物流法律法规的相关规定，才能更好地规范自己的行为，避免因自己的不法行为使自己或他人的利益受损，进而为建设“富强、民主、文明、和谐、自由、平等、公正、法治、爱国、敬业、诚信、友善”的社会主义现代化国家贡献自己的力量。在此指导思想下，编者编写了本书。

此外，为贯彻落实党的二十大精神，编者还结合物流法律与法规课程的教学内容，进一步修订了本书。

本书具有以下特色。

1. 立德树人，润物无声

本书积极践行“立德树人，德技并修”的理念，在每个项目前设有“素质目标”，在正文中穿插“政策引领”“大国担当”“企业精神”“探渊索珠”“敦本务实”等模块。

本书在对部分案例进行点评时，从“重承诺、守信用、不欺不诈”的高尚品德角度引导学生树立“君子爱财，取之以道”的正确价值观；在讲解铁路货物运输法律制度时，介绍了“一带一路”倡议对我国物流运输的意义，培养学生的文化自信；在介绍配送法律制度时，融入了我国物流领域自动化新技术，强化学生的科技兴国意识。

2. 校企合作，职业引领

为了充分体现教材“以就业为导向”的职业教育特征，突出创新性、先进性和实用性，编者在编写本书时，不仅与多所高校物流管理专业的老师就本书的核心内容、教学目标等进行深入交流，还走访了多家物流企业，了解物流运作过程中经常遇到的物流法律问题，从中总结提炼出实用、新颖的内容，并将其有机融入本书中。

3．全新理念，注重实用

本书坚持“以学生为中心”的理念，采用案例教学法编排，以突出实用性。本书的每个任务以典型案例为引导，通过提问的方式引起学生思考，激发学生的学习兴趣；对于重要且容易出现法律纠纷的理论知识，讲解时精心设置了案例及其点评；在每个任务结尾部分，通过让学生分析案例，掌握该任务的相关知识。其中部分案例由物流企业的真实案件改编而成，具有很强的实用性和指导意义。

4．平台支撑，资源丰富

本书配备了丰富的微课资源，读者借助手机或其他移动设备扫描二维码，即可观看微课视频。此外，本书还配有教学课件、课后习题答案等教学资源，可以帮助读者更好地理解和掌握相关知识，读者可登录文旌综合教育平台“文旌课堂”（www.wenjingketang.com）下载这些资源。读者在学习过程中有任何疑问，都可以登录该平台寻求帮助。

此外，本书还提供了在线题库，支持“教学作业，一键发布”，教师只需通过微信或“文旌课堂”App扫描扉页二维码，即可迅速选题、一键发布、智能批改，并查看学生的作业分析报告，提高教学效率、提升教学体验。学生可在线完成作业，巩固所学知识，提高学习效率。

5．体例新颖，内容实用

本书每个任务均按照“任务导入→知识讲解→案例解析→实战演练”的顺序编排。“知识讲解”部分除讲解理论知识外，还设有“同步案例”“课堂讨论”“想一想”“法律快车”“知识拓展”“小提示”等模块。这些模块不但能加深学生对重难点知识的理解，拓宽学生的知识面，还能起到活跃课堂气氛的作用。

由于物流行业涉及的法律、法规和规章很多，因此编者在编写“知识讲解”部分时，精选了与物流从业人员工作内容密切相关的法律条款，并结合行业最新政策，对相关内容进行讲解。

本书由邱文云担任主审，朱军兰担任主编，李斌成、侯艳萍、刘冬、邱红喜担任副主编。在编写过程中，编者参阅了大量文献资料和网络资料，在此向这些资料的作者表示诚挚的谢意。

由于编者经历和水平有限，书中存在的疏漏和不妥之处，诚请各位读者批评指正。

目录

CONTENTS

项目一　物流法律法规基础 /1

项目引言 /1

知识体系 /1

素质目标 /1

任务一　认识物流法 /2

任务导入 /2

知识讲解 /2

一、物流的概念和类型 /2

二、物流法的表现形式及效力的确定 /5

三、物流法的特征和作用 /8

四、物流法律关系 /9

五、我国物流立法情况 /11

案例解析 /14

实战演练 /15

任务二　了解物流企业法律制度 /15

任务导入 /16

知识讲解 /16

一、物流企业的概念及分类 /16

二、物流企业的市场准入 /18

三、物流企业的设立 /21

四、物流企业的变更、终止与清算 /26

案例解析 /29

实战演练 /30

任务三　熟悉物流服务合同 /30

任务导入 /31

知识讲解 /31

一、物流服务合同的特征 /31

二、物流服务合同的订立形式 /32

三、物流服务合同的订立过程 /33

四、物流服务合同的条款 /36

五、物流服务合同的效力 /39

案例解析 /40

实战演练 /41

项目考核 /41

项目二　采购法律制度 /44

项目引言 /44

知识体系 /44

素质目标 /44

任务一　掌握买卖合同的基础知识 /45

任务导入 /45

知识讲解 /45

一、买卖合同的概念、内容及特征 /45

二、买卖合同当事人的义务 /47

三、标的物的风险承担 /51

案例解析 /52

实战演练 /52

任务二　了解招标投标法律制度 /53
任务导入 /53
知识讲解 /54
一、招标投标的概念及其当事人 /54
二、招标投标的特性 /56
三、招标的方式与强制招标的项目 /58
四、招标投标的流程 /58
案例解析 /61
实战演练 /62
任务三　了解国际货物买卖法律制度 /63
任务导入 /63
知识讲解 /64
一、与国际货物买卖有关的法律规范 /64
二、国际货物买卖合同的主要内容 /67
三、国际货物买卖合同当事人的义务 /68
四、当事人违反国际货物买卖合同时的补救办法 /71
案例解析 /74
实战演练 /74
项目考核 /75
项目三　运输法律制度（上） /77
项目引言 /77
知识体系 /77
素质目标 /77
任务一　掌握公路货物运输法律制度 /78
任务导入 /78
知识讲解 /78
一、公路货物运输概述 /78
二、公路货物运输合同的种类 /80
三、公路货物运输合同当事人的权利与义务 /82
四、公路货物运输中的法律责任 /84
案例解析 /88
实战演练 /88
任务二　熟悉铁路货物运输法律制度 /89
任务导入 /89
知识讲解 /90
一、铁路货物运输概述 /90
二、铁路货物运输合同的分类和内容 /91
三、铁路货物运输合同当事人的权利与义务 /93
四、铁路货物运输中的法律责任 /96
五、铁路货物运输合同的变更和解除 /99
六、国际铁路货物运输法律制度 /99
案例解析 /102
实战演练 /102
项目考核 /103
项目四　运输法律制度（下） /105
项目引言 /105
知识体系 /105
素质目标 /105
任务一　熟悉水路货物运输法律制度 /106
任务导入 /106
知识讲解 /106
一、水路货物运输概述 /106
二、水路货物运输合同的类型 /107
三、水路货物运输合同当事人的义务和责任 /109
四、水路货物运输合同的变更或解除 /113
五、国际海上货物运输法律制度 /114
案例解析 /119
实战演练 /120

任务二　熟悉航空货物运输法律制度 /121
任务导入 /121
知识讲解 /122
一、航空货物运输概述 /122
二、航空货物运输合同 /122
三、航空货物运输中的法律责任 /125
四、国际航空货物运输法律制度 /126
案例解析 /129
实战演练 /130
任务三　了解多式联运法律制度 /130
任务导入 /130
知识讲解 /131
一、多式联运概述 /131
二、多式联运合同 /132
三、多式联运单据 /133
四、多式联运经营人的责任 /133
五、国际多式联运法律制度 /135
案例解析 /136
实战演练 /137
项目考核 /137
项目五　仓储法律制度 /140
项目引言 /140
知识体系 /140
素质目标 /140
任务一　认识保管合同 /141
任务导入 /141
知识讲解 /141
一、保管合同的概念与特征 /141
二、寄存人的权利与义务 /142
三、保管人的权利与义务 /143
案例解析 /145
实战演练 /145
任务二　掌握仓储合同 /146
任务导入 /146
知识讲解 /147
一、仓储的概念和分类 /147
二、仓储合同的特征与主要内容 /148
三、仓单的概念与法律特征 /149
四、仓储合同当事人的权利与义务 /152
案例解析 /154
实战演练 /155
任务三　了解保税货物仓储法律制度 /155
任务导入 /156
知识讲解 /156
一、保税仓库概述 /156
二、保税仓库的设立 /157
三、保税仓库及所存货物的管理 /159
案例解析 /161
实战演练 /161
项目考核 /162
项目六　流通加工与配送法律制度 /164
项目引言 /164
知识体系 /164
素质目标 /164
任务一　认识承揽合同 /165
任务导入 /165
知识讲解 /165
一、流通加工概述 /165
二、承揽合同的特征、类型和内容 /166
三、承揽合同当事人的权利与义务 /168
案例解析 /172
实战演练 /172
任务二　认识配送合同 /172
任务导入 /173
知识讲解 /173
一、配送概述 /173
二、配送合同的种类、特征和主要内容 /175

三、配送合同当事人的权利与义务 /176
案例解析 /177
实战演练 /177
项目考核 /178

项目七 包装与装卸搬运法律制度 /180

项目引言 /180
知识体系 /180
素质目标 /180
任务一 掌握货物包装法律制度 /181
任务导入 /181
知识讲解 /181
一、包装的分类 /181
二、物流行业对包装的要求 /182
三、货物运输包装标志 /183
四、普通货物包装法律制度 /186
五、危险货物包装法律制度 /189
六、包装条款和物流包装中的法律责任 /190
案例解析 /192
实战演练 /192
任务二 了解装卸搬运法律制度 /192
任务导入 /193
知识讲解 /193
一、装卸搬运概述 /193
二、港口装卸搬运作业法律制度 /195
三、铁路装卸搬运作业法律制度 /198
四、公路装卸搬运作业法律制度 /199
案例解析 /200
实战演练 /200
项目考核 /201

项目八 物流保险法律制度 /203

项目引言 /203
知识体系 /203
素质目标 /203
任务一 掌握保险基础知识 /204
任务导入 /204
知识讲解 /205
一、保险概述 /205
二、保险合同概述 /206
三、保险合同的履行 /210
案例解析 /212
实战演练 /212
任务二 了解货物运输保险法律制度 /212
任务导入 /213
知识讲解 /214
一、货物运输保险概述 /214
二、货物运输保险合同的概念和特征 /215
三、货物运输保险的保险责任 /215
四、国内货物运输保险的保险标的范围和赔偿处理 /217
案例解析 /219
实战演练 /219
项目考核 /220

项目九 物流争议解决 /222

项目引言 /222
知识体系 /222
素质目标 /222
一、调解概述 /223
二、仲裁概述 /225
三、诉讼概述 /230

参考文献 /236

项目一 物流法律法规基础

项目引言

当代物流业是融合运输业、仓储业、货代业和信息业的复合型服务产业，涉及众多部门，因此与之相关的法律法规也较多。这些法律法规共同形成了我国的物流法律规范体系，对规范我国物流市场和保障我国物流业的持续健康发展，起到了重要作用。

知识体系

✓ 认识物流法。
✓ 了解物流企业法律制度。
✓ 熟悉物流服务合同。

素质目标

✓ 了解“十四五”期间，我国将重点推进的八大物流体系建设，为建设“物流强国”贡献自己的力量。
✓ 了解编纂法典是一个国家、一个民族走向繁荣强盛的象征和标志，深刻理解编纂《民法典》的意义。
✓ 了解诚信不仅是一种道德规范，也是能够为企业带来经济效益的重要资源，在一定程度上甚至比物质资源和人力资源更为重要。
✓ 了解中国的承诺与践诺，理解信守承诺是为人之本，兴国之基，做一个信守承诺的人。

任务一 认识物流法

【学习目标】

✓ 了解物流的概念和类型。

✓ 熟悉物流法的表现形式、特征和作用。

✓ 熟悉物流法律关系的主体、客体和内容。

✓ 了解物流法律关系的产生、变更和终止。

✓ 了解我国物流立法情况。

【技能目标】

✓ 能够分析出案件中物流法律关系的主体、客体和内容。

✓ 能够分析出案件中物流法律关系产生、变更和终止的依据。

任务导入

A物流公司是一家集运输、仓储、流通加工、配送和信息服务于一体的现代化综合性物流公司。2020年6月，B贸易公司委托A物流公司把一批易燃货物从甲地运往乙地，双方签订了货物运输合同。在运输途中，这批货物发生了自燃，进而引起运输汽车及车上其他货物燃烧，损失达30万元。经调查发现，这批货物的自燃点是8℃，B贸易公司在托运单中并未对此说明，A物流公司在运输过程中也没有进行任何降温处理。

思考：

（1）上述案例中，物流法律关系的主体、客体和内容分别是什么？

（2）运输汽车及车上货物燃烧所产生的损失应由谁承担？

知识讲解

一、物流的概念和类型

（一）物流的概念

物流是指货物从供应地到接收地的动态活动过程。对于物流企业而言，物流涉及采购、运输、仓储、包装、流通加工、配送、装卸搬运及物流信息处理等环节，如表1-1所示。

表 1-1　物流涉及的环节及其说明

涉及的环节	说　明
采购	物流企业为了满足客户或自身经营的需要而进行的购买行为
运输	利用载运工具、设施设备及人力等运力资源，使货物在较大空间上产生位置移动的活动
仓储	利用仓库及相关设施设备进行货物的入库、储存、出库的活动
包装	为了在流通过程中保护货物、方便储运、促进销售，按一定技术方法而采用的容器、材料和辅助物等的总称。也指为了达到上述目的，在采用容器、材料和辅助物的过程中施加一定技术方法的操作活动
流通加工	根据客户需要对货物实施的包装、分割、计量、分拣、刷标志、拴标签、组装等简单加工作业的总称
配送	在经济合理区域范围内，根据客户的要求，对货物进行拣选、加工、包装、组配等作业，并按时送达指定地点的物流活动
装卸搬运	在运输工具间或运输工具与存放场地（仓库）间，以人力或机械方式对货物进行载上载入、卸下卸出和空间移动的作业过程。装卸搬运是随着货物的运输和保管而产生的
物流信息处理	物流信息是反映物流各种活动内容的知识、资料、图像、数据的总称。物流活动的管理与决策（如运输工具的选择、运输路线的确定、运输批量的确定、在途货物的追踪、仓库的有效利用、最佳库存数量的确定、库存时间的确定、订单管理等）都需要详细而准确的物流信息作为支持。物流信息处理包括处理订货信息、进货信息、仓储信息、包装信息、流通加工信息、配送信息等

（二）物流的类型

根据物流在供应链中的作用、物流活动的范围、物流活动的组织者不同，物流有不同的类型。

1. 根据物流在供应链中的作用分类

（1）供应物流。供应物流是指生产企业、流通企业或消费者为满足自身需要，购入原材料、零部件或其他物料时所发生的物流活动。

扫一扫

物流的分类

（2）生产物流。生产物流是指在生产过程中发生的涉及原材料、在制品、半成品、产成品等的物流活动。

（3）销售物流。销售物流是指企业在出售商品过程中所发生的物流活动。

（4）逆向物流。逆向物流又称反向物流，是指商品从供应链下游向上游的运动所引发的物流活动，如不合格商品的返修、退货，以及周转使用的包装容器从需求方返回到供应方的物流活动。

（5）废弃物物流。废弃物物流是指对失去使用价值的物品根据实际需要进行收集、分类、加工、包装、搬运、储存等，并送到专门的处理场所的物流活动。

2. 根据物流活动的范围分类

（1）国际物流。国际物流是指跨越不同国家或地区之间的物流活动。国际物流可以实现货物在国际间的流动与交换，促进区域经济的发展和世界资源的优化配置。

（2）国内物流。国内物流是指发生在一个国家或地区范围内的物流活动，国家或地区的各项法律、方针、政策、标准及行业规范在该国所辖范围内普遍适用。

（3）区域物流。区域物流是指一个国家或地区范围内不同区域的物流。在我国，区域物流按行政区域可分为华北地区物流、华中地区物流、西南地区物流等；按经济圈，可分为苏（苏州）无（无锡）常（常州）经济区物流、黑龙江边境贸易区物流等；按地理位置，可分为长江三角洲地区物流、珠江三角洲地区物流、长江上游地区物流等。

3．根据物流活动的组织者分类

（1）自主物流。自主物流又称自营物流，是指企业借助自身的物质条件（包括物流设施设备及管理机构等），自行组织并由企业内部人员参与管理及运作的一种物流模式。

（2）第三方物流。第三方物流又称委外物流或合约物流，是指由独立于物流服务供需双方之外且以物流服务为主营业务，为客户提供专项或全面的物流服务的一种物流模式。

（3）第四方物流。在第四方物流中，物流企业并不实际承担具体的物流运作活动，而是利用自身拥有的信息技术、整合能力及其他资源为客户（包括供应商、消费者和第三方物流企业等）提供一套完整的物流供应链解决方案（包括物流规划、物流咨询、物流信息系统规划、供应链管理等），以此获取利润。

物流强国

2020 年是全面建成小康社会决胜之年和“十三五”规划收官之年，我国物流业在这一年虽然遭遇严重冲击，但全行业紧跟党中央决策部署，统筹推进现代物流体系建设，交出了一份不同寻常的成绩单。

“十四五”时期，我国将重点推进八大物流体系建设：一是构建“通道+枢纽+网络”的物流运行体系；二是建立安全可靠的现代供应链体系；三是发展集约高效的物流服务体系；四是完善创新赋能的物流经济体系；五是健全保障有力的应急物流体系；六是打造内联外通的国际物流体系；七是培育分工协调的物流市场主体体系；八是夯实科学完备的物流基础体系。

2020 年 11 月 8 日，在第三届中国国际进口博览会配套活动——2020 全球贸易与国际物流高峰论坛上，国家发展和改革委员会经贸司副司长张某介绍：对外，要立足全面开放新格局，精准把握全球供应链体系，重构战略机遇，努力适应复杂多变的国际经贸环境，为扩大对外开放提供坚实的保障；对内，要把握经济高质量发展的时代要求，顺应技术创新应用发展趋势，加快构建现代物流体系，全面提升物流服务的质量和效率。

讨论：2021 年是“十四五”规划的开局之年，也是奔向 2035 年远景目标的新起点，物流企业应如何开好局，起好步，在建设“物流强国”新征程中贡献自己的力量？

二、物流法的表现形式及效力的确定

物流法是指国家制定或承认的，用来调整和规范物流活动及与物流活动有关的社会关系的各种法律规范的总称。物流法规定了物流活动各主体的权利、义务及法律责任，为物流业的健康发展提供了保障。

（一）物流法的表现形式

在我国，物流法主要有以下几种表现形式：

（1）法律。法律是指由全国人民代表大会及其常务委员会按照立法程序制定和颁布的规范性文件。目前，适用于物流行业的法律主要有《中华人民共和国民法典》（如合同编中第 19 章“运输合同”、第 21 章“保管合同”、第 22 章“仓储合同”等）、《中华人民共和国海商法》（以下简称《海商法》）、《中华人民共和国民用航空法》（以下简称《民用航空法》）、《中华人民共和国铁路法》（以下简称《铁路法》）、《中华人民共和国公路法》（以下简称《公路法》）、《中华人民共和国港口法》等。

扫一扫

物流法的表现形式

治国重器

关于《中华人民共和国民法典》

2020 年 5 月 28 日，第十三届全国人民代表大会第三次会议表决通过了《中华人民共和国民法典》（以下简称《民法典》）。《民法典》用于调整平等主体的自然人、法人和非法人组织之间的人身关系和财产关系，其立法目的是保护民事主体的合法权益，调整民事关系，维护社会和经济秩序，适应中国特色社会主义发展要求，弘扬社会主义核心价值观。

回顾人类文明史，编纂法典是具有重要标志意义的法治建设工程，是一个国家、一个民族走向繁荣强盛的象征和标志。编纂民法典的意义如下：

（1）编纂民法典是坚持和完善中国特色社会主义制度的现实需要。在系统总结制度建设成果和实践经验的基础上，编纂一部具有中国特色、体现时代特点、反映人民意愿的民法典，不仅能充分彰显中国特色社会主义法律制度成果和制度自信，促进和保障中国特色社会主义事业不断发展，也能为人类法治文明的发展进步贡献中国智慧和中国方案。

（2）编纂民法典是推进全面依法治国、推进国家治理体系和治理能力现代化的重大举措。编纂民法典，就是全面总结我国的民事立法和司法的实践经验，对现行民事单行法律进行系统编订纂修，将相关民事法律规范编纂成一部综合性法典，不断健全完善中国特色社会主义法律体系。这对于以法治方式推进国家治理体系和治理能力现代化，更好地发挥法治固根本、稳预期、利长远的保障作用，具有重要意义。

（3）编纂民法典是坚持和完善社会主义基本经济制度、推动经济高质量发展的客观要求。编纂民法典，进一步完善我国民商事领域基本法律制度和行为规则，为各类民商事活动提供基本依据，有利于充分调动民事主体的积极性和创造性、维护交易安全、维护市场秩序，有利于营造各种所有制主体依法平等使用资源要素、公开公平公正参与竞争、同等受到法律保护的市场环境，推动经济高质量发展。

（4）编纂民法典是增进人民福祉、维护最广大人民根本利益的必然要求。编纂民法典，健全和充实民事权利种类，形成更加完备的民事权利体系，完善权利保护和救济规则，形成规范有效的权利保护机制，对于更好地维护人民权益，不断增加人民群众获得感、幸福感和安全感，具有十分重要的意义。

《民法典》共7编、1 260条，内容依次为总则、物权、合同、人格权、婚姻家庭、继承、侵权责任和附则。《民法典》自2021年1月1日起施行，《中华人民共和国婚姻法》《中华人民共和国继承法》《中华人民共和国民法通则》《中华人民共和国收养法》《中华人民共和国担保法》《中华人民共和国合同法》《中华人民共和国物权法》《中华人民共和国侵权责任法》《中华人民共和国民法总则》同时废止。

（2）法规。法规是指国家机关根据宪法和法律，在自己职权范围内制定的规范性文件，包括国务院制定的行政法规和地方国家权力机关制定的地方性法规。目前，用于规范我国物流业的法规有《中华人民共和国国际海运条例》《中华人民共和国航道管理条例》《国内水路运输管理条例》《中华人民共和国道路运输条例》等。

（3）规章。规章是指国家行政机关根据法律和行政法规，在其职权范围内制定的关于行政管理的规范性文件，其效力次于行政法规。目前，用于规范我国物流业的规章有《商业运输管理办法》《铁路运输收入管理规程》《船舶载运危险货物安全监督管理规定》《道路运输车辆技术管理规定》等。

（4）国际条约。国际条约是指国家及其他国际法主体间所缔结的以国际法为基础，确定其相互关系中的权利和义务的一种书面协议。根据国际法和国家主权原则，只有经一国政府签署、批准或加入的国际条约，对该国才具有法律约束力。我国加入了多个国际贸易与物流条约，如《联合国国际货物销售合同公约》《铁路货物运输国际公约》《国际公路货物运输合同公约》等，其中海运方面的最多，其次是航空和铁路方面的，公路方面的最少。

（5）国际惯例。国际惯例是指在国际交往过程中逐渐形成的、为大多数国家所接受的、具有法律约束力的不成文的行为规则。国际惯例多体现为任意性惯例，只有当事人通过协商方式在有关协议中明确表示采用某国际惯例时，该惯例才对当事人具有法律约束力。有关物流业的国际惯例有《国际贸易术语解释通则》《跟单信用证统一惯例》等。

（6）技术标准。技术标准一般分为国家标准和行业标准。目前，用于规范我国物流业的标准有《物流术语》（GB/T 18354—2021）、《道路运输术语》（GB/T 8226—2008）、《集装箱运输术语》（GB/T 17271—1998）、《危险货物道路运输规则》（JT/T 617—2018）等。

（二）物流法发生冲突时效力的确定

（1）《宪法》处于第一位，具有最高法律效力，是制定其他法的前提和基础，一切法律、行政法规、地方性法规、自治条例和单行条例、特别行政区法规、规章都不得同它相抵触。

（2）法律的地位和效力次于宪法，高于行政法规、地方性法规、规章。

（3）行政法规的效力高于地方性法规、规章，地方性法规的效力高于本级和下级地方政府规章，同时高于下级地方性法规。

（4）省、自治区、直辖市的人民政府制定的规章的效力高于本行政区域内的设区的市、自治州的人民政府制定的规章。

（5）自治条例和单行条例是依法对法律、行政法规、地方性法规做变通规定的，在本民族区域自治地方适用，因此，自治条例和单行条例在民族区域自设范围内效力与法律相等，高于地方性法规。

（6）特别行政区法规是特别行政区立法部门根据全国人民代表大会授权对法律、行政法规、地方性法规做变通规定的，在特别行政区内适用，效力与法律相等，高于地方性法规。

（7）部门规章之间、部门规章与地方政府规章之间具有同等效力，在各自的权限范围内适用。

小提示

地方性法规与部门规章之间对同一事项的规定不一致，不能确定如何适用时，由国务院提出意见。国务院认为应当适用地方性法规的，应当决定在该地方适用地方性法规的规定；认为应当适用部门规章的，应当提请全国人民代表大会常务委员会裁决。

部门规章之间、部门规章与地方政府规章之间对同一事项的规定不一致时，由国务院裁决。

课堂讨论

根据上述内容可知，物流法的各种表现形式存在一定的区别。请同学们根据自己的理解，将这些区别填入表 1-2 中。

表 1-2　物流法各表现形式的区别

物流法的表现形式	制定主体	地位及效力
法律		
法规		
规章		
国际条约		
物流标准		

三、物流法的特征和作用

（一）物流法的特征

与其他法律规范比较，物流法具有以下特征：

（1）综合性。现代物流是综合性物流，涉及采购、运输、仓储、包装、流通加工、配送、装卸搬运、信息处理等诸多环节。物流法既要对这些环节中产生的法律关系进行调整，又要对各物流当事人之间的法律行为进行规范，因此具有综合性的特点。

（2）多样性。物流活动的多样性决定了物流法不可能仅限于某一效力层次或者某一种表现形式。就物流活动中的公路运输而言，存在《民法典》（合同编）、《公路法》、《道路货物运输及站场管理规定》等不同层次、不同效力的法律规范。

（3）技术性。物流活动中的信息传递需要现代信息技术来支撑，物流活动过程中的运输、包装、仓储、配送等环节的作业需要先进的机械设备配合完成。物流法作为调整物流活动的法律规范，必然涉及物流活动的专业术语、技术标准等，这些决定了调整物流活动的法律规范需要具有较强的技术性。

（4）国际化。随着国际物流的发展，物流活动跨越了国界，这必然会涉及物流的国际立法和对各国已有的物流法律规范的协调、平衡问题。为了与国际物流相适应，物流法律规范必然呈现出国际化的特点。

（二）物流法的作用

物流法在物流活动中的作用主要体现在以下几个方面：

（1）保护物流活动当事人的合法利益。良好的物流法律环境是物流从业人员从事物流经营活动和提供物流服务的重要基础。有了相对统一的物流法律规范，物流活动当事人（包括自然人、法人和其他经济组织）就可以通过公正的司法途径解决物流活动中的争议，保护自身的合法权益。

（2）调整物流活动当事人之间的关系。物流法用于调整物流活动当事人之间的关系，而这种关系一般以合同的形式确立，各主体在享有权利的同时也承担相应的义务。

（3）规范各种物流行为。物流法对各种物流行为的规范有两种机制：一是使从事物流活动的企业和个人自觉遵守国家强制性规定；二是通过自愿达成的合同约束有关当事人。具体表现为：货物的运输、仓储、装卸搬运、流通加工等物流活动均应在法律许可的范围内进行，托盘、装卸机具、集装箱等的规格均应符合通用的物流标准。

四、物流法律关系

物流法律关系是指物流法律规范在调整物流活动过程中所形成的具体的权利义务关系。物流法律关系由主体、客体和内容三个要素构成，缺少其中任何一个要素，都不能构成物流法律关系。

扫一扫

物流法律关系的基本内涵

（一）物流法律关系的主体

物流法律关系的主体是指在物流法律关系中享有权利和承担义务的当事人。任何一个物流法律关系至少涉及两个主体。以物流交通运输为例，其中物流法律关系的主体至少涉及货物托运人和货物承运人，或者货物托运人和收货人，或者货物承运人和收货人。

物流法律关系的主体主要包括以下四种类型。

1．法人

法人是指根据法定程序设立，有自己的名称、组织机构、住所、财产或经费，具有民事权利能力和民事行为能力，依法独立享有民事权利和承担民事义务的组织，包括企业法人、事业法人和机关法人。其中，企业法人是物流法律关系的主要参与者，通常以公司或者其他形式的经济组织形态出现，如综合性的物流企业、航运企业、货运代理企业等。

2．非法人组织

非法人组织主要是指依法成立、有一定的组织机构和财产，但不具备法人资格，不能独立承担民事责任的组织，如依法登记领取营业执照的个体工商户、个人独资企业、合伙组织、合伙型联营企业、中外合作经营企业、外资企业，依法登记领取社会团体登记证的社会团体，依法设立并领取营业执照的法人的分支机构，经核准登记领取营业执照的乡镇、街道、村办企业。不能独立承担民事责任是非法人组织与法人组织最根本的区别。

3．国家行政机关

在物流活动中，国家行政机关会对物流企业的设立、变更、终止和整个物流活动进行监督管理，因此，国家行政机关也是物流法律关系的重要主体。

4. 自然人

自然人是指按照自然规律出生的人。现代物流涉及的领域较为广泛，自然人在一些情况下可以通过接受物流服务，成为物流法律关系的主体。

（二）物流法律关系的客体

物流法律关系的客体，是指物流法律关系主体享有的权利和承担的义务所指向的对象，主要包括有意识的行为、具有经济价值的物和非物质财富。

（1）有意识的行为。有意识的行为是指能满足权利主体某种利益的行为。可以作为物流法律关系客体的行为一般有以下几种：① 给付财产的行为，如物流活动中的采购行为实质上就是一种财产的给付行为；② 交付工作成果的行为，如物流加工中的承揽合同关系就是以这类行为为客体的；③ 提供劳务或服务的行为，如物流仓储合同和运输合同都是以这类行为为客体的。

（2）具有经济价值的物。在物流法律关系中，具有经济价值的物是指能够被物流法律关系主体控制和支配的物流活动中的货物，以及实施物流活动所使用的设施设备等。

（3）非物质财富。物流法律关系中的非物质财富一般指智力成果，具体表现为工业产权，如专利、商标等。

（三）物流法律关系的内容

物流法律关系的内容，是指物流法律关系的主体依法享有的权利和承担的义务。物流法律关系的主体在享有法律规定的权利时，必须承担相应的义务。例如，甲（供货方）和乙（需求方）签订了一份货物买卖合同，甲享有收取货款的权利，同时需要承担交付货物的义务；而乙需要承担支付货款的义务，同时享有收取货物的权利。

课堂讨论

2019 年 9 月 11 日，某制革厂与某财产保险公司签订了包括自燃等保险事故在内的企业财产保险合同。该制革厂将自有的固定资产和全部流动资产投保，保险费共 2.9 万元，保险期限为一年。财产保险合同、保险单及所附资产明细表中均写明了投保的流动资产（包括原材料、在制品、半成品、产成品）应存放在本厂的库房中，并标明了库房的位置。

投保后，该制革厂于 2020 年 4 月 16 日、19 日分两次将 2 100 件、价值达 34 万元的保险产成品发往其驻武汉的销售部。2020 年 8 月，武汉多日持续高温，8 月 16 日，该制革厂武汉库房中的货物因发生自燃而全部被烧毁。对此损失，保险公司拒绝赔偿。

上述案例中，物流法律关系的主体、客体和内容分别是什么？

（四）物流法律关系的产生、变更和终止

物流法律关系的产生又称物流法律关系的设立，是指因某种物流法律事实的存在，而在物流法律关系的主体之间形成一定的权利和义务关系。

物流法律关系的变更又称物流法律关系的相对消灭，是指因某种物流法律事实的出现，使已形成物流法律关系的主体、客体或内容发生了变化。

物流法律关系的终止又称物流法律关系的绝对消灭，是指因某种物流法律事实的出现，而使物流法律关系主体之间的权利与义务关系归于消灭。

小提示

在上一个“课堂活动”中，制革厂与财产保险公司物流法律关系产生的依据是双方签订了财产保险合同，变更的依据是制革厂将保险产成品发往其驻武汉的销售部，终止的依据是制革厂变更投保流动资产的地点时未通知财产保险公司，使得保险合同无效。

五、我国物流立法情况

（一）调整物流主体的法律规范

调整物流主体的法律规范众多，主要有《中华人民共和国公司法》（以下简称《公司法》）、《中华人民共和国外商投资法》（以下简称《外商投资法》）、《中华人民共和国外商投资法实施条例》（以下简称《外商投资法实施条例》）、《中华人民共和国个人独资企业法》、《中华人民共和国合伙企业法》、《中华人民共和国国际海运条例》、《中华人民共和国国际海运条例实施细则》等。

法律快车

关于《外商投资法》和《外商投资法实施条例》

《外商投资法》是我国外商投资领域新的基础性法律，确立了我国新型外商投资法律制度的基本框架，对外商投资的准入、促进、保护、管理等做出了统一规定，为推动更高水平对外开放提供了有力的法治保障。《外商投资法》共6章、42条，内容包括总则、投资促进、投资保护、投资管理、法律责任、附则。

作为外商投资法的配套法规，《外商投资法实施条例》严格贯彻《外商投资法》的立法原则和宗旨，更加突出促进和保护外商投资的主基调，并且对鼓励和促进外商投资、细化外商投资促进具体措施、加强外商投资保护力度、规范外商投资管理等方面做出了明确规定。

《外商投资法》自 2020 年 1 月 1 日起施行。《中华人民共和国中外合资经营企业法》《中华人民共和国外资企业法》《中华人民共和国中外合作经营企业法》同时废止。

《外商投资法实施条例》自 2020 年 1 月 1 日起施行。《中华人民共和国中外合资经营企业法实施条例》《中外合资经营企业合营期限暂行规定》《中华人民共和国外资企业法实施细则》《中华人民共和国中外合作经营企业法实施细则》同时废止。

（二）调整物流活动各环节的法律规范

《民法典》（总则编与合同编）是调整物流活动的基本法律，另外还有许多针对某一物流活动环节的法律规范。

1. 与运输相关的法律规范

运输方面的法律规范比较健全，体系也较庞大，涉及的法律规范具体如下：

（1）与公路运输有关的法律规范主要有《公路法》《公路安全保护条例》《道路货物运输及站场管理规定》《危险货物道路运输规则》等。

（2）与航空运输有关的法律规范主要有《民用航空法》《中国民用航空货物国内运输规则》《中国民用航空货物国际运输规则》等。

（3）与铁路运输有关的法律规范主要有《铁路法》《铁路货物运输合同实施细则》《铁路货物运输服务质量监督监察办法》等。

（4）与水路运输有关的法律规范主要有《海商法》《水路货物运输合同实施细则》《中华人民共和国国际海运条例》《中华人民共和国国际海运条例实施细则》《船舶载运危险货物安全监督管理规定》《中华人民共和国国际货物运输代理业管理规定》《中华人民共和国国际货物运输代理业管理规定实施细则》等。

（5）与多式联运有关的法律主要有《海商法》和《民法典》（合同编），相关的国际条约有《统一提单的若干法律规则的国际公约》、《维斯比规则》、《海牙议定书》、《联合国海上货物运输公约》（又称《汉堡规则》）、《铁路货物运输国际公约》、《国际公路货物运输合同公约》、《统一国际航空运输某些规则的公约》（又称《华沙公约》）等。

知识拓展

《海牙规则》《维斯比规则》和《汉堡规则》的区别

19 世纪后期，由于各国立法不一，各国轮船公司制定的提单（承运人和托运人之间处理双方权利和义务的依据）条款各不相同，极大地妨碍了海上货物运输合同的签订。1921 年 9 月，国际法协会所属海商法委员会在荷兰海牙召开会议，制定了提单规则，提供各方选择适用。随之以该规则为基础，于 1924 年 8 月 25 日在比利时布鲁塞尔召开的外交会议上制定了《统一提单的若干法律规定的国际公约》（又称《海牙规则》）。

《海牙规则》统一了海上货物运输中的提单条款，使海上货物运输有法可依，结束了承运人无限免责的不合理状况，给予货主以最低限度的保障。

后来，随着国际经济贸易和航运的发展，以及国际政治力量的变化，修订此规则的呼声日益高涨。1968 年，《维斯比规则》出台。《维斯比规则》是对《海牙规则》的修改和补充，它明确了提单的证据效力，强调了承运人及其受雇人员的责任限制，常与《海牙规则》一起，被称为《海牙—维斯比规则》。1978 年，《汉堡规则》出台，它对《海牙规则》做了根本性的修改，扩大了承运人的责任。

值得注意的是，我国虽然不属于《海牙规则》的缔约国，但将《海牙规则》作为制定《海商法》的重要参考依据。

2．与包装、仓储、流通加工有关的法律规范

专门针对包装、仓储、流通加工的法律法规不多。就包装方面而言，主要是按现有的相关标准的要求进行作业和检验，常用的标准有《一般货物运输包装通用技术条件》（GB/T 9174—2008）、《危险货物运输包装通用技术条件》（GB 12463—2009）、《危险货物包装标志》（GB 190—2009）、《包装储运图示标志》（GB/T 191—2008）等。

涉及仓储方面的有《民法典》（合同编）、《危险化学品安全管理条例》等法律法规和《仓储服务质量要求》（GB/T 21071—2021）、《仓储物流自动化系统功能安全规范》（GB/T 32828—2016）、《低温仓储作业规范》（GB/T 31078—2014）等国家标准。流通加工方面主要以《民法典》（合同编）中“承揽合同”章节的规定为准。

3．与装卸相关的法律规范

与装卸相关的标准主要有《铁路装卸作业标准　作业程序》（TB/T 1936.1—1987）、《铁路装卸作业标准　叉车作业》（TB 1936.6—1987）、《铁路装卸作业标准　人力作业》（TB 1936.7—1987）等。此外，《海商法》中也有少许与装卸有关的规定。

4．与报关和检验检疫相关的法律规范

与报关和检验检疫有关的法律有《中华人民共和国海关法》《中华人民共和国国境卫生检疫法》《中华人民共和国食品安全法》《中华人民共和国进出境动植物检疫法》《中华人民共和国进出口商品检验法》等。

与报关和检验检疫有关的法规主要有《中华人民共和国进出口关税条例》《中华人民共和国海关稽查条例》《保税区海关监管办法》《中华人民共和国国境卫生检疫法实施细则》《中华人民共和国进出境动植物检疫法实施条例》《进出境集装箱检验检疫管理办法》《中华人民共和国进出口商品检验法实施条例》等。与报关和检验检疫有关的规章主要有《中华人民共和国海关关于转关货物监管办法》《中华人民共和国海关暂时进出境货物管理办法》《中华人民共和国海关企业信用管理办法》《进出口食品安全管理办法》等。

与报关和检验检疫有关的国际条约主要有《国际卫生条例（2005）》、《商品名称及编码协调制度》、《关于货物暂准进口的 ATA 单证册海关公约》、《货物暂准进口公约》、《关于

货物实行国际转运或过境运输的海关公约》、《1972年集装箱关务公约》、《建立海关合作理事会的公约》、《关于简化和协调海关业务制度的国际公约》（又称《京都公约》）等。

国计民生 GUOJI MINSHENG

报关企业“许可”改“备案”　真正实现零跑腿

根据2021年4月29日发布的第81号主席令，全国人民代表大会常务委员会对《中华人民共和国海关法》进行了修改，取消了“报关企业注册登记”海关行政审批事项。将报关企业由“许可”改为“备案”，标志着在全国范围内，海关对报关企业实现备案管理，报关企业准入已全面放开。

“报关企业‘许可’改‘备案’，使得报关手续更加简便，办理时间大幅缩短，加上是线上办理，全程非常畅顺。”2021年5月初，广州新誉达报关有限公司进行线上申请后，不到一小时就办完了所有手续，领到了报关企业“许可”改“备案”后广州海关发出的第一份报关企业备案证明。

江西兴港货运代理有限公司法人陈某对此也深有体会:“现在外贸业务比较红火，我们公司5月6日（2021年）从网上提交了备案申请，以前申请报关企业注册登记许可，海关经过受理、审查等程序后在20个工作日内做出决定，现在海关当天就给我们办理了报关企业备案，给我整体感觉就是不用跑、手续少、效率高。”

据了解，报关企业“许可”改“备案”后，企业申请的手续大幅精简，企业可自主选择通过“国际贸易单一窗口”“互联网+海关”等多种方式提交备案申请，无须提交纸质资料。此外，报关企业有效期在全国范围内均已取消，改为长期有效。报关企业申请备案真正实现零成本、零跑腿，外贸营商环境进一步优化。

（三）调整物流活动争议的法律规范

调整物流活动争议的法律规范主要有《中华人民共和国民事诉讼法》《中华人民共和国仲裁法》《中华人民共和国海事诉讼特别程序法》等。

案例解析

“任务导入”中所述案例的解析如下:

（1）B贸易公司与A物流公司签订货物运输合同，明确了双方的权利和义务，因此已产生物流法律关系。该关系的主体为B贸易公司与A物流公司，客体为货物运输这一劳务行为，内容为双方在货物运输过程中享有的权利和承担的义务。

（2）《民法典》第 828 条第 1 款规定：“托运人托运易燃、易爆、有毒、有腐蚀性、有放射性等危险物品的，应当按照国家有关危险物品运输的规定对危险物品妥善包装，做出危险物品标志和标签，并将有关危险物品的名称、性质和防范措施的书面材料提交承运人。”本案中，托运人（B 贸易公司）未向承运人（A 物流公司）说明此批货物具有易燃性，导致承运人在运输过程中未做降温处理，由此造成的损失应由 B 贸易公司承担。

实战演练

杭州 A 公司委托 B 物流公司将一批电子产品原材料运送给生产电子元器件的东莞 C 公司，东莞 C 公司委托 D 货运公司将其生产的电子元器件运给深圳 E 公司，由深圳 E 公司进行组装。深圳 E 公司委托 F 航空公司将组装好的电子产品运给美国 G 贸易公司，由 G 贸易公司完成最终销售。

请根据上述材料，回答下列问题：

（1）上述物流活动涉及哪些法律规范？

（2）在上述物流活动各环节中，物流法律关系的主体、客体和内容分别是什么？

（3）如果 G 贸易公司在收货时发现货物丢失了，而深圳 E 公司又确实向 F 航空公司交付了完好的货物，则深圳 E 公司可以根据哪些法律条款向 F 航空公司索赔？

要求：2～3 人一组，借助网络和书籍查找上述物流活动各环节涉及的法律规范，然后将上述问题的答案进行汇总并形成 Word 文件，在课堂上进行分享。

任务二　了解物流企业法律制度

【知识目标】

✓ 了解物流企业的概念及分类。

✓ 了解快递企业、铁路运输企业和水路运输企业的市场准入制度。

✓ 认识物流企业的设立方式、设立条件和设立程序。

✓ 掌握物流企业的变更、终止与清算。

【技能目标】

✓ 能分析出案件中因物流企业合并、分立、注册登记事项的变更、解散和破产而产生的法律关系及责任。

任务导入

A 物流股份有限公司的经营范围包括普通货运、仓储、装卸搬运、货运代理、商务咨询等。由于经营不善，A 物流股份有限公司于 2020 年 3 月 20 日召开股东大会，以出席会议的股东所持表决权超过半数 1 票通过决议解散公司。4 月 15 日，该公司的股东大会选任了 5 名董事组成清算组。5 月 8 日，清算组正式启动清算工作，将该公司解散及清算的事项分别通知了公司债权人，并于 5 月 20 日、5 月 31 日分别在报纸上进行了公告。

思考：

（1）A 物流股份有限公司做出解散公司的决议及清算的做法是否合法？

（2）A 物流股份有限公司在清算中有关保护债权人的程序是否合法？

知识讲解

一、物流企业的概念及分类

物流企业是指能够对运输、仓储、包装、流通加工、配送、装卸搬运等物流活动进行组织和管理，具有与自身业务相适应的信息管理系统，实行独立核算、独立承担民事责任的经济组织。

根据不同的标准，可以将物流企业划分为不同的类型。

（一）根据业务范围大小分类

根据业务范围大小，可将物流企业分为单一型物流企业和综合型物流企业。

1．单一型物流企业

单一型物流企业又称功能型物流企业，是指仅从事某项物流服务业务的物流企业，如仓储型物流企业、运输型物流企业、信息服务型物流企业等。

2．综合型物流企业

综合型物流企业必须具备以下条件：

（1）从事多种物流服务业务，可以为客户提供运输、仓储、配送、流通加工、货运代理、信息服务等多种物流服务，具备一定规模。

（2）可为客户制订系统化的物流解决方案，提供综合物流服务及其他增值服务。

（3）自有或租用必要的运输工具、仓储设施及相关设备。

（4）具有一定市场覆盖面的货物集散、分拨和配送网络。

（5）具备信息服务功能，应用信息系统可对物流服务全过程进行状态查询、监控。

目前，我国的综合性物流企业较少，知名的有中国远洋海运集团有限公司、中海集团物流有限公司、中外运物流有限公司等。

（二）根据服务区域大小分类

根据服务区域大小，可将物流企业划分为国内物流企业和国际物流企业。其中，国内物流企业是指从事某一国家境内物流活动的企业，国际物流企业是指能够从事不同国家之间的物流服务业务的企业。国际物流企业多为国际海上船舶运输公司、国际航空运输公司等。

（三）根据企业的性质分类

根据企业的性质不同，可将物流企业分为独立经营型物流企业、联营型物流企业、代理型物流企业。

（1）独立经营型物流企业：可以在各物流服务全程的两端及中间各转接点处设立自己的子公司或办事处，由其全权代表订立物流合同并处理物流活动中一系列事务的企业。独立经营型物流企业一般具有较强的实力，拥有较稳定的运输路线，且货源充足。

（2）联营型物流企业：物流服务全程中的两个或两个以上企业采用联合经营的方式，分别在各自的地区内开展相关物流活动，并按货物的流向及运输区段划分双方的责任和义务。

（3）代理型物流企业：代理物流运输全程或部分行程中货物的分运和交接、联运单证的签发或回收、报关报检及费用结算的企业。代理型物流企业一般以委托人的名义或者自己的名义办理有关业务，收取代理费用。

（四）根据企业股东的责任范围分类

根据企业股东的责任范围分类，可将物流企业分为无限责任公司、两合公司、有限责任公司和股份有限公司。

（1）无限责任公司：由两个以上股东组成，全体股东对公司债务负连带无限责任的公司。

（2）两合公司：根据公司股东之间的约定，一部分股东承担有限责任，另一部分股东承担无限责任的公司。前者仅以出资额为限对公司的债务承担责任，而后者对公司的所有债务承担无限连带责任。

（3）有限责任公司：由一定人数的股东所组成，股东以其出资额为限对公司承担责任，公司以其全部资产对公司债务承担责任的公司。

（4）股份有限公司：由一定人数的股东发起成立的，公司全部资本分为等额股份，股东以其所持有的股份对公司承担责任，公司以其全部资产对公司债务承担责任的公司。

二、物流企业的市场准入

物流企业市场准入制度是指国家立法机关或授权的国家行政机关通过立法的形式，对相关主体进入物流市场从事物流活动应具备的条件做出的一系列规定的总称。

我国对内资企业从事一般物流活动（如批发、道路运输、货运仓储等）的市场准入没有特殊限制，只要在设立企业时有与经营物流业务范围相适应的经营场所、必要的生产经营条件和专业服务人员，并且具备一定的技术条件，就可以到公司登记机关申请设立。

下面介绍几种特殊物流企业的市场准入制度。

（一）快递企业的市场准入

1. 许可条件

申请经营快递业务，应当符合《邮政法》第52条的规定，即具备下列条件：

① 符合企业法人条件；

② 在省、自治区、直辖市范围内经营的，注册资本不低于人民币50万元，跨省、自治区、直辖市经营的，注册资本不低于人民币100万元，经营国际快递业务的，注册资本不低于人民币200万元；

③ 有与申请经营的地域范围相适应的服务能力；

④ 有严格的服务质量管理制度和完备的业务操作规范；

⑤ 有健全的安全保障制度和措施；

⑥ 法律、行政法规规定的其他条件。

2. 业务范围

国内快递业务是指从收寄到投递的全过程均发生在中华人民共和国境内的快递业务。除邮政企业以外的快递企业不得经营由邮政企业专营的信件寄递业务，不得寄递国家机关公文。

3. 审批程序

申请快递业务经营许可，在省、自治区、直辖市范围内经营的，应当向所在地的省、自治区、直辖市邮政管理机构提出申请，跨省、自治区、直辖市经营或者经营国际快递业务的，应当向国务院邮政管理部门提出申请；申请时应当提交申请书和有关申请材料。

受理申请的邮政管理部门应当自受理申请之日起45日内进行审查，做出批准或者不予批准的决定。予以批准的，颁发快递业务经营许可证；不予批准的，书面通知申请人并说明理由。

申请人凭快递业务经营许可证向工商行政管理部门依法办理登记后，方可经营快递业务。

4. 企业经营

经营快递业务的企业，应当按照《快递业务经营许可证》的许可范围和有效期限经营快递业务，并且在《快递业务经营许可证》有效期届满30日前向颁发许可证的邮政管理部门提出申请，换领许可证。《快递业务经营许可证》的有效期限为5年。

政策引领

《黑龙江省邮政条例》对快递业的要求

《黑龙江省邮政条例》由黑龙江省第十三届人民代表大会常务委员会第二十七次会议于2021年8月20日通过，将于2022年1月1日起正式施行。此次修订除坚持快递业务依法实行市场准入、公平竞争外，还对快递企业明确提出下列要求：

（1）关于邮政业绿色发展。为进一步明确市场主体邮政业生态环保责任，规定邮政企业、快递企业应当采购、使用环保包装，减少包装物使用，并积极回收利用包装物。为鼓励使用新能源汽车，实现绿色运输，规定邮政企业、快递企业购置、租赁新能源汽车作为邮件、快件生产运营车辆的，依法享受通行便利。

（2）关于快递员权益保障。经营快递业务的企业应当依法保护其从业人员的合法权益，按时足额支付劳动报酬，依法缴纳社会保险费，为从业人员按照国家有关规定优先参加工伤保险，并提供符合国家标准的劳动防护用品。

（3）关于寄递渠道安全。为保障安全，防止禁寄物品进入寄递渠道，规定邮政企业、快递企业应当依法建立并执行邮件、快件收寄验视和实名收寄制度，按规定对邮件、快件进行安全检查。为提升应急处置能力，规定邮政企业、快递企业应当依法制定突发事件应急预案，发生重大服务阻断时按照事件类型和分级在规定时间内向有关部门报告。

（4）关于快递服务车辆。快递服务车辆在道路上行驶，应当遵守道路交通安全法律法规的规定。经营快递业务的企业应当对其从业人员加强道路交通安全培训。

（5）关于末端投递服务保障。为保障快递服务合同依法履行和维护收件人对改变约定投递方式的知情权和选择权，规定经营快递业务的企业应按照约定的收件人或地址投递快件，告知当面验收；如果改变约定的投递方式，应当征得收件人同意。

（二）铁路运输企业的市场准入

1. 许可条件

《铁路运输企业准入许可办法》第6条规定，申请企业应当具备下列条件：

① 拥有符合规划和国家标准的铁路基础设施的所有权或者使用权；

② 拥有符合国家标准、行业标准以及满足运输规模需要数量的机车车辆的所有权或者使用权；

③ 生产作业和管理人员符合铁路运输岗位标准、具备相应从业资格，且其数量满足运输规模需要；

④ 具有符合法律法规规定的安全生产管理机构或者安全管理人员，以及安全生产管理制度和应急预案；

⑤ 具有铁路运输相关的组织管理办法、服务质量标准、生产作业规范；

⑥ 法律法规和规章规定的其他条件。

2. 审批程序

申请企业应当提交国家铁路局行政许可申请书，企业法人营业执照副本及复印件，申请企业基本情况，企业法定代表人的身份证明及履历表，铁路运输相关业务的负责人、专业技术管理的负责人的身份证明及履历表，主要生产作业人员的配备情况、资格情况等材料，国家铁路局对提交的这些材料进行审查。经审查合格的，做出准予行政许可的书面决定；不合格的，做出不予行政许可的书面决定，说明理由并告知申请企业享有依法申请行政复议或者提起行政诉讼的权利。

3. 企业经营

被许可企业应当按照许可范围开展铁路运输业务，并保证其运输条件持续符合许可条件。铁路运输许可证应当载明被许可企业名称、住所、证书编号、许可范围、发证日期、有效起始日期、有效期等内容。

（三）水路运输企业的市场准入

1. 许可条件

《国内水路运输管理规定》第5条规定，申请经营水路运输业务，除个人申请经营内河普通货物运输业务外，申请人应当符合下列条件：

① 具备企业法人资格。

② 有明确的经营范围，包括经营区域和业务种类。经营水路旅客班轮运输业务的，还应当有班期、班次以及拟停靠的码头安排等可行的航线营运计划。

③ 有符合本规定要求的船舶，且自有船舶运力应当符合附件1的要求。

④ 有符合本规定要求的海务、机务管理人员。

⑤ 有符合本规定要求的与其直接订立劳动合同的高级船员。

⑥ 有健全的安全管理机构及安全管理人员设置制度、安全管理责任制度、安全监督检查制度、事故应急处置制度、岗位安全操作规程等安全管理制度。

《国内水路运输管理规定》第6条规定，个人只能申请经营内河普通货物运输业务，并应当符合下列条件：

① 经市场监督管理部门登记的个体工商户；

② 有符合本规定要求的船舶，且自有船舶运力不超过 600 总吨；

③ 有安全管理责任制度、安全监督检查制度、事故应急处置制度、岗位安全操作规程等安全管理制度。

2. 审批程序

申请经营水路运输业务或者变更水路运输经营范围，应当向其所在地设区的市级人民政府水路运输管理部门提交申请书和证明申请人符合本规定要求的相关材料。

受理申请的水路运输管理部门不具有许可权限的，当场核实申请材料中的原件与复印件的内容一致后，在 5 个工作日内提出初步审查意见并将全部申请材料转报至具有许可权限的部门。

具有许可权限的部门，对符合条件的，应当在 20 个工作日内作出许可决定，向申请人颁发《国内水路运输经营许可证》，并向其投入运营的船舶配发《船舶营业运输证》。不符合条件的，不予许可，并书面通知申请人不予许可的理由。

3. 企业经营

水路运输经营者应当保持相应的经营资质条件，按照《国内水路运输经营许可证》核定的经营范围从事水路运输经营活动。《国内水路运输经营许可证》的有效期为 5 年。《船舶营业运输证》的有效期按照交通运输部的有关规定确定。水路运输经营者应当在证件有效期届满前的 30 日内向原许可机关提出换证申请。原许可机关应当依照本规定进行审查，符合条件的，予以换发。

课堂讨论

从事国际海上运输经营活动以及与国际海上运输相关的辅助性经营活动，应当遵循诚实信用的原则，依法经营，公平竞争。请同学们查阅《中华人民共和国国际海运条例》，了解经营国际船舶运输业务、经营国际班轮运输业务和经营无船承运业务的企业的许可条件和业务范围，老师随机选择几名学生进行回答。

三、物流企业的设立

（一）物流企业的设立方式

企业的设立有特许设立、核准设立、登记设立和自由设立四种方式。

（1）特许设立：必须经过国家特别许可才能设立。

（2）核准设立：又称许可设立，是指设立物流企业时，除需要具备法律规定的设立企业的各项条件外，还需要主管行政机关审核批准后，才能申请登记注册。

（3）登记设立：又称准则设立，是指设立物流企业不需要经有关主管行政机关批准，只需要向公司登记机关申请设立登记。公司登记机关审查合格后，予以登记注册，企业即告成立。

（4）自由设立：国家对企业设立不予强制规范，企业创立人可以自由设立企业。

小提示

目前，我国物流企业的设立方式主要是核准设立和登记设立。

（二）物流企业的设立条件

扫一扫

有限责任公司和股份有限公司的区别

1. 有限责任公司的设立条件

有限责任公司是指依照《公司法》在中国境内设立的，由 50 个以下股东出资，股东以其认缴的出资额对公司承担有限责任，公司以其全部资产对公司的债务承担责任的公司。

设立有限责任公司，应当具备下列条件：

（1）股东符合法定人数。

（2）有符合公司章程规定的全体股东认缴的出资额。

（3）股东共同制订公司章程。公司章程由全体出资者在自愿协商的基础上制订，经全体出资者同意，股东应当在公司章程上签名、盖章。

（4）有公司名称，建立符合有限责任公司要求的组织机构。公司的组织机构一般由股东会、董事会、监事会、总经理构成，或者由股东会、执行董事、一至二名监事和总经理构成。股东人数较多、公司规模较大的适用前者，反之适用后者。

（5）有公司住所。公司应有固定的生产经营场所。

小提示

有限责任公司股东会由全体股东组成，是公司的权力机构。股东可以用货币出资，也可以用实物、知识产权、土地使用权等可以用货币估价并可以依法转让的非货币财产作价出资；但是，法律、行政法规规定不得作为出资的财产除外。

2. 股份有限公司的设立条件

股份有限公司由一定人数的股东组成，公司资本划分为若干金额相等的股份，股东仅以自己认购的股份为限对公司承担责任，公司以其全部资产对公司的债务承担责任。

设立股份有限公司，应当具备下列条件：

（1）发起人符合法定人数。《公司法》第 78 条规定：“设立股份有限公司，应当有二人以上二百人以下为发起人，其中须有半数以上的发起人在中国境内有住所。”发起人可以是自然人，也可以是法人或其他经济组织。

（2）有符合公司章程规定的全体发起人认购的股本总额或者募集的实收股本总额。股份有限公司采取发起设立方式设立的，注册资本为在公司登记机关登记的全体发起人认购的股本总额。在发起人认购的股份缴足前，不得向他人募集股份。

（3）股份发行、筹办事项符合法律规定。股份的发行是指股份有限公司在设立时为了筹集公司资本，出售和募集股份的法律行为。

（4）发起人制订公司章程，采用募集方式设立的经创立大会通过。公司章程规定了公司最重要的事项，不仅是设立公司的基础，也是公司及其股东的行为准则。公司章程虽然由发起人制订，但以募集设立方式设立股份有限公司，必须召开由认股人组成的创立大会，并经创立大会决议通过。

小提示

发行股份的股款缴足后，必须经依法设立的验资机构验资并出具证明。发起人应当自股款缴足之日起 30 日内主持召开公司创立大会。创立大会应有代表股份总数过半数的发起人、认股人出席，方可举行。

（5）有公司名称，建立符合股份有限公司要求的组织机构。股份有限公司的组织机构由股东大会、董事会、监事会和总经理构成。其中，董事会是股东大会决议的执行机构；监事会是公司的监督机构，依法对董事、总经理和公司的活动实行监督；总经理由董事会聘任，主持公司的日常生产经营管理工作，组织实施董事会决议。

（6）有公司住所。

小提示

股份有限公司的设立，可以采取发起设立或者募集设立的方式。其中，发起设立是指所有股份均由发起人认购，不得向社会公开招募；募集设立是指发起人只认购公司应发行股份的一部分，其余部分向社会公开招募或者向特定对象募集。

《公司法》第 83 条第 1 款规定：“以发起设立方式设立股份有限公司的，发起人应当书面认足公司章程规定其认购的股份，并按照公司章程规定缴纳出资。以非货币财产出资的，应当依法办理其财产权的转移手续。”

《公司法》第 83 条第 2 款规定：“发起人不依照此款规定缴纳出资的，应当按照发起人协议承担违约责任。”

《公司法》第 84 条规定：“以募集设立方式设立股份有限公司的，发起人认购的股份不得少于公司股份总数的百分之三十五；但是，法律、行政法规另有规定的，从其规定。”

课堂讨论

2021 年 4 月，某市的 3 家公司订立了以募集方式设立某汽车运输股份有限公司的发起人协议，公司注册资本为 5 000 万元。

同年 5 月 6 日，省有关部门批准组建该公司。3 家发起人公司按协议制订公司章程，认购部分股份，起草招股说明书，签订股票承销协议、代收股款协议，经国务院证券监督管理机构批准，向社会公开募股。

由于该汽车运输股份有限公司发展前景光明，所以股份募集顺利，发行股份股款缴足并经约定的验资机构验资后，发起人认为已完成任务，迟迟不召开创立大会。经股民强烈要求，才在 2 个月后召开创立大会。发起人为图省事，只通知了代表股份总数 1/3 左右的认股人出席，会议决定了一些法定事项。

请问：该汽车运输股份有限公司的设立存在什么问题？本案中召开创立大会的程序存在什么问题？

（三）物流企业的设立程序

1. 申请名称预先核准

《中华人民共和国公司登记管理条例》（以下简称《公司登记管理条例》）第 18 条规定，设立有限责任公司，应当由全体股东指定的代表或者共同委托的代理人向公司登记机关申请名称预先核准；设立股份有限公司，应当由全体发起人指定的代表或者共同委托的代理人向公司登记机关申请名称预先核准。

申请名称预先核准，应当提交下列文件：

① 有限责任公司的全体股东或者股份有限公司的全体发起人签署的公司名称预先核准申请书；

② 全体股东或者发起人指定代表或者共同委托代理人的证明；

③ 国家工商行政管理总局（现为“国家市场监督管理总局”）规定要求提交的其他文件。

小提示

《公司登记管理条例》第 19 条规定：“预先核准的公司名称保留期为 6 个月。预先核准的公司名称在保留期内，不得用于从事经营活动，不得转让。”

2. 申请设立登记

设立登记的申请由企业的设立人提出，经主管机关审核、批准，企业领取营业执照后，方可从事物流经营活动。设立有限责任公司，应当由全体股东指定的代表或者共同委托的代理人向公司登记机关申请设立登记；设立股份有限公司，应当由董事会向公司登记机关申请设立登记。

申请设立登记时，应当向公司登记机关提交的文件包括：

（1）公司法定代表人签署的设立登记申请书。

（2）全体股东（或董事会）指定代表或者共同委托代理人的证明。

（3）公司章程。

（4）股东（或发起人）的主体资格证明或者自然人身份证明。

（5）载明公司董事、监事、经理的姓名、住所的文件以及有关委派、选举或者聘用的证明。

（6）公司法定代表人任职文件和身份证明。

（7）企业名称预先核准通知书。

（8）公司住所证明。

（9）国家工商行政管理总局（现为“国家市场监督管理总局”）规定要求提交的其他文件。

小提示

以募集方式注册股份公司的，除提交上述文件外，还应当提交公司设立大会的会议记录以及依法设立的验资机构出具的验资证明；公开发行股票的，还应当提交国务院证券监督管理机构的核准文件。法律、行政法规或国务院决定规定设立股份有限公司必须报经批准的，还应提交有关批准文件。

3．公司登记机关对企业提交的申请进行核准和登记

公司登记机关受理并审核企业提交的相关资料，对于符合要求的，发放公司营业执照；对于不符合要求的，驳回对方的申请。企业可凭公司营业执照刻制公章，开立银行账户，申请纳税登记。

政策引领

《武汉市现代物流业发展“十四五”规划》对物流企业的发展规划

2022 年 5 月 6 日，武汉市人民政府官网发布《武汉市现代物流业发展“十四五”规划》（以下简称《规划》）。《规划》提出建强多层次物流市场主体体系，具体内容如下：

（1）打造品牌物流企业总部基地。瞄准“五类 500 强”、全球物流 100 强，在汉设立区域总部或者功能性总部，建设面向大区域性的转运、分拨配送基地以及航空航

运、多式联运中心等项目。抢抓非首都功能疏解机遇，积极承接中国医药、中国诚通等央企物流在汉设立物流总部，推动中远海集团区域总部、全球数据处理中心落户武汉。加快发展本土大型物流企业集团总部，推进本地企业与国内外大型物流企业开展多种形式合作，支持其发展总部经济。加快打造高能级物流枢纽，努力使武汉成为国内外品牌物流企业的总部基地。

（2）形成“全产业链”服务的物流企业群。引导龙头物流企业整合核心资源，服务全市现代产业体系建设，支持汽车物流、医药流通、冷链物流、化工物流等领域专业化物流龙头企业发展。推进重点产业链关键环节的整合、延伸和优化，以龙头企业与现代产业集群联动发展为支撑的物流发展模式，积极融入产业生态圈，不断延伸产业链服务，带动物流业上下游企业的协同发展，形成“全产业链”服务的物流企业集群。

（3）引进培育专业货代企业。加大对大型国际货代企业招商引资力度，推动形成一支品牌效应突出、业务优势明显的专业货代商队伍。鼓励货代企业积极参与物流通道建设，支持国内外货代企业依托中欧班列（武汉）建立面向欧洲、中亚、东南亚的区域分拨中心，依托国际航空大通道建立面向欧美、亚太、“一带一路”沿线国家、RCEP国家的区域分拨中心。鼓励货代企业与物流枢纽、长江航运、远洋航运、铁路、公路、航空等物流企业加强合作，整合优势资源，转型成为多式联运经营人，为企业提供全程一体化组织服务。

（4）支持中小物流企业平稳健康发展。支持中小物流企业向行业“专精特新”领域发展，鼓励发展网络货运、多式联运、智慧云仓、共同配送等高效现代化物流模式。落实国家和全市支持中小企业发展政策，激发中小物流企业发展活力。鼓励金融机构为中小物流企业提供专项信贷额度、专属信贷产品及优惠利率贷款，降低资金成本。鼓励创新创业基地、“双创”孵化器运营单位为物流个体工商户减免物业租金，降低用房用能成本。进一步精简物流企业证照审批手续，对物流模式创新实施包容审慎监管，降低制度性企业成本。

四、物流企业的变更、终止与清算

（一）物流企业的变更

扫一扫

企业合并的法律特征

一般来说，物流企业一经公司登记机关核准登记，并领取了公司营业执照后，必须在所核定的登记事项范围内进行生产经营活动。物流企业的重要事项，如名称、住所、出资额、出资方式、经营范围、组织机构等都不得随意变动，以保证法律的严肃性和企业的稳定性。但是社会经济总是在不断发展变化，为了适应这种变化，便于企业生产经营活动的顺利进行，国家允许物流企业通过一定的法律程序进行企业变更。

物流企业的变更是指物流企业在其合法存续期内，由于企业本身或其他主客观情况的变化，企业组织机构或企业主要登记事项发生改变，包括物流企业的合并、分立和注册登记事项的变更。

1．物流企业的合并

物流企业的合并是指将两个或两个以上的物流企业依法合并成一个物流企业。按合并方式不同，物流企业的合并可分为新设合并和吸收合并。新设合并是指两个或两个以上的物流企业合并成一个新的物流企业，原物流企业解散。吸收合并是指两个或两个以上的物流企业在合并时，其中一个物流企业继续存在，其他物流企业因被合并而解散。

企业合并应当由合并各方签订合并协议，并编制资产负债表及财产清单。企业应当自做出合并决议之日起 10 日内通知债权人，并于 30 日内在报纸上公告。债权人自接到通知书之日起 30 日内，未接到通知书的自公告之日起 45 日内，可以要求企业清偿债务或者提供相应的担保。企业合并时，合并各方的债权、债务，应当由合并后存续的企业或者新设的企业承继。

小提示

有限责任公司股东会会议做出修改公司章程、增加或者减少注册资本的决议，以及公司合并、分立、解散或者变更公司形式的决议，必须经代表 2/3 以上表决权的股东通过。

股份有限公司股东大会做出决议，必须经出席会议的股东所持表决权过半数通过。但是，股东大会做出修改公司章程、增加或者减少注册资本的决议，以及公司合并、分立、解散或者变更公司形式的决议，必须经出席会议的股东所持表决权的 2/3 以上通过。

2．物流企业的分立

物流企业的分立是指将一个物流企业依法分立成两个或两个以上的物流企业。按分立方式不同，物流企业的分立可分为创设分立和存续分立。创设分立是指解散一个已经设立的物流企业，将其全部财产分配给两个或两个以上新的物流企业。存续分立是指一个物流企业将一部分财产分配给其他一个或一个以上物流企业，原物流企业继续存在。

《公司法》第 175 条规定："公司分立，其财产作相应的分割。公司分立，应当编制资产负债表及财产清单。公司应当自作出分立决议之日起十日内通知债权人，并于三十日内在报纸上公告。"

《公司法》第 176 条规定："公司分立前的债务由分立后的公司承担连带责任。但是，公司在分立前与债权人就债务清偿达成的书面协议另有约定的除外。"

同步案例

由于市场不景气，A 物流有限责任公司（以下简称“A 公司”）负债累累。在一次股东大会上，一股东提议将公司分立为 B 和 C 两个公司，由 B 公司利用原公司的资产，由 C 公司承担原公司的所有债务。该提议被股东大会一致通过。会后，分立各方开始办理相应的注销登记和设立登记手续。不久，原公司的债权人来要债，发觉 C 公司不抵债，于是要求 B 公司承担连带责任。B 公司拿出分立协议书，拒不偿还原公司的债务。

点评：

公司分立不仅是公司自身的事情，而且关系到进行分立的公司的股东及债权人利益，因此法律明确规定了分立的相关程序。只有按法定程序（见《公司法》第 175 条和第 176 条）操作，分立才会产生效力。

本案中，A 公司在分立过程中既没有编制资产负债表及财产清单，也没有履行债权人保护程序，没有与债权人就相关债务达成任何协议，因此 A 公司的分立程序不合法，其分立行为无效。另外，A 公司分立为 B 和 C 两个公司，目的是逃避债务，因此该分立协议书也是无效的。

启示

在现代经济社会中，诚信不仅仅是一种道德规范，也是能够为企业带来经济效益的重要资源，在一定程度上甚至比物质资源和人力资源更为重要。将诚信作为企业文化的核心价值观，对内，能够增强员工的凝聚力、企业的生命力和活力；对外，能够形成巨大的吸引力，从而不断赢得创业和发展的机遇。

3．物流企业注册登记事项的变更

物流企业注册登记事项的变更是指物流企业的名称、住所、经营场所、经营范围、经营方式、法人代表、注册资金、经营期限、分支机构等事项的变更。

根据《公司登记管理条例》第 26 条的规定，物流企业变更登记事项，应当向原公司登记机关申请变更登记。未经变更登记，物流企业不得擅自改变登记事项。

根据《公司登记管理条例》第 38 条的规定，因合并、分立而存续的物流企业，其登记事项发生变化的，应当申请变更登记；因合并、分立而解散的物流企业，应当申请注销登记；因合并、分立而新设立的物流企业，应当申请设立登记。

（二）物流企业的终止与清算

物流企业的终止是指物流企业根据法定程序结束经营并消灭企业法人资格或民事主体资格的法律过程或法律结果。

1．物流企业终止的原因

（1）依法被撤销。企业依法被撤销是一种不以企业自己的意志为转移，因外部力量

的合法干预而导致企业终止经营活动的情形。企业依法被撤销有两种情形：一是因法律、行政命令而被撤销，如国务院通过行政命令撤销某物流企业；二是因违反法律规定而被撤销，如某物流企业从事违法经营活动而被主管机关依法撤销。

（2）解散。解散是指已经成立的企业因企业章程或者法定事由出现而停止企业的对外经营活动，并开始企业的清算，处理未了结事务，从而使企业法人资格消灭的法律行为。公司可因下列原因解散：

① 公司章程规定的营业期限届满或者公司章程规定的其他解散事由出现；

② 股东会或者股东大会决议解散；

③ 因公司合并或者分立需要解散；

④ 依法被吊销营业执照、责令关闭或者被撤销；

⑤ 公司经营管理发生严重困难，继续存续会使股东利益受到重大损失，通过其他途径不能解决的，持有公司全部股东表决权 10%以上的股东，请求人民法院解散公司。

公司因①、②、④、⑤项原因而解散的，应当在解散事由出现之日起 15 日内成立清算组，开始清算。有限责任公司的清算组由股东组成，股份有限公司的清算组由董事或者股东大会确定的人员组成。

（3）依法宣告破产。破产是指企业因不能清偿到期债务，无力继续经营，由人民法院宣告停止营业，进行债权债务清理（如人民法院依照法定程序将企业全部财产抵偿所欠各种债务，并依法免除其无法偿还的债务等）的情形。

（4）其他原因。物流企业终止的其他原因包括国家经济政策调整、发生战争等。

2．物流企业的清算

物流企业的清算是指物流企业在解散或宣告破产后，由依法组成的清算组对企业资产和债权债务进行清理，了结企业业务和债务，并向出资者或股东分配剩余财产，以终结企业的全部财产关系的行为。

清算期间，物流企业仍具有法人或民事主体资格，但对企业的权利能力和行为能力有所限制，其主要活动只能是了结业务、偿还债务、收回债权、分配剩余财产等。值得注意的是，物流企业的财产在未按法定程序清偿前，不得分配。

清算结束后，清算组应制作清算报告，报股东大会或人民法院确认，并报送公司登记机关，申请注销公司，公告公司终止。

案例解析

“任务导入”中所述案例的解析如下：

（1）《公司法》第 43 条第 2 款规定：“股东会会议作出修改公司章程、增加或者减少注册资本的决议，以及公司合并、分立、解散或者变更公司形式的决议，必须经代表三分之二以上表决权的股东通过。”但本案中，A 物流股份有限公司以出席会议的股东所持表决权超过半数1票通过决议解散公司，故A物流股份有限公司作出解散公司的决议不合法。股份有限公司的清算组应由董事或者股东大会确定的人员组成，因此本案中，A物流股份有限公司选任清算人是有法律依据的。

（2）A物流股份有限公司在清算中有关保护债权人的程序不合法。具体如下：

① 股东大会决议解散公司的，应当在15日内成立清算组，而A物流股份有限公司在3月20日通过了股东大会决议，至4月15日才成立清算组。

② 《公司法》第185条第1款规定："清算组应当自成立之日起十日内通知债权人，并于六十日内在报纸上公告。债权人应当自接到通知书之日起三十日内，未接到通知书的自公告之日起四十五日内，向清算组申报其债权。"本案中，清算组成立后，并未立即着手公司清算工作，而是迟至5月8日才正式启动清算工作，超过了自成立之日起10日内通知债权人的期限。

实战演练

2020年3月1日，A物流有限责任公司（简称"A公司"）分立为B物流有限责任公司（简称"B公司"）和C物流有限责任公司（简称"C公司"），并对资产进行了分配。4月3日，债权人丁某要求A公司清偿15万元债务，但A公司对丁某的要求未予理睬。A公司解散后，未申请注销该公司。在B公司和C公司申请设立登记期间，A公司的原有业务由B公司和C公司承接后正常处理。

请根据上述材料，回答下列问题：

（1）A公司、B公司、C公司的做法有何不妥？

（2）本案的责任应该如何界定？有何依据？

（3）现实生活中，物流企业应如何规范经营？

要求：2～3人一组，借助网络和书籍查找上述案例涉及的法律规范，然后将问题的答案进行汇总并形成Word文件，在课堂上进行分享。

任务三 熟悉物流服务合同

【知识目标】

✓ 了解物流服务合同的特征。

✓ 掌握物流服务合同的订立形式和订立过程。

✓ 熟悉物流服务合同的基本条款和格式条款。

✓ 掌握物流服务合同的效力。

【技能目标】

✓ 能分析出案件中物流服务合同的要约过程和承诺过程。

✓ 能分析出案件中物流服务合同是否具有法律效力。

任务导入

2020 年 4 月 1 日，A 公司以 200 元/套的价格推销自产的搬运设备，并以传真的方式向 B 物流公司发出要约，请求 B 物流公司在 10 天内承诺。B 物流公司收到传真后，于 4 月 5 日做出购买 2 000 套搬运设备的承诺，但公司所在地区发生洪涝灾害，导致区域性通信中断，因此 4 月 14 日该承诺才到达 A 公司。对此，A 公司没有提出异议。5 月 6 日，双方签订买卖合同。5 月 10 日，搬运设备价格上涨，A 公司以“市场价格有变”为由拒绝履行与 B 物流公司的合同。

思考：

（1）B 物流公司的承诺是否有效？

（2）因 A 公司拒绝履行合同而给 B 物流公司造成的损失，应由谁承担？

知识讲解

一、物流服务合同的特征

物流服务合同是指物流服务需求方与物流服务提供方订立的，约定由物流服务提供方为物流服务需求方提供一定的物流服务，并由需求方支付相应报酬的合同。物流采购中的买卖合同、货物存储中的仓储合同、货物运输中的运输合同，都属于物流服务合同。

小提示

物流服务合同中的物流服务提供方必须是投资建立的第三方物流企业，专为提供物流服务收取报酬而经营的法人或其他组织。

物流服务合同多为双务合同、有偿合同和诺成合同。

（一）双务合同

根据当事人双方权利义务的分担方式不同，合同可分为双务合同和单务合同。双务合同是指当事人双方互负对待给付义务的合同。单务合同是指当事人一方承担义务，而他方只享有权利的合同。

物流服务合同为双务合同。例如，物流企业负有按客户要求提供服务的义务，并享有收取费用的权利；而客户负有支付费用的义务，同时享有获得所需服务的权利。

（二）有偿合同

根据当事人双方取得权利是否需要偿付代价，合同可分为有偿合同和无偿合同。有偿合同是指合同任何一方当事人享有权利而必须偿付相应代价的合同。无偿合同是指合同任何一方当事人享有权利而不必偿付代价的合同。

物流企业享有收取报酬的权利，就必须完成全部服务；而客户享有所需服务的权利，就必须支付费用。因此，物流服务合同属于有偿合同。

（三）诺成合同

根据是否以交付合同标的物为成立要件，合同可分为诺成合同和实践合同。诺成合同是指合同当事人双方意思表示一致即告成立的合同。实践合同是指当事人除意思表示一致外，还必须交付合同标的物或完成其他给付才能成立的合同。

物流服务合同经物流服务需求方和物流服务提供方协商一致即告成立，不需要标的物的交付，因此物流服务合同属于诺成合同。

小提示

标的物是指经济合同当事人双方权利和义务共同指向的对象，如商品、劳务、工程项目等。

二、物流服务合同的订立形式

物流服务合同的订立是指物流活动中两个或两个以上的当事人，依法就合同的主要条款经过协商，达成一致意见的法律行为。物流服务合同的订立，可以采用书面形式、口头形式和其他形式。

（一）书面形式

书面形式是合同书、信件、传真等可以有形地表现所载内容的形式。以电子数据交换、电子邮件等方式能够有形地表现所载内容，并可以随时调查取用的数据电文，也属于书面形式。

书面形式的合同，其优点是发生合同纠纷时有据可查，便于分清责任。因此对于关系较复杂的合同和重要合同，最好采用书面形式订立。

（二）口头形式

口头形式是指当事人使用口头语言进行意思表示的形式。例如，经常有业务往来的当事人之间可以通过面对面交谈或电话联系订立合同，以便在长期使用的合同基础上迅速达成协议。

口头形式的合同（简称“口头合同”）签订简单方便，缺点是在发生合同纠纷时难以取证。在物流活动中，可把提单、收据等单据作为口头合同的证据。

（三）其他形式

除书面形式和口头形式外，合同当事人双方还可以采用其他形式进行意思表示，使合同继续有效或终止。

同步案例

2020年5月，原告与被告口头订立了物流服务合同。双方约定，原告使用从被告手中购买的R物流公司的快递单（共3批），在一定时间内能以低于市场价的价格来托运货物。但原告在使用第一批和第二批快递单时，发现有些快递单无法按约定的价格使用，且第三批快递单完全无法使用。被告称这些快递单是自己向R物流公司的员工购买的，快递单号被R物流公司注销，自己也遭受了经济损失。经当地法院调解，被告同意返还原告未使用的快递单所对应的2万余元的价款。

点评：

本案中，原告与被告口头订立的合同具有法律效力。原告向被告购买快递单，履行了支付费用的义务，快递单无法起到事先约定的作用，则属于被告未能及时履行合同，被告应当承担法律责任。

启示

本案告诉我们，任何个人或组织都不能利用企业的管理漏洞获取非法利益。否则，终将自食其果。

三、物流服务合同的订立过程

《民法典》第471条规定：“当事人订立合同，可以采取要约、承诺方式或者其他方式。”

（一）要约

要约是希望与他人订立合同的意思表示。发出要约的一方称为要约人，接受要约的一方称为受要约人。有效的要约必须满足以下条件：

（1）要约应当由要约人向特定的受要约人发出。

（2）要约应当是希望与另一方当事人订立合同的意思表示。

（3）要约内容必须具体、确定。

（4）表明经受要约人承诺，要约人就要受该意思表示约束。

1．要约的法律效力

要约的法律效力又称要约的约束力，一项要约如果符合构成要件，就会对要约人和受约人产生一定的法律效力。

（1）口头要约。如果受要约人未立即对口头要约做出承诺，该要约就失去效力。

（2）书面要约。如果书面要约中未规定有效期限，应确定一个合理期限作为要约存续期限，该期限的确定应考虑以下因素：① 要约到达所需的时间；② 做出承诺所需的时间；③ 承诺到达要约人所需的时间。

2．要约的撤回和撤销

要约的撤回是指要约人在发出要约后，在要约到达受要约人之前取消其要约的行为。要约的撤销是指在要约发生法律效力后，要约人取消要约从而使要约归于消灭的行为。要约的撤销不同于要约的撤回。《民法典》第477条规定："撤销要约的意思表示以对话方式作出的，该意思表示的内容应当在受要约人作出承诺之前为受要约人所知道；撤销要约的意思表示以非对话方式作出的，应当在受要约人作出承诺之前到达受要约人。"

小提示

在合同的订立中，有时还有要约邀请这一阶段。要约邀请是指希望他人向自己发出要约的意思表示，拍卖公告、招标公告、招股说明书、债券募集办法、基金招募说明书、商业广告和宣传、寄送的价目表等为要约邀请。商业广告和宣传的内容符合要约条件的，构成要约。要约与要约邀请的主要区别是：

（1）两者的含义不同。要约是以订立合同为目的的意思表示，要约邀请是希望他人向自己发出要约的意思表示。

（2）两者对意思表示人的约束力不同。要约生效后，要约对要约人具有法律约束力，而要约邀请的发出人并不受法律约束。

（3）两者的法律后果不同。要约一经接受，合同成立；要约邀请一经接受，双方开始进入要约阶段，即要约邀请并不能直接导致合同成立。

想一想

某超市向几家毛巾厂发出电传："本超市欲购进一批毛巾，如果贵厂有全棉新款毛巾，请附上图样与说明，本超市将派人前往洽谈购买事宜。"随后，有几家毛巾厂回电，称自己能满足该超市的要求，并附上了图样与说明。其中，甲毛巾厂回电后还邮寄了100条毛巾给该超市。但是该超市对甲毛巾厂的毛巾不满意，决定不购买甲毛巾厂的毛巾。甲毛巾厂认为超市发出的电传是要约，自己邮寄毛巾的行为就是承诺，超市拒绝购买是违约行为，应该承担违约责任。而超市认为自己发出的电传是要约邀请，不受法律约束。

那么，该超市发出的电传到底是要约还是要约邀请？

（二）承诺

承诺是受要约人同意要约的意思表示。有效的承诺必须满足以下条件：

（1）承诺必须由受要约人向要约人发出。

（2）承诺必须是对要约明确表示同意的意思表示。

（3）承诺必须在要约确定的期限内到达要约人。

（4）承诺的内容必须与要约的内容一致。

《民法典》第 480 条规定："承诺应当以通知的方式作出；但是，根据交易习惯或者要约表明可以通过行为作出承诺的除外。"例如，甲方（生产企业）与乙方（物流运输企业）在以往的业务合作中已形成惯例，一方发出要约，另一方在规定的时间内无承诺表示，则视为承诺。因此，当甲方按惯例向乙方发出希望乙方在某日以某价格将一批货物运至某地的要约时，若乙方未做意思表示，则应当认定乙方已经承诺，甲方可安排这批货物的出库等事宜。

1. 承诺的法律效力

承诺的法律效力表现为承诺生效时合同成立。具体而言，对于诺成合同，承诺生效时合同即告成立。对于实践合同，若交付标的物先于承诺生效，承诺同样使合同成立；若交付标的物后于承诺生效，则合同自交付标的物时成立。

2. 承诺的撤回和迟延

承诺的撤回是指受要约人在其做出的承诺生效之前将承诺撤回的行为。承诺迟延又称迟到的承诺，是指受要约人未在承诺期限内发出的承诺。

同步案例

2020 年 5 月 1 日，A 家具厂得知 B 机关需要购置一批桌椅，便向 B 机关发函，以每套 1 000 元的价格推销自产的桌椅。B 机关认为 A 家具厂生产的家具质量可靠，便于 5 月 4 日回函，称以每套 800 元的价格订购 300 套桌椅，并要求 A 家具厂于 10 月底将这批货物送到 B 机关。5 月 6 日，A 家具厂回函，表示同意 B 机关提出的交货时间，但同时提出每套桌椅售价 1 000 元已属优惠，考虑到 B 机关订货数量较多，每套桌椅可按 900 元的价格出售。5 月 8 日，B 机关发函表示同意。

点评：

A 家具厂于 5 月 1 日发出的函件属于要约，只有得到 B 机关的承诺，该要约才能产生法律约束力。《民法典》第 488 条规定："承诺的内容应当与要约的内容一致。受要约人对要约的内容作出实质性变更的，为新要约。有关合同标的、数量、质量、价款或者报酬、履行期限、履行地点和方式、违约责任和解决争议方法等的变更，是对要约内容的实质性变更。"因此，B 机关于 5 月 4 日发出的函件和 A 家具厂于 5 月 6 日发出的函件均属于对要约的实质性变更，法理上属于反要约，必须得到对方的承诺才具有效力。

★ 大国风范 ★

中国做出的承诺会百分百兑现

2021年11月10日晚，在联合国格拉斯哥气候变化大会现场举行的一场记者会上，中国气候变化事务特使解振华向中外媒体介绍了当天发布的《中美关于在21世纪20年代强化气候行动的格拉斯哥联合宣言》主要内容。

一位来自加拿大New Orator网站的记者在提问时表示，自己曾在2011年于南非德班举行的联合国气候变化大会上与解振华有过交流，至今记得解振华关于中国兑现气候承诺的一番话。他在记者会上关心的问题，是中国是否有针对2030年的具体减排目标。

“我知道中国和其他国家是不同的，中国做出的承诺一定会百分之百地兑现。”这位记者在提问时说。

解振华笑着回应道：“看来你对中国的情况、中国的文化很了解，确实如此。”解振华强调，“我们原来承诺的2020年要实现的目标已经全部提前实现了，为我们2030年之前二氧化碳排放达到峰值、2060年前达到碳中和奠定了非常好的基础”。解振华表示，为了实现2030年和2060年之前的目标，中国不光提出了目标，还发布了实现碳达峰和碳中和工作的指导意见，一共37条。

中国不仅在气候问题上完成了自己的承诺，在加入世贸组织时对全世界的承诺，如今也已完全履行。联合国的减贫目标，中国提前了整整10年完成。作为一个真正的全球大国，中国不轻易许诺，但只要承诺的事，就一定会兑现诺言。

点评：信守承诺是为人之本，兴国之基；它既是实力的象征，也是高尚品质的体现。信守承诺的人能给人以安全感，是令人敬佩、可以担当大任的人。此外，信守承诺是实现信用交易的前提和保障，是一个人、一个企业乃至一个国家走向成功的根本。

四、物流服务合同的条款

（一）物流服务合同的基本构成

根据《物流服务合同准则》（GB/T 30333—2013）的规定，物流服务合同包括约首部分、主文部分和约尾部分。

1. 约首部分

物流服务合同的约首部分应明确、完整地列出合同名称及合同编号，合同所有签订方的名称，合同中需要统一和明确的关键术语的定义、中文或外文缩写的指称等信息。

2. 主文部分

物流服务合同的主文部分应体现合同订立的目的和内容，并至少应包括以下信息：

（1）合同标的，即物流服务的内容，如约定物流服务形式、范围、场所、程序等，约定物流服务所涉及物品的名称、规格和型号、包装要求、信息跟踪及反馈要求等。当合同包括两个以上签订方时，应对每一签订方在物流服务过程中应承担的义务和对应的权利进行明确约定。

（2）合同各签订方应为本合同履行所提供的条件，如设施、设备、场地、人员、安全保障体系、信息系统等。

（3）服务期限和服务履行方式。服务履行方式是指物流企业以哪种运营模式向物流服务需求方提供服务，是仅提供运输、仓储等单一服务或者少数物流功能的组合服务，还是提供仓储、配送、流通加工、采购及其他增值作业服务。

（4）服务费用及结算方式。物流服务合同中应明确给出计价方式、结算方式和费用变更约定，应包括各签订方在合同中明确约定的所有物流服务的对价。如果需要变更，应由合同各签订方形成一致的意思表示，并以书面形式予以确定。

（5）不可抗力的处理。物流服务合同签订方应对不可抗力发生时责任的免除条件及处理措施进行约定。

小提示

《民法典》第 180 条第 2 款规定：“不可抗力是不能预见、不能避免且不能克服的客观情况。”不可抗力的来源既有自然现象，如地震、台风等；也包括社会现象，如军事行动、罢工、骚乱等。

（6）保险。保险条款应明确保险投保人、保险受益人、保险种类和保险标的等内容，还应约定合同各签订方在理赔过程中应尽的义务和保险金额的分配等。

（7）违约责任。物流服务合同中应列示对合同各签订方违约的认定、索赔及补救措施等内容。

3．约尾部分

物流服务合同的约尾部分应包括以下内容：① 合同的起始和终止时间；② 合同附件的效力；③ 需要时，约定合同不可转让或转让的条件；④ 合同所有签订方授权代表的签字及组织公章；⑤ 合同的份数、签订日期和地点。

（二）物流服务合同的格式条款

格式条款是当事人为了重复使用而预先拟定，并在订立合同时未与对方协商的条款。目前，多数物流企业有自己的物流合同格式，图 1-1 是某物流企业的《公路运输合同（样本）》。

公路运输合同（样本）

托运人			承运人		
收货人			装货地		
收货地			装货人		
货物名称	包装	件数	重量	价值	备注
总运费：______元		预付运费：______元		余款（凭回单）：______元	
驾驶员住址			身份证		
特约条款	（1）货物运到时包装完好，承运人不可拆开所承运的货物进行检验，如违背本协议，后果由承运人负全部责任。 （2）货物数量由双方当面点清，交承运人后由承运人负责。 （3）承运人必须按托运人的要求，按时将货物交给托运人指定的收货人，办好交接手续并签回具有收货人签章的收货单，将其交给托运人。 （4）在全程运输中，无论在任何情况下，造成货物破损、受潮、短缺、折痕等不良经济损失，均由承运人负责赔偿，并以此车作为抵押。承运人对此认可。 （5）承运人手机号：__________；行驶证号：_________；营运证号：_________；车牌证号：__________。 （6）装车数量若有误或不详，实数以清单为准。 （7）承运期间，交通事故及其他意外事故所造成的损失，均由承运人承担，与托运人无关。 （8）承运人必须于_____年_____月_____日_____点前将货物交与收货人。 （9）合同一式两份，托运人和承运人各一份。 承运人（签章）　　　　托运方（签章） 日期：_____年_____月_____日　　　　日期：_____年_____月_____日					

图 1-1　《公路运输合同（样本）》

格式条款的提供者在拟定格式条款时，应当遵循公平原则确定当事人之间的权利和义务，并采取合理的方式提请对方注意免除或者减轻其责任的条款，按照对方的要求，对该条款予以说明。提供格式条款的一方未履行提示或者说明义务，致使对方没有注意或者理解与其有重大利害关系的条款的，对方可以主张该条款不成为合同的内容。

提供格式条款一方不合理地免除或者减轻其责任、加重对方责任、限制对方主要权利，或者排除对方主要权利，该格式条款无效。

对格式条款的理解发生争议的，应当按照通常理解予以解释。对格式条款有两种以上解释的，应当做出不利于提供格式条款一方的解释。格式条款和非格式条款不一致的，应当采用非格式条款。

课堂讨论

近日，浙江宁波的黄某称自己给女朋友花5 000多元买的手机，被A快递公司在运输途中弄丢了。黄某要求A快递公司全额赔偿，A快递公司以快递电子运单的贵重物品保价条款中明确写着“如果贵重物品不保价，物品一旦丢失，快递公司将按照运费的3倍以上10倍以下进行赔偿”为由，拒绝全额赔偿。

2～3人一组，讨论：A快递公司的说法合理吗？在办理快递业务时，消费者应如何维护自己的合法权益？

五、物流服务合同的效力

（一）物流服务合同产生效力的要件

合同的效力是指合同对合同当事人的法律约束力。一般情况下，合同具备下列有效要件，才能产生效力：

（1）当事人具有相应的订立合同的能力。

（2）合同的意思表示应当与当事人的真实意思符合。

（3）不违反法律，不损害社会公共利益。

但是在特殊情况下，还须具备特别有效要件，合同才能产生效力，如法律规定应当办理批准、登记等手续才能生效的合同。

（二）三种具有不同效力的合同

扫一扫

合同的效力

1. 效力待定合同

效力待定合同是指合同虽然已经成立，但因其不完全符合合同生效条件的规定，尚处于未生效状态，其生效与否取决于有权人是否表示承认的合同。效力待定的物流服务合同主要有以下三类：

（1）限制民事行为能力人订立的物流服务合同。这类合同必须经法定代理人追认后才有效。但订立的纯获利益的合同或者与限制民事行为能力人年龄、智力、精神健康状况相适应的合同，不必经法定代理人追认。

（2）无代理权人以被代理人名义订立的物流服务合同。此类合同未经被代理人追认，对被代理人不发生效力；但若被代理人已经开始履行合同义务或者接受相对人履行的，视为对合同的追认。

（3）无处分权人订立的物流服务合同。无处分权人处分他人财产，经权利人追认或者无处分权人订立合同后取得处分权的，该合同有效。否则，该合同无效。

2. 无效合同

无效合同是指自始至终不产生法律效力的合同。当签订合同过程中出现下列情形之一的，合同无效：

（1）一方以欺诈、胁迫等手段订立合同。

（2）恶意串通，损害国家、集体或者第三人利益。

（3）以合法形式掩盖非法目的。

（4）损害社会公共利益。

（5）违反法律、行政法规的强制性规定。

3. 可撤销合同

可撤销合同是指合同欠缺一定的生效要件，有撤销权的一方当事人通过行使撤销权，使合同发生变更或使合同的效力归于消灭的合同。

当事人一方有权请求人民法院或者仲裁机构撤销的合同如下：

（1）基于重大误解订立的合同。

（2）一方以欺诈手段，使对方在违背真实意思的情况下订立的合同。

（3）第三人实施欺诈行为，使一方在违背真实意思的情况下订立的合同，但对方知道或应当知道有欺诈行为。

（4）一方或者第三人以胁迫手段，使对方在违背真实意思的情况下订立的合同。

（5）一方在对方处于危困状态、缺乏判断能力等情形下与其订立的显失公平的合同。

课堂讨论

甲公司与乙公司签订了一份秘密从境外购买免税香烟并运至国内销售的合同。甲公司依双方约定，按期将香烟运至境内，但乙公司提走货物后，以目前账上无钱为由要求暂缓支付货款，甲公司同意。3 个月后，乙公司仍未支付货款，甲公司多次索要无果，遂向当地人民法院起诉，要求乙公司支付货款和违约金。

2 人一组，讨论上述合同是否具有法律效力并说明理由。

案例解析

“任务导入”中所述案例的解析如下：

《民法典》第 487 条规定：“受要约人在承诺期限内发出承诺，按照通常情形能够及时到达要约人，但是因其他原因致使承诺到达要约人时超过承诺期限的，除要约人及时通知受要约人因承诺超过期限不接受该承诺外，该承诺有效。”本案中，虽然 B 物流公司的承诺在发出时因“发生洪水导致通信中断”超过承诺期限，但 A 公司并没有对此提出异议。因此，B 物流公司的承诺有效。

《民法典》第 577 条规定：“当事人一方不履行合同义务或者履行合同义务不符合约定的，应当承担继续履行、采取补救措施或者赔偿损失等违约责任。”案例中，A 公司拒绝履行与 B 物流公司的合同，应当承担因违约而给 B 物流公司造成的损失。

实战演练

2020 年 5 月 4 日，甲方（某物流公司）给乙方（某家具厂）发函询问是否愿意以 750 元/m^3 的价格购买一级红松，并由甲方代办托运，限乙方在 3 天内答复。乙方当时急需优质木材，所以在收函的第 2 天就回电话表示愿意以 750 元/m^3 的价格购买 2 000 m^3 的一级红松。当晚，双方又协商将“由甲方代办托运”改为“由乙方自提”。

5 月 25 日，乙方租用的专列驶进了甲方的仓库。此时，甲方经理得知 3 天后一级红松的价格可能要涨至 980 元/m^3，如果现在与乙方签约，至少要少赚 46 万元。甲方遂以原要约并无规定乙方派专列提货为由，拒绝了乙方签订合同及提货的要求。甲方认为，乙方派专列前来是单方面变更了要约内容，即乙方没接受原要约，乙方的承诺只是一个反要约。乙方经反复沟通无效后，遂向当地人民法院提起诉讼，要求甲方按约定交付 2 000 m^3 红松并赔偿损失。

请根据上述材料，回答下列问题：

（1）甲乙双方的合同是否成立？为什么？

（2）此案应当如何处理？

要求：2～3 人一组，借助网络和书籍查找上述案例涉及的法律规范，然后将问题的答案进行汇总并形成 Word 文件，在课堂上进行分享。

项目考核

1. 选择题

（1）我国的根本大法是（　　）。

A．法律　　B．行政法规

C．规章　　D．宪法

（2）在物流法的几种表现形式中，（　　）的法律地位和法律效力仅次于宪法和法律。

A．法规　　B．规章

C．国际惯例　　D．物流标准

（3）物流法律关系的客体不包括（　　）。

A．有意识的行为　　B．具有经济价值的物

C．非物质财富　　D．物流合同的履行辅助人

（4）（多选）我国物流法规的调整对象包括（　　）。

A．商业合同关系　　B．民事关系

C．行政管理关系　　D．代理关系

（5）（多选）目前，我国物流企业的设立方式主要是（　　）。

A．特许设立　　B．核准设立　　C．登记设立　　D．自由设立

（6）物流服务合同的标的是（　　）。

A．物流企业　　B．运输的货物　　C．物流设施　　D．劳务

（7）（多选）要约是希望与他人订立合同的意思表示，该意思表示应当符合（　　）的规定。

A．向非特定人发出

B．要约内容具体、确定

C．表明经受要约人承诺，要约人就要受该意思表示约束

D．是订立合同的预备行为

（8）（多选）物流服务合同中的物流服务提供者（　　）。

A．可以是自然人

B．必须是第三方物流企业

C．可以是第三方或第四方物流企业

D．可以是任何能提供单个仓储、运输服务的企业或者个人

（9）下列不属于可撤销合同的是（　　）。

A．一方以欺诈手段订立的合同

B．双方因重大误解订立的合同

C．一方以胁迫手段订立的合同

D．违反法律、行政法规的强制性规定的合同

2. 简答题

（1）简述物流法的特征？

（2）物流企业终止的原因有哪些？

（3）物流服务合同生效的要件是什么？

（4）合同可撤销的情形有哪些？

3. 综合分析题

【题一】A 物流综合服务公司下设包装部、运输部、装卸部等部门。2020 年 6 月，该公司运输部与 B 货运站取得了联系。B 货运站许诺，从 2020 年 7 月起，由该运输部承运其所有的运输业务，于是双方签订了合同。该运输部负责人为了确保合同有效，签订合同

时使用了其所在运输部的部门印章。同年 9 月，该运输部发现同时还有两家货运公司在承运 B 货运站的运输业务。对于此事，B 货运站否认，进而否认与 A 物流综合服务公司运输部签订的合同的效力。

请问：A 物流综合服务公司运输部与 B 货运站签订的合同是否有效？为什么？

【题二】2020 年 3 月 1 日，广州 A 公司以信件的方式向上海 B 公司发出要约："我方愿意购买贵公司儿童玩具 10 000 件，每件价格 100 元，你方负责运输，货到付款，30 天内答复有效。"3 月 10 日，B 公司电话告知 A 公司："如果价格为 120 元/件，可以卖给贵公司 10 000 件儿童玩具。"A 公司不予理睬。4 月 20 日，上海 C 公司的经理在 B 公司董事长办公室看到了 A 公司的这封信件，当天就向 A 公司发送传真："我方愿意以 100 元/件出售 10 000 件儿童玩具。"第二天，A 公司回电 C 公司："我方只需要 800 件玩具。"C 公司表示同意发货。

请问：（1）3 月 10 日，A 公司对 B 公司的电传不予理睬的行为是否构成违约？为什么？

（2）4 月 20 日，C 公司向 A 公司发送的传真是要约还是承诺？

（3）4 月 21 日，A 公司对 C 公司的回电是要约还是承诺？

【题三】2020 年 9 月 11 日，王某委托某物流公司将一箱十字绣（价值人民币 26 500 元）从山东省日照市五莲县运至临沂市，双方签订了货物运输合同。合同中关于赔偿的格式条款明确写着"① 办理保价的货物如有损失，按货物的实际价格赔偿，损失超过保价额的，按保价额赔偿。② 不办理保价的货物如有损失，损失低于 500 元的按实际损失赔偿；损失高于 500 元的，最高赔偿金额为 500 元。"王某未为这批货物办理保价。当日，王某的货物在运输中丢失。为此，王某上诉至人民法院，请求判令物流公司赔偿其损失 26 500 元。物流公司以王某未办理保价为由，主张赔偿其损失 500 元。

请问：物流公司的说法是否成立？为什么？

项目二 采购法律制度

项目引言

采购是企业为了满足客户或自身生产活动的需要而进行的物资或劳务的购买行为。采购有招标采购和非招标采购之分，其中招标采购是指采购方事先提出采购的条件和要求，邀请众多企业参加投标，然后按照规定从中择优选择交易对象。

本项目将结合《民法典》介绍采购中的买卖合同，结合《中华人民共和国招标投标法》和《中华人民共和国招标投标法实施条例》介绍采购中的招标投标制度，结合《中华人民共和国对外贸易法》和《联合国国际货物销售合同公约》介绍国际货物买卖法律制度。

知识体系

✓ 掌握买卖合同的基础知识。
✓ 了解招标投标法律制度。
✓ 了解国际货物买卖法律制度。

素质目标

✓ 了解“陶朱事业，端木生涯”的含义，培养诚信守法的契约精神和自律意识。
✓ 培养重承诺、守信用、不欺不诈的高尚品德，树立“君子爱财，取之有道”的正确价值观。
✓ 了解严格履行合同的重要性，树立用法律武器维护自己合法权益的理念。

任务一　掌握买卖合同的基础知识

【学习目标】

✓ 了解买卖合同的概念、内容及特征。

✓ 熟悉买卖合同当事人的义务。

✓ 掌握确定标的物风险承担的原则。

【技能目标】

✓ 能够分析出案件中买卖合同当事人的责任和责任界定的依据。

任务导入

2020年4月10日，A公司向B公司购买了5台纺织机，双方签订了买卖合同。合同中约定：5台纺织机价值15万元，在A公司预付定金5万元之后的3天内，B公司将5台纺织机交给A公司。当晚，B公司的仓库发生火灾，5台纺织机全部毁损。

思考：

（1）案例中，5台纺织机的所有权是否发生了转移？纺织机毁损的风险应由谁承担？

（2）如果B公司委托第三方运输这5台纺织机，在运输途中，纺织机发生毁损，则由此造成的损失应由谁承担？

知识讲解

一、买卖合同的概念、内容及特征

（一）买卖合同的概念

买卖合同是指出卖人转移标的物的所有权于买受人，买受人支付价款的合同。其中，交付标的物并转移标的物所有权的一方为出卖人或卖方，受领标的物并支付价款的一方为买受人或买方。买卖合同是采购活动中应用最普遍的一种合同。

（二）买卖合同的内容

买卖合同的内容一般包括标的物的名称、数量、质量、价款、履行期限、履行地点和方式、包装方式、检验标准和方法、结算方式、合同使用的文字及其效力等条款。图2-1为办公家具买卖合同示例。

办公家具买卖合同

甲方：××人力资源和社会保障局

乙方：××家具有限公司

经甲乙双方友好协商，就甲方采购办公家具，双方本着平等互利、协调一致的原则签订如下合同，以资共同遵守。

（1）本合同中，乙方为甲方提供的产品名称、规格、数量、单价等信息如下：

产品名称	规格	单位	数量	单价/元	合计/元	备注
恒康书柜	3门	组	1	1 650	1 650	
环宇藤椅	G-6#	把	2	750	1 500	
环宇圆桌	52*52	个	1	450	450	
高尔富办公桌	6606#	把	1	500	500	
合计：肆仟壹佰元整（¥4 100元）						

（2）乙方对质量负责的期限和条件：质量保证期限为二年，售后服务遵守国家相关规定。

（3）交货方式：乙方配送到甲方指定的地点，由甲方现场验货、签收。验收后，货物的灭失由甲方承担。

（4）付款方式及期限：一次性转账，验收后付款。

（5）交货时间：_____年_____月_____日。若甲方延迟支付货款，则乙方供货时间顺延，并且乙方不承担违约责任。

（6）本合同一式两份，双方各执一份，经双方签字盖章后生效。双方在合同执行中若产生纠纷，应自行协商解决。协商不成的，双方均同意提交甲方所在地法院仲裁解决。

（7）乙方开户银行：________________；乙方银行账号：________________。

甲　　方：　　　　乙　　方：

代表签字：　　　　代表签字：

日　　期：　　　　日　　期：

图 2-1　办公家具买卖合同示例

（三）买卖合同的特征

（1）买卖合同是有偿合同。在买卖合同中，出卖人和买受人有对价关系，出卖人取得价款是以转移标的物的所有权为代价的，买受人取得标的物的所有权是以给付价款为代价的。有偿性是买卖合同的基本特征。

（2）买卖合同是双务合同。在买卖合同中，出卖人负有转移标的物所有权的义务，买受人负有支付价款的义务；出卖人有取得价款的权利，买受人有受领标的物的权利。买受人和出卖人的权利和义务存在对应关系，因此买卖合同是典型的双务合同。

（3）买卖合同是诺成合同。买卖合同的当事人双方就买卖合同的主要条款（如标的物的名称、数量、质量等）达成一致意见后，不必交付标的物或价款，买卖合同就能成立。

小提示

买卖合同当事人也可以在合同中约定标的物或价款交付时，买卖合同才成立。这种买卖合同即为实践合同，也称要物合同。

（4）买卖合同一般为不要式合同。根据合同的成立是否需要特定的形式，可将合同分为要式合同与不要式合同。要式合同是指法律要求必须具备一定形式和手续的合同，如不动产合同、借款合同、技术开发合同等；不要式合同是指法律不要求必须具备一定形式和手续的合同，如买卖合同、赠与合同、承揽合同、仓储合同等。通常情况下，买卖合同的成立并不需要具备一定的形式，但法律另有规定的除外。

想一想

甲企业与乙企业达成口头协议，由乙企业在半年之内供应甲企业 50 吨钢材。3 个月后，乙企业以原定钢材价格过低为由要求加价，并提出如果甲企业表示同意，双方立即签订书面合同，否则，乙企业将不能按期供货。甲企业表示反对，并声称如果乙企业到期不履行协议，将向法院起诉。

请问：双方当事人签订的合同有无法律效力？为什么？

二、买卖合同当事人的义务

（一）出卖人的义务

《民法典》第 598 条规定："出卖人应当履行向买受人交付标的物或者交付提取标的物的单证，并转移标的物所有权的义务。"

1. 交付标的物

出卖人交付标的物时，应当遵循以下规则：

（1）按照约定的时间交付标的物。《民法典》第 601 条规定："出卖人应当按照约定的时间交付标的物。约定交付期限的，出卖人可以在该交付期限内的任何时间交付。"当事人没有约定标的物的交付期限或者约定不明确的，出卖人可以随时履行，买受人也可以随时请求履行，但是应当给对方必要的准备时间，或者适用《民法典》第 510 条的规定。

小提示

《民法典》第 510 条规定："合同生效后，当事人就质量、价款或者报酬、履行地点等内容没有约定或者约定不明确的，可以协议补充；不能达成补充协议的，按照合同相关条款或者交易习惯确定。"

买卖合同中，标的物的交付时间可以是一个具体的时间点，如约定“货物应于2021年7月1日交付”；也可以是一个时间段，如约定“货物应于2021年7月1日前交付”。

（2）按照约定的地点交付标的物。当事人没有约定交付地点或者约定不明确，依据《民法典》第510的规定仍不能确定的，适用下列规定：

① 标的物需要运输的，出卖人应当将标的物交付给第一承运人以运交给买受人；

② 标的物不需要运输，出卖人和买受人订立合同时知道标的物在某一地点的，出卖人应当在该地点交付标的物；不知道标的物在某一地点的，应当在出卖人订立合同时的营业地交付标的物。

（3）按照约定的数量交付标的物。出卖人若未能如数交付，则应补足未交部分，并承担逾期交付部分的违约责任。若出卖人拒绝补交，则应承担违约责任。

（4）按照约定的质量要求交付标的物。出卖人提供有关标的物质量说明的，交付的标的物应当符合该说明的质量要求。当事人对标的物的质量要求没有约定或者约定不明确，依照《民法典》第510条的规定仍不能确定的，适用以下规定：质量要求不明确的，按照强制性国家标准履行；没有强制性国家标准的，按照推荐性国家标准履行；没有推荐性国家标准的，按照行业标准履行；没有国家标准、行业标准的，按照通常标准或者符合合同目的的特定标准履行。

2．交付单证

《民法典》第599条规定：“出卖人应当按照约定或者交易习惯向买受人交付提取标的物单证以外的有关单证和资料。”这些单证和资料包括商业发票、产品合格证、质量保证书、使用说明书、产品检疫书、保修单、装箱单等。

小提示

出卖人可以亲自交付标的物或提取标的物单证，也可以由第三人代为履行。在第三人代为履行的情况下，因第三人不履行或履行不符合合同约定而产生的违约责任，仍应由出卖人承担，第三人对买受人不负违约责任。

3．对标的物进行权利担保

权利担保义务是指出卖人应保证不会出现第三人对买卖标的物主张权利的情况。若买受人在订立合同时知道或者应当知道第三人对买卖的标的物享有权利的，出卖人不承担权利担保义务。权利担保义务要求出卖人必须保证其对买卖的标的物享有合法的权利、不负任何担保物权（如抵押权、留置权等），同时应保证此标的物没有侵犯他人的权利（如侵犯他人的知识产权等）。

同步案例

王某（卖方）向叶某（买方）出售二手车，双方签订了买卖合同，并在合同中约定："商品价值 120 000 元，买方支付价款后，卖方应按时交付车辆；如一方违约，违约方向对方支付违约金 10 000 元。"合同签订后，叶某向王某支付了 120 000 元，王某将汽车交给了叶某。但王某以机动车登记证书不在自己手中为由，拒绝协助叶某办理车辆过户手续。

点评：

《民法典》第 612 条规定："出卖人就交付的标的物，负有保证第三人对该标的物不享有任何权利的义务，但是法律另有规定的除外。"案例中，叶某已按合同约定向王某支付了价款，王某将汽车交给叶某时，也应保证不得有第三人对该车享有任何权利。因此，王某以机动车登记证书不在自己手中为由的说法不成立。王某的行为已构成违约，应当按照合同约定向叶某支付违约金，并及时协助叶某办理车辆过户手续。

4．转移标的物所有权

转移标的物所有权是出卖人的基本义务，也是物流产生的根本原因。买卖合同中的标的物自交付时发生所有权的转移，但法律另有规定或当事人另有约定的除外。

抱诚守真

日昇昌、大德通、复盛公、大盛魁等是我国家喻户晓的大商号，它们在经商过程中均以诚为本。那么，在当今社会，在物流货物买卖中，出卖人应具有何种品德，才能实现"陶朱事业，端木生涯"？

（二）买受人的义务

1．支付价款

（1）买受人应当按照约定的数额和支付方式支付价款。对价款的数额和支付方式没有约定或者约定不明确的，适用《民法典》第 510 条的规定，或者按以下规定处理：① 对价款的数额没有约定或者约定不明确的，按照订立合同时履行地的市场价格履行；依法应当执行政府定价或者政府指导价的，依照规定履行。② 对支付方式没有约定或者约定不明确的，按照有利于实现合同目的的方式履行。

（2）买受人应当按照约定的时间支付价款。对支付时间没有约定或者约定不明确，依据《民法典》第 510 条的规定仍不能确定的，买受人应当在收到标的物或者提取标的物单证的同时支付。

（3）买受人应当按照约定的地点支付价款。对支付地点没有约定或者约定不明确，依据《民法典》第510条的规定仍不能确定的，买受人应当在出卖人的营业地支付；但是，约定支付价款以交付标的物或者交付提取标的物单证为条件的，在交付标的物或者交付提取标的物单证的所在地支付。

想一想

上海S工厂向广州N公司购买了一批物品，双方签订了买卖合同。合同对付款地点和交货时间并没有做出明确规定。那么，下列说法中，哪项是正确的？

A. S工厂应在上海履行对N公司的付款义务

B. S工厂应在广州履行对N公司的付款义务

C. N公司可以随时交货给S工厂，S工厂不得有任何异议

D. N公司可以随时交货给S工厂，但应给S工厂必要的准备时间

2. 受领标的物

买受人应当及时受领标的物，若迟延或无正当理由拒绝受领标的物，则应承担违约责任。对于出卖人多交的标的物，买受人可以接收或者拒绝。买受人若接收了多交的部分，应按照约定的价格支付价款；若拒绝接收多交的部分，应当及时通知出卖人。

3. 检查标的物

买受人收到标的物时，应当在约定的检验期限内检验，并将标的物的数量或者质量不符合约定的情形通知出卖人。买受人怠于通知的，视为标的物的数量或者质量符合约定。

当事人对检验期限未做约定，买受人签收的送货单、确认单等载明标的物数量、型号、规格的，推定买受人已经对数量和外观瑕疵进行检验，但是有相关证据足以推翻的除外。

4. 拒收时保管标的物

买受人在特殊情况下可以拒收标的物，但这并不妨碍其履行对标的物暂时保管的义务。

如果买受人发现标的物有品质瑕疵而拒绝接受，且标的物在接收地没有其他委托人进行保管，则此时买受人负有对标的物进行暂时保管的义务。对不易保管的标的物（如易腐鲜活货物），买受人可以紧急变卖，变卖所得在扣除相关费用后退回出卖人。

出卖人在接到买受人的拒收通知时应立即将标的物提回或做其他处置，并支付买受人的保管费用。出卖人也不能因为买受人在上述情况下的保管或紧急变卖行为而免除责任。

同步案例

2020年11月23日，A公司向B公司购买了一台自动打包设备，双方签订了买卖合同。合同中约定：若产品出现质量问题，货到7日内，A公司须提出书面异议；7日内未提出书面异议，视为产品合格。产品的保修期限为产品到达目的地后12个月。2020年

11 月 30 日，A 公司收到该设备。

2020 年 12 月 10 日，B 公司应 A 公司要求，派员工到 A 公司对自动打包设备进行调试。调试员在调试过程中发现设备有故障。2020 年 12 月 31 日，经 B 公司联系，C 公司安排专业检测员到 A 公司对该设备进行检测。检测结果显示，该设备的晶体管有炸裂迹象。对此，A 公司向 B 公司提出赔偿要求，B 公司以该设备已过检验期为由拒绝赔偿。在沟通无果的情况下，A 公司将 B 公司告上了法庭。

点评：

《民法典》第 622 条第 1 款规定："当事人约定的检验期限过短，根据标的物的性质和交易习惯，买受人在检验期限内难以完成全面检验的，该期限仅视为买受人对标的物的外观瑕疵提出异议的期限。"案例中，自动打包设备是否合格必须经专业机构鉴定才能确认，显然，该设备的质量问题不属于外观瑕疵。因此，双方约定的 7 天检验期，应视为 A 公司对自动打包设备的外观瑕疵提出异议的期限。

法院审理认为，B 公司提供的自动打包设备经鉴定存在质量问题，A 公司在合理的期限内对该设备的质量提出了异议，B 公司应当承担违约责任。法院最终判决 B 公司向 A 公司赔偿设备维修费用 113 360 元。

三、标的物的风险承担

买卖合同签订后，标的物由于不可归责于买卖合同当事人的事由毁损、灭失的风险由谁负责，即为标的物的风险承担。

对于不同的交付方式，确定标的物的风险承担有以下几种原则：

（1）标的物毁损、灭失的风险，在标的物交付之前由出卖人承担，交付之后由买受人承担，但是法律另有规定或者当事人另有约定的除外。

（2）因买受人的原因致使标的物未按照约定的期限交付的，买受人应当自违反约定时起承担标的物毁损、灭失的风险。

（3）出卖人出卖交由承运人运输的在途标的物，除当事人另有约定外，毁损、灭失的风险自合同成立时起由买受人承担。

（4）出卖人按照约定将标的物运送至买受人指定地点并交付给承运人后，标的物毁损、灭失的风险由买受人承担。

（5）对于需要运输的标的物，当事人没有约定交付地点或者约定不明确，出卖人将标的物交付给第一承运人后，标的物毁损、灭失的风险由买受人承担。

（6）出卖人按照约定将标的物置于交付地点，买受人违反约定没有收取的，标的物毁损、灭失的风险自违反约定时起由买受人承担。

（7）出卖人按照约定未交付有关标的物的单证和资料的，不影响标的物毁损、灭失风险的转移。

（8）因标的物不符合质量要求，致使不能实现合同目的的，买受人可以拒绝接受标的物或者解除合同。买受人拒绝接受标的物或者解除合同的，标的物毁损、灭失的风险由出卖人承担。

（9）标的物毁损、灭失的风险由买受人承担的，不影响因出卖人履行义务不符合约定，买受人请求其承担违约责任的权利。

课堂讨论

A公司向B公司购买了一批电子元件，双方签订了买卖合同，约定在R港口交货，由B公司负责运输。货物到达目的地后，A公司发现该批货物存在严重的质量问题，于是告知B公司拒绝接收货物，并将货物暂存在R港口的某仓库，等待B公司前来提货。不料两天后发生海啸，海水灌入该仓库，所有电子元件因遭海水浸泡全部报废。

请同学们讨论这批电子元件的损失应由谁承担。

案例解析

“任务导入”中所述案例的解析如下：

（1）案例中，发生火灾前，B公司还未将5台纺织机交给A公司。5台纺织机所有权自交付时才会发生转移，因此纺织机毁损的风险应由B公司承担。

（2）A公司和B公司未另行约定标的物在运输途中风险的承担方，若5台纺织机在第三方承运人运输的途中发生毁损，由此产生的风险自合同成立时起由A公司承担。

实战演练

玉林B公司欲向广州A公司购买一批温控产品，总价款为40万元。2020年1月20日，双方签订了买卖合同，约定由A公司负责托运事宜，A公司最迟不得晚于2020年2月10日发货，产品保修期为产品到达目的地后12个月。2月7日，A公司办理了货物托运手续。2月20日产品运到B公司，B公司请当地检验公司对这批产品进行抽检，检验结果为产品合格。

2021年3月25日，B公司发现这批产品存在质量问题，遂致函A公司，要求换货；若不能换货，则要求退货并由A公司承担有关损失。A公司回函称，B公司已对这批产品进行了检验，且产品已投入使用，因此A公司不应承担赔偿责任。4月2日，B公司将问题产品送至中国检验认证集团检验。检验表明：这批产品有5项缺陷，均由制造不良所致。据此，4月5日，B公司将A公司告上了法庭，要求A公司赔偿25万元。A公司认为B公司不能证明 4 月 2 日送检的产品就是 A 公司的产品，且送检的时间已经超过保修期。

请根据上述材料，回答下列问题：

（1）本案中，若 A 公司的产品在运输中发生毁损，损失应由谁承担？

（2）若 2020 年 2 月 20 日的检验结果为产品不合格，在 B 公司退货的途中，货物发生毁损，则由此造成的损失应由谁承担？

（3）该案的责任应如何界定？

要求：2～3 人一组，借助网络和书籍查找上述案例涉及的法律规范，然后将问题的答案进行汇总并形成 Word 文件，在课堂上进行分享。

任务二　了解招标投标法律制度

【知识目标】

✓ 了解招标投标的概念及其当事人。

✓ 了解招标投标的特性。

✓ 认识招标的方式，了解强制招标的项目。

✓ 熟悉招标投标的流程。

【技能目标】

✓ 能够分析出案件中招标投标当事人的行为是否符合法律规范。

任务导入

R 物流公司因需要采购一批电动单梁起重机而进行公开招标，A、B、C、D、E、F 等 6 家单位领取了招标文件。招标文件中规定：2020 年 10 月 20 日下午 5:30 为接收投标文件的截止时间；在提交投标文件时，各投标单位须提供投标保证金 20 万元。

截至 2020 年 10 月 19 日下午 5:30，A、B、C、D、F 等 5 家单位均将投标文件送达指定地点，B 单位于次日上午 8:30 向招标人递交了一份投标价格降低 5%的书面申请。E 单位于 10 月 20 日下午 6:00 才将投标文件送达。6 家单位均提供了投标保证金 20 万元。

2020 年 10 月 20 日下午 5:30，开标仪式正式开始。招标人仔细检查了所有投标文件的密封情况，确认无误后，工作人员当众拆封了投标文件，并宣读了投标文件的主要内容。在这个过程中，招标人发现C单位标袋的密封处仅有C单位的公章，没有法定代表人的签章。

评标委员会由招标人直接确定，共有 4 人。其中招标代表 2 人，经济专家 1 人，技术专家 1 人。评标委员会最终确定 A 单位为中标单位。

思考：

（1）上述招标投标过程中有无不妥之处？

（2）B单位向招标人递交的书面申请是否有效？

（3）开标后，招标人应对C单位的投标文件做何处理？为什么？

（4）招标人可以将E单位的投标文件做废标处理吗？

知识讲解

一、招标投标的概念及其当事人

（一）招标投标的概念

招标是指由招标人（采购人或工程发包方）发出招标公告（见图2-2），说明需要采购的商品或发包工程项目的具体内容，邀请投标人（供应商或工程承包方）在规定的时间内投标，并与所提条件对自己最有利的投标人订约的行为。

××公司甲酸采购招标公告

一、采购物资名称及相关要求

序号	物资名称	规格型号	单位	数量	最高限价/元	备注
1	甲酸	≥85%	吨	160	720 000	

二、参与竞价投标人的资格要求

（1）投标人必须是中华人民共和国境内依法注册、具有独立法人资格的制造商；投标人应提供以下资质证件的原件扫描件：企业营业执照、组织机构代码证、税务登记证或三证合一或五证合一的营业执照，营业执照的经营范围应涵盖所招标的物资。

（2）投标人需要提供有效的危险化学品安全生产许可证，许可范围应涵盖所招标的物资。投标人必须提供有效的ISO9001质量管理体系认证证书，认证范围应涵盖所招标的物资。

（3）投标人没有处于被责令停业、财产被接管或冻结、破产的状态。

（4）业绩要求及技术标准：详见《技术规格书》。

（5）本项目不接受联合体投标。

（6）包装和运输：包装物回收；公路运输，使用危险化学品专用车辆运输。

（7）因仓储条件限制，每次送货量为15吨。

（8）投标人近三年内无不良记录。经确认投标人存在以下不良记录之一，投标将被否决：

① 近三年在国家、行业以及地方政府质量监督检查中出现过不合格情况；

② 投标人在××公司组织的公开招标活动中出现一次无效异议，从确定无效异议之日起一年内，禁止其参加公司所有招标投标项目。投标人在两年内（从第一次提出异议之日起至第二次确定无效异议之日止）出现两次无效异议的，从确定第二次无效异议之日起两年内，禁止其参加公司所有招标投标项目。针对同一项目反复提出的异议最终被确定为无效异议的，按提出次数计算；

③ 在××公司最近一个年度考核过程中出现过不良记录，被暂停或终止交易的；

④ 近三年内，在国家或政府网站出现过公开曝光的不诚信行为，被“国家企业信用信息公示系统”列入严重违法企业名单；因未履行生效法律文书而被“中国执行信息公开网”列入失信被执行人名单（虽有查询记录但投标人已履行完毕的除外）。

（9）潜在投标人的法定代表人为同一个的两个及两个以上法人、母公司、全资子公司及其控股公司，只允许一家参加投标。

（10）若投标文件对上述条款有实质性偏离，将视为非实质性响应投标而对其予以拒绝。请有意参加投标的潜在投标人确认自身资格条件是否满足要求，并自负其责。如有伪造业绩的，将对其投标予以拒绝，招标人保留向该投标人索赔的权利，三年内禁止其参加公司所有招标投标项目。

三、交货方式、时间和地点

交货方式：卖方送货。

交货时间：2021 年 1 月 1 日至 2021 年 12 月 31 日。

交货地点：××公司仓储中心西部供应站。

四、检验、验收标准

按公司《技术规格书》要求执行。

图 2-2　招标公告示例（局部）

投标是指投标人应招标人的邀请，根据招标人规定的条件，向招标人发盘（提出愿意按照一定条件出售商品的意思表示）的行为。

（二）招标投标的当事人

招标投标的当事人是指招标投标中享有权利和承担义务的各类主体，主要包括招标人、投标人和招标代理机构。

1．招标人

招标人是依照《中华人民共和国招标投标法》（以下简称《招标投标法》）规定提出招标项目、进行招标的法人或者其他组织。招标人应当具备下列必要条件：

（1）招标人提出的招标项目按照国家有关规定需要履行项目审批手续的，应当先履行审批手续，取得批准。

（2）招标人应当有进行招标项目的相应资金或已经落实的资金来源，并应当在招标文件中如实载明。

2．投标人

投标人是响应招标、参加投标竞争的法人或者其他组织。依法招标的科研项目允许个人参加投标的，投标的个人适用《招标投标法》有关投标人的规定。

为保证投标人中标后能顺利履行合同，《招标投标法》第 26 条规定：“投标人应当具备承担招标项目的能力；国家有关规定对投标人资格条件或者招标文件对投标人资格条件有规定的，投标人应当具备规定的资格条件。”

3. 招标代理机构

招标投标是一种具有组织性、规范性及专业性的交易方式，招标人凭借自身力量难以招标时，通常会委托招标代理机构代为办理招标事宜。

招标代理机构是依法设立、从事招标代理业务并提供相关服务的社会中介组织。招标代理机构应当具备下列条件：有从事招标代理业务的营业场所和相应资金；有能够编制招标文件和组织评标的相应专业力量。

小提示

根据《招标投标法》第12条的规定，招标人有权自行选择招标代理机构，委托其办理招标事宜。任何单位和个人不得以任何方式为招标人指定招标代理机构。招标人具有编制招标文件和组织评标能力的，可以自行办理招标事宜。任何单位和个人不得强制其委托招标代理机构办理招标事宜。依法必须进行招标的项目，招标人自行办理招标事宜的，应当向有关行政监督部门备案。

二、招标投标的特性

（一）组织性

招标投标是一种有组织、有计划且特殊的商业交易活动，必须按照招标文件中规定的规则、标准及方法进行。这种组织性具体表现在以下几个方面：

（1）招标的组织者是法人或其他组织。一般情况下，自然人不能成为招标人。招标人委托招标代理机构代理招标的，双方应按规定签订招标委托协议。

（2）无论采用何种招标方式，招标决策都是依法组建的评标委员会按照招标人在招标文件中载明的标准、方法与要求，对投标人的报价、技术、工期及其他因素进行评估的。

（3）投标与开标（招标人依照规定开启并公开宣布投标人提交的投标文件内容的行为）的时间和地点必须是招标公告、招标文件事先规定的。

（4）对于国家规定必须进行招标的项目，招标过程中有一些重要环节必须履行报批或备案程序的，要接受上级行政主管部门的监督管理。

（二）一次性

招标投标中，投标人只能应邀进行一次发盘。递交投标文件的截止时间过后，投标人不得要求修改或撤回已经投递的投标文件。

（三）公平性与公正性

任何符合投标条件的投标人均可以参加投标。在投标规则面前，各投标人具有平等的竞争机会，招标人应确保招标过程公平、公正。

（四）公开性

招标人必须将进行招标活动的信息公开，将开标的程序、内容公开，将评标标准和评标方法公开，以及将中标结果公开，从而使招标投标活动接受公众的监督。

同步案例

某市级医院招标采购一批进口设备。该医院在未实行政府采购前，与R医疗设备公司（以下简称“R公司”）长期有业务往来，故此次招标仍希望R公司中标。于是双方达成共识，该医院要求R公司在开标时尽量压低投标报价，以确保中标，在签订合同时再将货款提高。

果然，在开标时，R公司的报价最低，评标委员会推荐该公司为中标候选人。在签订合同前，该医院允许R公司将原来的投标报价提高10%，作为追加的售后服务费。结果提高后的合同价远远高于其他所有投标人的报价。

点评：

《招标投标法》第53条规定：“投标人相互串通投标或者与招标人串通投标的，投标人以向招标人或者评标委员会成员行贿的手段谋取中标的，中标无效，处中标项目金额千分之五以上千分之十以下的罚款，对单位直接负责的主管人员和其他直接责任人员处单位罚款数额百分之五以上百分之十以下的罚款；有违法所得的，并处没收违法所得；情节严重的，取消其一年至二年内参加依法必须进行招标的项目的投标资格并予以公告，直至由工商行政管理机关吊销营业执照；构成犯罪的，依法追究刑事责任。给他人造成损失的，依法承担赔偿责任。”

本案中，R公司（投标人）与医院（招标人）串通投标，所以中标无效，并且应缴纳相应的罚款。

启示

招标人与投标人相互串通，低价中标，高价签订合同，这种做法严重影响了政府采购活动的公平性和公正性，损害了广大潜在投标人的正当利益，造成了采购资金的巨额流失，扰乱了正常的市场竞争秩序。在招标投标活动中，无论是招标人还是投标人，都应遵守《招标投标法》的相关规定，不欺不诈，自觉维护市场经济秩序。

三、招标的方式与强制招标的项目

（一）招标的方式

根据公开程度的不同，招标可分为公开招标和邀请招标。其中，公开招标是指招标人以招标公告的方式邀请不特定的法人或者其他组织投标，邀请招标是指招标人以投标邀请书的方式邀请特定的法人或者其他组织投标。公开招标能保证招标投标具有充分的竞争性。

（二）强制招标的项目

我国实行强制招标和自愿招标相结合的制度。强制招标的项目由法律做出明确规定，该范围之外的项目可以由当事人自行决定是否进行招标。根据《招标投标法》第 3 条第 1 款的规定，在中华人民共和国境内进行下列工程建设项目包括项目的勘察、设计、施工、监理以及与工程建设有关的重要设备、材料等的采购，必须进行招标：

① 大型基础设施、公用事业等关系社会公共利益、公众安全的项目；

② 全部或者部分使用国有资金投资或者国家融资的项目；

③ 使用国际组织或者外国政府贷款、援助资金的项目。

小提示

《招标投标法》第 66 条规定："涉及国家安全、国家秘密、抢险救灾或者属于利用扶贫资金实行以工代赈、需要使用农民工等特殊情况，不适宜进行招标的项目，按照国家有关规定可以不进行招标。"

四、招标投标的流程

一个完整的招标投标流程必须包括招标、投标、开标、评标、中标等环节。

（一）招标

1. 编制招标文件

根据《招标投标法》第 19 条的规定，招标人应当根据招标项目的特点和需要编制招标文件。招标文件应当包括招标项目的技术要求、对投标人资格审查的标准、投标报价要求和评标标准等所有实质性要求和条件以及拟签订合同的主要条款。国家对招标项目的技术、标准有规定的，招标人应当按照其规定在招标文件中提出相应要求。招标项目需要划分标段、确定工期的，招标人应当合理划分标段、确定工期，并在招标文件中载明。

小提示

《招标投标法》第 20 条规定：“招标文件不得要求或者标明特定的生产供应者以及含有倾向或者排斥潜在投标人的其他内容。”

根据《招标投标法》第 22 条的规定，招标人不得向他人透露已获取招标文件的潜在投标人的名称、数量以及可能影响公平竞争的有关招标投标的其他情况。招标人设有标底的，标底必须保密。

2. 发布招标公告或发出投标邀请书

根据《招标投标法》第 16 条的规定，招标人采用公开招标方式的，应当发布招标公告。依法必须进行招标的项目的招标公告，应当通过国家指定的报刊、信息网络或者其他媒介发布。招标公告应当载明招标人的名称和地址、招标项目的性质、数量、实施地点和时间以及获取招标文件的办法等事项。

招标人采用邀请招标方式的，应当向 3 个以上具备承担招标项目的能力、资信良好的特定的法人或者其他组织发出投标邀请书。投标邀请书应载明的事项与招标公告应载明的事项相同。

投标人看到招标公告或收到投标邀请书后，可前往招标公司购买招标文件。

3. 审查潜在投标人的资格

为了确保招标项目的完成质量，避免招标工作中财力和时间的浪费，招标人在招标公告中可以增加“资格预审”项，即投标人先递交资格文件，经审查满足资格条件后，招标人才将招标文件发售给该投标人。

（二）投标

1. 编制投标文件

获得招标文件后，投标人应当开始编制投标文件，其内容应当对招标文件提出的要求和条件做出实质性响应。

投标人应当在招标文件要求提交投标文件的截止时间前，将投标文件送达投标地点。招标人收到投标文件后，应当签收保存，不得开启。投标人少于 3 个的，招标人应当依照《招标投标法》重新招标。在招标文件要求提交投标文件的截止时间后送达的投标文件，招标人应当拒收。

《招标投标法》第 29 条规定：“投标人在招标文件要求提交投标文件的截止时间前，可以补充、修改或者撤回已提交的投标文件，并书面通知招标人。补充、修改的内容为投标文件的组成部分。”

《招标投标法》第 30 条规定：“投标人根据招标文件载明的项目实际情况，拟在中标后将中标项目的部分非主体、非关键性工作进行分包的，应当在投标文件中载明。”

2．联合体投标

两个以上的法人或者其他组织可以组成一个联合体，并以一个投标人的身份共同投标。

《招标投标法》第31条第2款规定：“联合体各方均应当具备承担招标项目的相应能力；国家有关规定或者招标文件对投标人资格条件有规定的，联合体各方均应当具备规定的相应资格条件。由同一专业的单位组成的联合体，按照资质等级较低的单位确定资质等级。”

《招标投标法》第31条第3款规定：“联合体各方应当签订共同投标协议，明确约定各方拟承担的工作和责任，并将共同投标协议连同投标文件一并提交招标人。联合体中标的，联合体各方应当共同与招标人签订合同，就中标项目向招标人承担连带责任。”

小提示

根据《招标投标法实施条例》第37条的规定，招标人应当在资格预审公告、招标公告或者投标邀请书中载明是否接受联合体投标。招标人接受联合体投标并进行资格预审的，联合体应当在提交资格预审申请文件前组成。资格预审后联合体增减、更换成员的，其投标无效。联合体各方在同一招标项目中以自己名义单独投标或者参加其他联合体投标的，相关投标均无效。

（三）开标、评标和中标

1．开标

开标是指投标人提交投标文件后，招标方拆封开启投标人提交的投标文件，公开宣布投标人的名称、投标价格及其他主要内容的行为。图2-3为某招标项目的开标会现场。

图2-3　某招标项目的开标会现场

开标应当在招标文件确定的提交投标文件截止时间的同一时间公开进行，开标地点应当为招标文件中预先确定的地点。在提交投标文件截止时间之前，投标文件由招标人签收保存，不得开启。

开标由招标人主持，邀请所有投标人参加。开标时，由投标人或者其推选的代表检查投标文件的密封情况，也可以由招标人委托的公证机构检查并公证；经确认无误后，由工作人员当众拆封，宣读投标人名称、投标价格和投标文件的其他主要内容。

小提示

招标人应记录整个开标过程，并存档备查。

2. 评标

评标是指由招标人依法组建的评标委员会按照招标文件确定的标准和方法，对投标文件进行评审，选出合格的中标候选人的行为。评标委员会可以要求投标人对投标文件中含义不明确的内容做必要的澄清或者说明，但是澄清或者说明不得超出投标文件的范围或者改变投标文件的实质性内容。

评标委员会完成评标后，应当向招标人提出书面评标报告，并推荐合格的中标候选人。

3. 中标

招标人可根据评标委员会提出的书面评标报告和推荐的中标候选人确定中标人，也可以授权评标委员会直接确定中标人。

中标人确定后，招标人应当向中标人发出中标通知书，并同时将中标结果通知所有未中标的投标人。中标通知书对招标人和中标人具有法律效力。中标通知书发出后，招标人改变中标结果的，或者中标人放弃中标项目的，应当依法承担法律责任。

招标人和中标人应当自中标通知书发出之日起 30 日内，按照招标文件和中标人的投标文件订立书面合同。

扫一扫

与招标投标相关的法律责任

课堂讨论

2020 年 5 月 3 日，A 物流公司因需要采购一批物流分拣设备而进行公开招标，此次招标投标的流程为：成立招标工作小组→发布招标公告→编制招标文件→发售招标文件→招标答疑→接收投标文件→开标→确定中标单位→评标→签订采购合同→发出中标通知书。

上述招标投标的流程是否妥当？如有不妥，请确定合理的顺序。

案例解析

"任务导入"中所述案例的解析如下：

（1）招标投标过程中的不妥之处及其理由如下。

不妥之处一：开标时，由招标人检查投标文件的密封情况。《招标投标法》第 36 条第 1 款规定："开标时，由投标人或者其推选的代表检查投标文件的密封情况，也可以由招标人委托的公证机构检查并公证；经确认无误后，由工作人员当众拆封，宣读投标人名称、投标价格和投标文件的其他主要内容。"因此，案例中由招标人检查投标文件的密封情况是不妥的。

不妥之处二：评标委员会的成员由招标人直接确定。一般招标项目可以采取随机抽取方式确定组成评标委员会的专家，特殊招标项目可以由招标人直接确定。这里的特殊招标项目是指技术复杂、专业性强或者国家有特殊要求，采取随机抽取方式确定的专家难以保证评标质量的项目。案例中，采购电动单梁起重机的招标项目不属于特殊招标项目，因此由招标人直接确定评标委员会的成员是不妥的。

（2）根据《招标投标法》第 29 条的规定，案例中，B 单位向招标人递交的修改投标价格的书面申请有效。

（3）投标文件未经投标单位盖章和单位负责人签字的，评标委员会应当否决其投标。案例中，C 单位的投标文件只有单位公章而没有法定代表人的签章，开标后，招标人可对 C 单位的投标文件做废标处理。

（4）在招标文件要求提交投标文件的截止时间后送达的投标文件，招标人应当拒收。案例中，E 单位未能在投标截止时间前送达投标文件，因此招标人可以对 E 单位的投标文件做废标处理。

实战演练

案例一：A 物流企业在某媒体上发布了某系统集成项目的招标公告，有 7 家实力相当的本地和外地企业前往投标。为了确保能及时享受硬件售后服务和软件升级维护，A 物流企业希望本地企业中标。于是，A 物流企业成立了一个 5 人评标委员会，其中 3 人是采购人代表，其余 2 人分别为技术、经济专家。通过正常的开标、评标程序，最终确定了本地一家企业作为中标候选人。

案例二：某高校为机房工程改造工程进行招标。在招标公告发布后，某建筑公司与该校基建处负责人进行私下交易，最后该校决定将此工程承包给这家建筑公司。为了减少竞争，该建筑公司邀请了 5 家私交甚好的施工企业前来投标，并事先将中标意向透露给这 5 家参与投标的企业，暗示这 5 家施工企业将投标文件制作得马虎一些。正式开标时，被邀请的 5 家施工企业与该建筑公司一起投标，由于这 5 家施工企业不是报价过高，就是服务太差。评标结果出来后，该建筑公司为第一中标候选人。

请根据上述材料，回答下列问题：

（1）上述招标投标过程中有无不妥之处？

（2）在实际招标投标过程中，招标人和投标人应如何规范自己的行为？

要求：2～3 人一组，借助网络和书籍查找上述案例涉及的法律规范，然后将问题的答案进行汇总并形成 Word 文件，在课堂上进行分享。

任务三 了解国际货物买卖法律制度

【知识目标】

✓ 了解与国际货物买卖有关的法律规范。

✓ 了解国际货物买卖合同的主要内容。

✓ 了解国际货物买卖合同当事人的义务。

✓ 掌握违反国际货物买卖合同的补救办法。

✓ 熟悉适用于买卖双方的一般规定。

【技能目标】

✓ 能够分析出国际货物买卖案件中买方、卖方的责任和责任界定的依据。

任务导入

2019 年 12 月 1 日，深圳 D 物流公司向美国 P 公司采购了一批物流设备，双方签订了国际货物买卖合同。合同中载明：这批物流设备价值 32 万美元。但合同中并未载明对物流设备电池质量标准的要求。

2020 年 1 月 12 日过关时，中国海关发现这批物流设备电池的商标涉嫌伪造，电池质量难以保证。于是中国海关销毁电池后放行了这批物流设备。事后，P 公司提出向 D 物流公司补寄物流设备的电池。但 D 物流公司要求终止合同，并要求 P 公司返还货款。经反复协商，P 公司最终同意终止合同，但提出向 D 物流公司补寄物流设备电池后，对方需配合自己在中国销售该批物流设备，然后才能退回对方 32 万美元的货款。最终，双方意见达成一致。

2020 年 6 月 13 日，涉案物流设备已在中国全部销售完毕，销售所得货款由 P 公司收取。D 物流公司要求 P 公司退还货款时，P 公司表示在合同可以补救的情况下，D 物流公司却选择终止合同，给自己带来了不必要的损失。同时，P 公司提出自己与 D 物流公司共同销售该批物流设备时，双方已构成委托销售货物关系，遂提出支付 30% 货款作为佣金，以终止买卖合同，D 物流公司不同意。为此，D 物流公司诉至法院，要求 P 公司退还全部货款，并支付货物运输费用、案件诉讼费用等。

思考：

（1）你怎么理解 P 公司说的“在合同可以补救的情况下，D 物流公司却选择终止合同”？

（2）本案的责任应如何界定？

知识讲解

一、与国际货物买卖有关的法律规范

国际货物买卖是一国（或地区）同别国（或地区）所进行的有形货物的交易。目前，我国对国际货物买卖所使用的法律规范主要有《中华人民共和国对外贸易法》和《联合国国际货物销售合同公约》。

（一）《中华人民共和国对外贸易法》

《中华人民共和国对外贸易法》（以下简称《对外贸易法》）颁布于 1994 年，并于 2004 年、2016 年进行了修订。该法适用于调整我国对外贸易关系，现介绍该法中与物流相关的规定。

1．对对外贸易经营者的规定

对外贸易经营者是指依法办理工商登记或者其他执业手续，依照《对外贸易法》和其他有关法律、行政法规的规定从事对外贸易经营活动的法人、其他组织或者个人。

根据《对外贸易法》第 9 条的规定，从事货物进出口或者技术进出口的对外贸易经营者，应当向国务院对外贸易主管部门或者其委托的机构办理备案登记；但是，法律、行政法规和国务院对外贸易主管部门规定不需要备案登记的除外。备案登记的具体办法由国务院对外贸易主管部门规定。对外贸易经营者未按照规定办理备案登记的，海关不予办理进出口货物的报关验放手续。

《对外贸易法》第 13 条规定：“对外贸易经营者应当按照国务院对外贸易主管部门或者国务院其他有关部门依法做出的规定，向有关部门提交与其对外贸易经营活动有关的文件及资料。有关部门应当为提供者保守商业秘密。”

2．对限制或禁止有关货物、技术进出口的规定

根据《对外贸易法》第 16 条的规定，国家基于下列原因，可以限制或者禁止有关货物、技术的进口或者出口：

① 为维护国家安全、社会公共利益或者公共道德，需要限制或者禁止进口或者出口的；

② 为保护人的健康或者安全，保护动物、植物的生命或者健康，保护环境，需要限制或者禁止进口或者出口的；

③ 为实施与黄金或者白银进出口有关的措施，需要限制或者禁止进口或者出口的；

④ 国内供应短缺或者为有效保护可能用竭的自然资源，需要限制或者禁止出口的；

⑤ 输往国家或者地区的市场容量有限，需要限制出口的；

⑥ 出口经营秩序出现严重混乱，需要限制出口的；

⑦ 为建立或者加快建立国内特定产业，需要限制进口的；

⑧ 对任何形式的农业、牧业、渔业产品有必要限制进口的；

⑨ 为保障国家国际金融地位和国际收支平衡，需要限制进口的；

⑩ 依照法律、行政法规的规定，其他需要限制或者禁止进口或者出口的；

⑪ 根据我国缔结或者参加的国际条约、协定的规定，其他需要限制或者禁止进口或者出口的。

3. 对对外贸易秩序的规定

在对外贸易经营活动中，不得违反有关反垄断的法律、行政法规的规定实施垄断行为，不得实施以不正当的低价销售商品、串通投标、发布虚假广告、进行商业贿赂等不正当竞争行为。对于实施垄断行为，危害市场公平竞争的，依照有关反垄断的法律、行政法规的规定处理；对于实施不正当竞争行为的，依照有关反不正当竞争的法律、行政法规的规定处理；对于实施垄断行为或不正当竞争行为，并危害对外贸易秩序，国务院对外贸易主管部门可以采取必要的措施消除危害。

根据《对外贸易法》第 34 条的规定，对外贸易经营者在对外贸易活动中，不得有下列行为：

① 伪造、变造进出口货物原产地标记，伪造、变造或者买卖进出口货物原产地证书、进出口许可证、进出口配额证明或者其他进出口证明文件；

② 骗取出口退税；

③ 走私；

④ 逃避法律、行政法规规定的认证、检验、检疫；

⑤ 违反法律、行政法规规定的其他行为。

根据《对外贸易法》第 35 条的规定，对外贸易经营者在对外贸易经营活动中，应当遵守国家有关外汇管理的规定。

QIYE JINGSHEN 企业精神

2021 年 4 月 23 日，中华人民共和国国务院新闻办公室举行 2021 年一季度外汇收支数据新闻发布会。国家外汇管理局副局长、新闻发言人王某在会上表示，今年以来，国际环境发生较大变化，美债收益率上升、美元汇率指数反弹，国际资本流动受到一定影响。在这样的外部环境下，中国的外汇市场表现出了一贯的韧性、理性和平衡性特征。

讨论：我国外汇市场的平稳运行为物流企业进行国际货物买卖提供了重要保证，那么，物流企业在国际货物买卖中，应如何做才能体现大国风范和民族自信？

（二）《联合国国际货物销售合同公约》

1980 年，《联合国国际货物销售合同公约》（以下简称《公约》）在维也纳通过，并于 1988 年正式生效。《公约》旨在兼顾不同缔约国的社会体制、经济模式和法律制度，制定统一的国际货物销售规则，在平等、互利的基础上促进国际贸易的发展。

1. 适用于《公约》的货物销售合同

《公约》适用于营业地在不同国家的当事人（不考虑当事人的国籍）之间所订立的货物销售合同。合同当事人若有两个以上营业地时，应以与合同及合同的履行关系最为密切的营业地为其营业地。没有营业地的，则以合同当事人的惯常居住地为准。

扫一扫

《联合国国际货物销售合同公约》简介

2. 不适用于《公约》的货物销售合同

《公约》采用了排除方法对货物的范围做了规定（具体见《公约》第2条和第3条）。凡不在《公约》第2条和第3条排除的范围内的货物，均属公约适用的范围。

根据《公约》第2条的规定，本公约不适用于以下的销售：

① 购供私人、家人或家庭使用的货物的销售，除非卖方在订立合同前任何时候或订立合同时不知道而且没有理由知道这些货物是购供任何这种使用；

② 经由拍卖的销售；

③ 根据法律执行令状或其他令状的销售；

④ 公债、股票、投资证券、流通票据或货币的销售；

⑤ 船舶、船只、气垫船或飞机的销售；

⑥ 电力的销售。

根据《公约》第3条的规定，供应尚待制造或生产的货物的合同应视为销售合同，除非订购货物的当事人保证供应这种制造或生产所需的大部分重要材料。该《公约》不适用于供应货物一方的绝大部分义务在于供应劳力或其他服务的合同。

小提示

《公约》仅涉及国际货物销售合同的订立，以及合同当事人因此种合同而产生的权利和义务等法律问题，而没有涉及以下问题：

（1）有关国际货物销售合同的效力或任何惯例的效力问题。

（2）国际货物销售合同对所售出货物的所有权问题。

（3）卖方对货物引起的人身伤亡的责任问题。

3. 我国对《公约》的保留

我国于1986年加入《公约》，但我国在加入时对《公约》做了两项保留：

（1）对扩大适用的保留。扩大适用是指允许通过引用其他国际法而使《公约》适用于非缔约国。对此，我国在加入《公约》时提出仅同意合同当事人双方的营业地所在国均为缔约国时，当事人之间订立的国际货物销售合同才适用《公约》。

（2）对合同形式的保留。《公约》第11条规定：“销售合同无须以书面订立或书面证明，在形式方面也不受任何其他条件的限制。销售合同可以用包括人证在内的任何方法证明。”我国在加入《公约》时，对上述规定进行了保留，即只要国际货物销售合同一方当事人的营业地在我国境内，就必须采用书面形式。

小提示

营业地在中国的当事人与营业地在非缔约国的当事人订立的涉外合同可以采用口头形式，因为不涉及《公约》的适用。

二、国际货物买卖合同的主要内容

国际货物买卖合同是指营业地位于不同国家的当事人之间就货物买卖的权利与义务关系而达成的协议。国际货物买卖合同强调的是合同的标的物需要进行跨越国境的运输，因此即使是不同国家的当事人在同一国境内订立的货物买卖合同，也不属于国际货物买卖合同。

与物流服务合同相同，国际货物买卖合同也是由约首、主文和约尾三部分组成的。其中，主文部分是合同的主体部分，包括合同的实质性条款，具体如表 2-1 所示。

表 2-1　主文部分的主要条款

条款类型	说　明
品质条款	在国际货物买卖合同中，当事人双方可约定凭样品、相关等级标准、商标或说明书等来确定货物的品质
数量条款	国际货物买卖合同中的数量通常用重量、个数、体积等来表示，但由于各国的度量衡制度不同，对同一计量单位可能存在差异，因此合同中必须对此有明确的规定
包装条款	该条款主要包括包装材料、包装尺寸、包装费用和运输标志等内容。在国际货物买卖中，货物的包装必须遵守合同当事人营业地所在国对包装的强制性法律规定
价格条款	该条款主要规定货物的计价货币、计价单位、单位价格金额等
支付条款	该条款主要包括下列内容：① 支付和结算使用的货币币种；② 支付工具是货币还是票据；③ 支付方式是汇付、托收还是信用证；④ 支付的时间、地点等
商检条款	该条款主要规定了检验货物的检验机构、所依据的标准、检验期限及商检权等内容，为检验卖方所交货物是否符合合同内容提供依据
装运条款	该条款主要规定了货物装运的时间、地点等事项
保险条款	该条款主要规定了由哪方合同当事人负责办理货物运输保险及其他保险，其目的在于把保险责任具体化
不可抗力条款	该条款主要规定了在合同订立后，遭受不可抗力的一方不能履行合同或不能如期履行合同时，可以免除履行合同的责任
仲裁条款	当合同当事人双方之间的争议不能通过协商解决时，当事人应向仲裁机构提出仲裁申请。仲裁条款应载明仲裁地点、仲裁机构、仲裁规则等内容
法律适用条款	此条款主要用于明确合同适用哪个国际公约、国际惯例或哪个国家的国内法

三、国际货物买卖合同当事人的义务

国际货物买卖合同当事人的义务与我国国内货物买卖合同当事人的义务基本相同，现就一些不同之处进行说明。

（一）买方的义务

1. 支付货款

扫一扫

国际货物买卖合同中买卖双方的义务

（1）支付准备。买方支付货款的义务包括使支付成为可能而依合同或任何有关法律和规章完成规定的步骤和手续，如申请信用证或银行的付款担保等。若买方已采取一切合理的支付准备措施，但由于客观原因仍不能支付货款，则买方可以不承担责任。

（2）支付地点。支付地点应以合同约定的为准，若合同没有约定支付货款的地点，买方可以在卖方的营业地向卖方支付货款。如果需要凭移交货物或相关单据支付货款，则买方支付货款的地点为移交货物或相关单据的地点。

（3）支付时间。买方可按照下列规定来确定支付货款的时间：

① 若买方没有义务在任何其他特定时间内支付货款，则买方必须于卖方按照合同和《公约》规定将货物或控制货物处置权的单据交给自己时支付货款。卖方可以以买方支付货款为移交货物或单据的条件。

② 若合同涉及货物的运输，则买方必须在收到银行的付款通知时付款。卖方可以以买方支付货款后把货物或控制货物处置权的单据移交给买方为发运货物的条件。

③ 买方在未有机会检验货物前，无义务支付货款，除非与当事人双方议定的交货或支付程序相抵触。例如，在 CIF 贸易条件下，买方只有在付款赎单后才能提货和对货物进行检验，此时不能以验货作为付款的条件。

小提示

CIF（cost insurance and freight）意为成本、保险费加运费，是指在装运港船上交货，卖方必须支付将货物运至指定目的港所需的运费，并办理运输中的保险（CIF 术语只要求卖方投保有限的保险险别）。需要强调的是，按 CIF 术语成交，虽然由卖方安排货物运输和办理货运保险，但卖方并不承担保证把货送到约定目的港的义务，因为 CIF 是属于装运交货的术语，而不是目的港交货的术语。此贸易术语适用于海运和内河运输。CIF 术语后标明的是卸货港的名称，如 CIF 大连，表示货物的卸货港是大连。

2. 接收货物

买方接收货物是实现自身利益的行为，若未能将货物置于自己的实际控制下，会对卖方造成一定的影响。例如，在 CIF 贸易条件下，卖方负责办理货物运输，若买方未按时提货，就会产生滞期费等费用，合同中若未约定此笔费用由谁支付，则由卖方承担。买方应采取一切理应采取的行动，以期卖方能交付货物。这些行动包括为卖方指定准确的货物接收地点、委托代理人接收货物、依照合同要求做出相应的运输安排等。

（二）卖方的义务

1．交付货物

（1）按约定的地点交货。根据《公约》第 31 条的规定，如果卖方没有义务要在任何其他特定地点交付货物，他的交货义务如下：

① 如果销售合同涉及货物的运输，卖方应把货物移交给第一承运人，以运交给买方；

② 在不属于上一款规定的情况下，如果合同指的是特定货物或从特定存货中提取的或尚待制造或生产的未经特定化的货物，而双方当事人在订立合同时已知道这些货物是在某一特定地点，或将在某一特定地点制造或生产，卖方应在该地点把货物交给买方处置；

③ 在其他情况下，卖方应在他于订立合同时的营业地把货物交给买方处置。

（2）按约定的日期交货。根据《公约》第 33 条的规定，卖方必须按以下规定的日期交付货物：

① 如果合同规定有日期，或从合同可以确定日期，应在该日期交货；

② 如果合同规定有一段时间，或从合同可以确定一段时间，除非情况表明应由买方选定一个日期外，应在该段时间内任何时候交货；

③ 在其他情况下，应在订立合同后一段合理时间内交货。

2．质量担保

卖方的质量担保义务是指卖方必须保证其交付的货物与合同的规定相符。若国际货物买卖合同中没有对货物的数量、质量、规格及包装等做出明确说明，则为履行质量担保义务，卖方应做到以下几点：

（1）保证货物适用于一般用途。若买方订货时没有向卖方指出货物的任何用途，则卖方提供的货物应符合同一规格货物的一般用途。例如，购买的粮食应既能供人食用又能投喂牲畜，若只能用于投喂牲畜，则不具备粮食的一般用途。

（2）保证货物适用于订立合同时买方曾以明示或默示的方式通知卖方的特定用途。例如，买方若提出需要专门用于钻碳钢板的钻头，卖方提供的钻头就必须达到能钻碳钢板的硬度要求。

（3）保证货物的质量与向买方提供的样品的质量相同。

（4）按同类货物通用的方式对货物进行装箱或包装。如果没有相关通用方式，则应按足以保全和保护货物的方式对货物进行装箱或包装。

小提示

在国际货物买卖中，有时买方知道货物在质量上有缺陷，但由于急需货物等原因，而同意以减价为条件接受货物。在这种情况下，卖方不承担此种缺陷的质量担保责任。

3. 权利担保

权利担保主要包括所有权担保和知识产权担保。其中，知识产权担保是指卖方所交付的货物必须是第三方不能依工业产权或其他知识产权主张任何权利和要求的货物，如有第三方通过司法程序指控买方所购的货物侵犯了其知识产权，卖方应为此承担责任。

在国际货物买卖中，货物通常会销往卖方所在国以外的国家，要求卖方了解所有国家的有关法律是不可能的。因此，《公约》对卖方的知识产权担保义务进行了限制。在下列两种情况下，可免除卖方的知识产权担保义务：① 买方在订立合同时已经知道或不可能不知道货物侵犯了第三方的知识产权；② 侵权的发生是由于卖方提供的货物是遵照买方所提供的技术图样、图案或款式等制作的。

小提示

根据《公约》第 43 条的规定，买方在已知或理应知道第三方的权利或要求后的合理时间内，应将此一权利或要求的性质通知卖方，否则就会丧失依公约本来可以要求卖方承担辩驳第三方的权利。

4. 交付单据

交货既包括实际交货，即卖方将货物置于买方的控制之下；也包括象征性交货，即卖方将控制货物的单据交给买方，买方在指定地点凭单据向承运人提货。在国际货物买卖中，单据对买方很重要，尤其在象征性交货的情况下。

根据《公约》第 34 条的规定，如果卖方有义务移交与货物有关的单据，就必须按照合同所规定的时间、地点和方式移交这些单据。如果卖方在规定的时间以前已移交这些单据，他可以在时间届满前纠正单据中任何不符合合同规定的情形，但是，此项权利的行使不得使买方遭受不合理的不便或承担不合理的开支。而且，买方可以保留该公约所规定的要求损害赔偿的权利。

同步案例

2020 年 8 月 1 日，中国 B 物流公司向日本 A 公司购买一批物流设备，双方签订了国际货物买卖合同。合同中约定：这批物流设备需要转口土耳其。

合同签订后，由于某种原因，这批物流设备并未按原计划转口土耳其，而是转口到了意大利。一位意大利生产商发现这批物流设备的制造工艺侵犯了自己的两项专利权，故根据有关专利保护的法规向当地法院提出请求，要求法院禁止这批物流设备在意大利境内使用或销售，同时要求B物流公司承担赔偿责任。

对此，B物流公司要求A公司承担违约责任。A公司以其在订立合同时并不知道该批物流设备将转口意大利为由，拒绝承担违约责任。双方因此产生纠纷。

点评：

根据《公约》第42条第1款的规定，卖方对所售货物的知识产权担保义务仅限于买方营业地所在国和订立合同时卖方已知的货物预售或使用的第三国。本案中，由于A公司在订立合同时并不知道也不能预料该批物流设备将运达意大利，因此A公司不应承担违约责任。

启示

在国际货物买卖活动中，买卖双方都应谨言慎行，严加防范各种潜在的风险，使自己的行为不触及法律的防线。同时，在处理由国际货物买卖合同引起的经济纠纷时，要学会拿起法律武器保护自己的合法权益。

四、当事人违反国际货物买卖合同时的补救办法

（一）卖方违反合同时适用于买方的补救办法

当卖方不履行其在合同中的任何义务时，买方可以要求卖方履行义务，除非买方已采取与此要求相抵触的某种补救方法。为了让卖方履行其义务，买方可以规定一段合理的额外时限。

当卖方所交付的货物与合同规定不符时，买方可以要求卖方采取以下办法进行补救：

（1）交付与合同相符的替代物。买方只有在货物与合同不符构成根本违反合同时，才可以要求卖方交付替代物。

（2）对所交付的货物进行修补、调整，或替换有瑕疵的部分。

（3）减价。减价按实际交付的货物在交付时的价值与符合合同的货物在当时的价值之间的比例计算。如果买方请求了损害赔偿，就不能再要求减价，减价不足以补偿买方损失的情况除外。

小提示

买方的补救要求必须与说明货物与合同不符的通知同时提出，或者在该项通知发出后一段合理时间内提出。

当卖方完全不交付货物或不依合同规定交付货物时，买方可以宣告合同无效。

（二）买方违反合同时适用于卖方的补救办法

当买方不履行合同义务时，卖方可以要求其在合理的时间内继续履行义务，前提是卖方没有采取与此要求相抵触的补救办法，或买方没有事先声称其将不在合同规定的时间内履行义务。当然，卖方并不因此丧失要求买方因延迟履行合同而承担损害赔偿的权利。

当买方不履行或声明将不在规定的时限内履行其在合同或《公约》中的义务时，卖方可以宣告合同无效。若买方已支付全部货款，卖方则失去了宣告合同无效的权利。

（三）适用于买卖双方的一般规定

1．预期违反合同的处理

预期违反合同是指买卖合同订立后，一方当事人明确表示拒绝履行合同义务，或通过该当事人的行为（如履行合同义务的能力或信用有严重缺陷等）推断其将不履行合同。这时，另一方当事人可以采取中止履行合同的措施。

中止可因被中止方当事人提供了履行合同义务的充分保证而结束，也可因中止方当事人宣告合同无效而结束。

2．分批交付货物无效的处理

对于分批交付货物的合同，如果一方当事人不履行对任何一批货物的义务，便构成对该批货物的根本违约，则另一方当事人可以宣告合同对该批货物无效。如果一方当事人不履行对任何一批货物的义务，使另一方当事人有充分的理由断定对方对今后各批货物将会发生根本违约，该另一方当事人可以在一段合理时间内宣告合同今后无效。买方宣告合同对任何一批货物的交付为无效时，可以同时宣告合同对已交付的或今后交付的各批货物均无效。

3．损害赔偿

损害赔偿是指违反合同的一方当事人对另一方当事人造成的损害或损失，给予金钱上的补偿。当国际货物买卖合同无效时，虽已终止了合同当事人在合同中的义务，但合同中的非违约方仍有请求违约方赔偿损害的权利。违约方支付的损害赔偿额应与非违约方遭受的损失额相等。当违约事件发生时，非违约方应采取合理的措施，以减轻由违约方引起的损失；若非违约方未采取任何相关措施，违约方可要求从损害赔偿中扣除原本可以减轻的损失的数额。

小提示

损害赔偿是《公约》违约补救制度中运用最广泛的一种补救办法，一方当事人所进行的其他补救，并不妨碍他同时提出损害赔偿。

4. 支付利息

如果一方当事人没有支付价款或任何其他拖欠金额，另一方当事人有权对这些款额收取利息。一方当事人采用了支付利息的补救办法后，另一方当事人仍然可以要求损害赔偿。

5. 免责

在国际货物买卖中，出现当事人不能控制的障碍（如战争、禁运、风暴、洪水等），且这种障碍是当事人不能避免或克服，或者在订立合同时不能预见的，不能履行合同义务的当事人不承担违约责任。当上述障碍发生后，免责方必须将障碍及其对自己履行义务能力的影响在合理的时间内通知另一方当事人，否则将负赔偿责任。

小提示

《公约》中所称的“不能控制的障碍”实际上是指不可抗力。在国际贸易中，由于各国对不可抗力的理解有一定的差异，使用“不能控制的障碍”一词可以避免不必要的误解。

6. 保全货物

保全货物是指一方当事人违约，另一方当事人仍持有货物或仍能控制这些货物的处置权时，该另一方当事人有义务对该货物进行保全。保全货物的目的是减少违约一方当事人因违约而给对方带来的损失。

买卖双方都有保全货物的义务，但条件不同。卖方保全货物的条件是买方推迟收取货物或在应支付货款时没有支付货款，而卖方仍拥有这些货物或仍能控制这些货物的处置权。买方保全货物的条件是已收到货物，但打算退货。

有义务采取措施以保全货物的一方当事人，可以把货物寄放在第三方的仓库中，由另一方当事人承担费用，但该项费用必须合理。除此之外，有义务保全货物的一方当事人也可以在向另一方当事人发出合理的意向通知后，采取适当办法将货物出售，但必须基于以下几种情况：另一方当事人在收取货物、收回货物、支付价款或支付保全货物费用方面有不合理的延迟；货物易于迅速变坏，或者货物的保全牵涉不合理的费用。出售货物的一方可从出售货物的价款中扣除保全货物和销售货物发生的合理费用。

课堂讨论

2020年6月18日，中国甲公司向法国乙公司购买了10万吨铁矿砂，双方签订了国际货物买卖合同。合同中约定：乙公司于7月10日前向甲公司交付10万吨铁矿砂，甲公司应于7月1日预付50%的货款，并于接收货物后10日内付清余款。

7月1日，乙公司得悉丙公司出价更高，于是又与丙公司订立了铁矿砂买卖合同，并将一半确定给甲公司的铁矿砂运给了丙公司。7月5日，乙公司的生产基地因遭遇特大洪水，损失惨重，乙公司无法为甲公司提供足量的铁矿砂。为满足生产需要，甲公司不得不以高于合同价的价格另外购买铁矿砂。

乙公司违约时，甲公司应该采取哪些补救措施？本案的责任应如何界定？

案例解析

“任务导入”中所述案例的解析如下：

（1）本案中，D物流公司营业地在中国，P公司营业地在美国，由于中国和美国均是《公约》的缔约国，因此D物流公司与P公司系国际货物买卖合同关系，双方之间的法律关系适用于《公约》。卖方所交付的货物必须是第三方不能享有任何权利的货物，但P公司出售的物流设备电池涉嫌伪造商标，因此P公司已构成违约。

“在合同可以补救的情况下，D物流公司却选择终止合同”的意思是：尽管P公司已构成违约，但在物流设备电池被销毁后，P公司向D物流公司提出补寄电池，该补救措施可说明P公司违约行为还有及时补救的可能性。《公约》第51条第2款规定：“买方只有在卖方完全不交付货物或不按照合同规定交付货物等于根本违反合同时，才可以宣告整个合同无效。”当卖方不构成根本违约，涉案货物能够得到及时补救的情况下，买卖合同当事人不应宣告合同无效。

（2）本案中，涉案物流设备电池被销毁后，D物流公司与P公司约定在双方配合销售物流设备的条件下，P公司应向D物流公司返还32万美元货款并终止合同。因此，事后P公司提出的关于与D物流公司构成委托销售货物关系，并支付30%的货款以终止买卖合同的主张不成立，该提议有违诚实信用原则，P公司应按约返还货款。最终，法院判决P公司退还D物流公司全部货款，并支付货物运输、案件诉讼费等共计32.8万美元。

实战演练

甲国A公司从乙国B公司进口一批冻火鸡供应圣诞节市场。合同规定B公司应当在9月底以前装船。但是B公司违反合同，推迟至10月7日才装船。当货物最后运抵甲国时，已经错过圣诞节销售时机。因此A公司拒绝收货，并主张撤销合同。

同时，A公司还从乙国C公司进口了一批普通冻鸡肉，合同规定C公司应在9月底以前装船。但是C公司推迟至11月才装船。货物运到甲国后，A公司同样拒绝收货并主张撤销合同，双方发生争议。事后查明，甲国鸡肉市场价格、供求关系始终保持平稳，无大的变化。

请根据上述材料，回答下列问题：

（1）A 公司关于撤销与 B 公司签订的合同的主张是否成立？为什么？

（2）A 公司关于撤销与 C 公司签订的合同的主张是否成立？为什么？如果 A 公司的主张不能成立，是否还有其他补救办法？

要求：2～3 人一组，借助网络和书籍查找上述案例涉及的法律规范，然后将问题的答案进行汇总并形成 Word 文件，在课堂上进行分享。

项目考核

1. 选择题

（1）（多选）下列属于出卖人义务的是（　　）。

A．按照约定的时间交付标的物　　B．转移标的物的所有权

C．按照约定的数额支付价款　　D．及时受领标的物

（2）对于需要运输的标的物，当事人没有约定交付地点或者约定不明确，出卖人将标的物交付给第一承运人后，标的物毁损、灭失的风险由（　　）承担。

A．买卖双方　　B．出卖人　　C．买受人　　D．不确定

（3）关于采购与招标的关系，下列说法中正确的是（　　）。

A．通常情况下，采购和招标均属于买方主导的购买行为

B．通常情况下，采购和招标均属于选择交易对象的一种方式，既有购买行为，也有出售行为

C．通常情况下，采购是属于买方主导的购买行为，而招标是属于选择交易对象的一种方式，既有购买行为，也有出售行为

D．通常情况下，招标是属于买方主导的购买行为，而采购是属于选择交易对象的一种方式，既有购买行为，也有出售行为

（4）下列不属于招标投标当事人的是（　　）。

A．招标人　　B．投标人

C．招标代理机构　　D．评标委员会

（5）下列不属于招标投标特性的是（　　）。

A．组织性　　B．公平性　　C．安全性　　D．一次性

（6）国际货物买卖合同的主体是（　　）位于不同国家的当事人。

A．居住　　B．住所地　　C．办公地　　D．营业地

（7）在国际货物买卖中，当卖方违反合同时，下列说法中不正确的是（　　）。

A．买方可以要求卖方履行义务，除非买方已采取与此要求相抵触的某种补救办法

B．买方给予卖方一段合理的额外时限，让其履行义务

C．当货物与合同不符时，不论货款是否已付，买方都可以要求减价

D．买方直接宣告合同无效

2. 简答题

（1）买卖合同一般应包括哪些条款？

（2）买卖合同中买受人的义务有哪些？

（3）确定标的物风险承担的原则有哪些？

（4）简述招标投标的流程。

（5）简述国际货物买卖中有关损害赔偿的规定。

3. 综合分析题

【题一】2020 年 9 月 3 日，河北 A 物流公司与北京 B 设备厂签订了一份设备买卖合同。合同中约定：B 设备厂于 9 月 20 日前向 A 物流公司交付 3 台设备，总价款为 15 万元；A 物流公司必须在 9 月 6 日前向 B 设备厂交付 3 万元定金，并在 9 月 20 日前付清余款；这批设备由 B 设备厂代办托运。2020 年 9 月 17 日，B 设备厂办理完托运手续后，将这批设备交给了承运人。但在当日，这批设备在承运人的仓库被盗。A 物流公司得知该情况后，认为这批设备尚未交给自己，因此拒绝交付余款。

请问：（1）这批设备在被盗前所有权是否已经发生转移？这批设备被盗的损失应由谁承担？

（2）若 A 物流公司与 B 设备厂约定交付定金时，设备的所有权就转移给 A 物流公司，那么这批设备在承运人的仓库被盗后，A 物流公司是否应向 B 设备厂支付 12 万元余款？为什么？

【题二】2020 年 9 月 8 日，某化工集团为某危化品运输项目进行公开招标，A、B、C、D、E 等 5 家物流公司领取了招标文件。招标文件中规定：10 月 18 日下午 4:00 是投递招标文件的截止时间，11 月 10 日是中标通知书的发出时间。

10 月 18 日下午 4:00 前，A、B、D、E 提交了投标文件。由于堵车，C 物流公司于当天下午 5:00 才提交投标文件。10 月 21 日下午，当地的招标投标监督管理办公室主持了此次开标仪式。评标时，招标人发现 E 物流公司的投标文件中没有法定代表人的签字和委托人的授权书，但有公司公章和项目经理的签字。10 月 28 日，评标委员会提交的评标报告中，A、B 物流公司入围中标候选人。由于 B 物流公司投标报价高于 A 物流公司，最终确定 A 物流公司中标。

请问：上述招标投标过程中有无不妥之处？请指出并说明理由。

项目三

运输法律制度（上）

项目引言

运输是指利用载运工具、设施设备及人力等运力资源，将货物从一地向另一地移动的活动，其中包括集货、分配、搬运、中转、装入、卸下、分散等一系列操作。根据载运工具不同，运输可分为陆运、水运、空运、多式联运等。其中，陆运主要包括公路货物运输和铁路货物运输。

本项目将结合《民法典》(总则编和合同编)、《危险货物道路运输规则》《铁路货物运输合同实施细则》等法律规范，介绍公路货物运输和铁路货物运输的相关法律知识。

知识体系

✓ 掌握公路货物运输法律制度。

✓ 熟悉铁路货物运输法律制度。

素质目标

✓ 了解危险货物运输安全的重要性，强化生命、财产安全防范意识。

✓ 认识“一带一路”倡议在促进我国国民经济可持续发展、增强我国综合国力的同时，还带动了沿线周边国家的经济发展，实现互利共赢。

任务一　掌握公路货物运输法律制度

【知识目标】

✓ 了解我国公路货物运输的发展概况和与其有关的法律规范。

✓ 了解公路货物运输合同的种类。

✓ 掌握公路货物运输合同当事人的权利与义务。

✓ 掌握公路货物运输中的法律责任。

【技能目标】

✓ 能够分析出公路货物运输案件中托运人、承运人与收货人的责任和责任界定的依据。

任务导入

李某于2020年7月2日在A市购买了一批豆角，当晚他来到某汽车运输公司，要求次日雇用一辆货车托运豆角到B市。经双方商定，从A市到B市的运费为5 000元，李某预付了运费。

7月3日上午8:00，货车由A市驶往B市，李某随车押运。途中，司机休息两个小时，修车一个小时，货车于7月4日上午11点左右到达B市。在卸车时，李某发现部分豆角已经霉变，随即扣押了货车，要求汽车运输公司承担豆角霉变的责任。

李某扣押货车长达16天，经有关部门干预才不予扣留，但李某随即向B市人民法院起诉，要求汽车运输公司赔偿自己豆角损失费25 000元。李某认为，从货物交付运输到货物运抵目的地期间，承运方应对货物的灭失、缺少、变质、污染、损坏负责，运输过程中豆角发生霉变，汽车运输公司理应赔偿损失。汽车运输公司则辩称，豆角霉变不是车辆延误所致，而是豆角在运输前受雨淋所致，自己不应赔偿豆角霉变所产生的损失，并且李某应赔偿扣留货车给自己造成的损失。

思考：

本案中，豆角霉变的责任应该由谁来承担？

知识讲解

一、公路货物运输概述

公路货物运输（见图3-1）是指使用运输工具在公路上运送货物的运输方式。由于公路货物运输以汽车运输为主，因此又称其为汽车货物运输。

公路货物运输的主要优点是运输速度较快、效率高、机动灵活，近距离运输成本较低；缺点是运输量小，并且会对环境造成一定污染。

图 3-1　公路货物运输

（一）我国公路货物运输发展概况

公路货物运输是综合运输体系的重要组成部分，也是经济发展的重要基石。我国公路货运业自 20 世纪 80 年代开始市场化改革以来历经 30 多年的发展，公路货运已经具备相当的产业规模和供给能力。据调查，截至 2019 年末，我国公路载货汽车共计 13 587 万吨位，同比增长 5.5%。

为了满足国民经济对公路货物运输的新需求，公路货物运输生产方式和经营内容不断扩展。例如，公路货物运输中，传统的整车运输、零担运输以及集装箱、大件笨重货物、危险货物运输等不断发展和完善，快件运输、社会性储运服务等也崭露头角。据调查，2020 年我国公路运输货物周转量为 60 171.85 亿吨千米，同比增长 0.9%。

（二）与公路货物运输有关的法律规范

公路货物运输法律规范是指用于调整公路货物运输过程中形成的各种运输关系的法律规范的总称，主要包括《民法典》（总则编与合同编）、《公路法》《公路安全保护条例》《道路货物运输及站场管理规定》《危险货物道路运输安全管理办法》《危险货物道路运输规则》《道路危险货物运输管理规定》等。

法律快车

关于《汽车货物运输规则》

《汽车货物运输规则》曾是我国公路货物运输的基础性法律，为维护正常的道路货物运输秩序，对承运人、托运人、收货人及其他有关方的权利、义务和责任做出了统一规定。由于《汽车货物运输规则》已不适应交通运输改革形势发展的需要，因此交通运输部在 2016 年发布的《交通运输部关于废止 20 件交通运输规章的决定》中，明确指出该规则已废止。

目前，规范汽车货物运输托运人与承运人的权利和义务主要依靠《民法典》（总则编与合同编）。但《民法典》作为一部通用性较强的法律，在规范公路货物运输活动时可能会存在不足之处，所以公路货物运输当事人应在合同中对彼此的权利和义务进行详细约定，以避免因权责划分不清产生纠纷。

二、公路货物运输合同的种类

公路货物运输合同主要是指汽车承运人与托运人之间签订的明确相互权利义务关系的合同。公路货物运输合同可以采用书面形式、口头形式和其他形式。其中，书面形式的合同可分为定期运输合同、一次性运输合同和运单。

（一）定期运输合同

定期运输合同是指汽车承运人与托运人签订的用汽车将货物分批由起运地运至目的地的合同，适用于商定的时期内的批量货物运输。定期运输合同主要包括下列内容：

（1）托运人、收货人和承运人的名称（姓名）、地址（住所）、电话、邮政编码。

（2）货物的种类、名称、性质及包装标准等。

（3）货物的运输周期及每期运输量。

（4）起运地点和到达地点。

（5）合同期限。

（6）运输质量和安全要求。

（7）装卸责任和方法。

（8）货物的价值，是否保价、保险。

（9）运输费用的结算方式。

（10）违约责任。

（11）解决争议的方法。

（二）一次性运输合同

一次性运输合同是指汽车承运人与托运人签订的一次性将货物由起运地运至目的地的合同，适用于每次货物运输。一次性运输合同的内容与定期运输合同的内容基本相同，但还应包括运距、承运日期、运到日期等内容。

（三）运单

运单是指托运人在托运货物时填写的单据。托运人填写好运单，并将运单与托运的货物交由承运人，要求其接受货物托运，这一过程为托运人向承运人发出要约的过程。如果承运人接受货物并在运单上签字，就表示承运人承诺托运。承运人和托运人签订定期运输合同、一次性运输合同时，运单视为货物运输合同成立的凭证。在每车次或短途每日多次货物运输中，运单视为合同。

图 3-2 为公路货物运单示例。

公路货物运单

运单号码

托运人	姓名		收货人	姓名	
	电话			电话	
	单位			单位	
	详细地址			详细地址	
	账号			账号	
取货地联系人	姓名		送货地联系人	姓名	
	电话			电话	
取货地址			送货地详细地址		

始发站		目的站		起运日期		要求到货日期	
运距		全行程		是否取送		是否要求回执	

货物名称	包装方式	件数	计费重量/kg	体积/m^3
收费项	运费	取/送货费	杂费	费用小计
金额/元				
客户投保声明	不投保		投保	
托运人或代理人签字或盖章				年 月 日
收货人或代理人签字或盖章				年 月 日
取货地联系人签字				年 月 日
送货地联系人签字				年 月 日

图 3-2 公路货物运单示例

托运人在使用运单时，除了需要准确填写运单中各项条款的内容外，还需要注意以下几点：

（1）危险货物与普通货物以及性质相互抵触的货物不能使用同一张运单。

（2）托运人要求自行装卸的货物经承运人确认后，应在运单中注明。

（3）应使用钢笔或圆珠笔填写运单，需要更改所填内容时，必须在更改处签字盖章。

（4）若托运的货物品种不能在一张运单中逐一填写，应另行填写“货物清单”作为该运单的附件。

（5）一张运单托运的货物必须属于同一托运人、收货人。

（6）托运货物的名称、性质、件数、质量、体积、包装方式等，应与运单记载的内容相符。

三、公路货物运输合同当事人的权利与义务

（一）托运人的权利与义务

1. 托运人的权利

托运人可以要求承运人按照合同规定的时间、地点，把货物安全地运送到目的地。《民法典》（合同编）第829条规定：“在承运人将货物交付收货人之前，托运人可以要求承运人中止运输、返还货物、变更到达地或者将货物交给其他收货人，但是应当赔偿承运人因此受到的损失。”

扫一扫

托运人的权利与义务

货物在运输过程中因不可抗力灭失，未收取运费的，承运人不得请求托运人或收货人支付运费；已经收取运费的，托运人可以请求承运人返还。

2. 托运人的义务

（1）如实申报货物情况。托运人办理货物运输，应当向承运人准确表明收货人的姓名、名称或者凭指示的收货人，货物的名称、性质、重量、数量，收货地点等有关货物运输的必要情况。因托运人申报不实或者遗漏重要情况，造成承运人损失的，托运人应当承担赔偿责任。

（2）妥善包装货物。托运人应当按照约定的方式包装货物；否则，承运人可以拒绝运输。

（3）交付托运货物并提交有关文件。托运人应当按照合同约定的时间将货物交付给承运人。托运需要办理审批、检验等手续的货物，托运人应将办理完有关手续的文件提交承运人。托运人委托承运人向收货人代递有关文件，应在运单中注明文件的名称和份数，托运人应对其提交文件的真实性负责。

（4）支付运费。合同约定由托运人支付运费的，托运人应当按照约定向承运人支付运费。

（二）承运人的权利与义务

1. 承运人的权利

（1）留置权。留置权是指债务人不履行到期债务，债权人可以留置已经合法占有的债务人的动产，并有权就该动产优先受偿的权利。承运人有权向托运人或者收货人收取运费、保管费或者其他费用，若托运人或者收货人不支付有关费用，承运人对相应的运输货物享有留置权，当事人另有约定的除外。

（2）提存权。提存是指由于债权人的原因（如收货人不明或者收货人无正当理由拒

绝受领货物等）而无法交付合同标的物的，债务人依法将该标的物提交给提存机关而消灭债务的制度。提存期间，货物的保管费用、毁损及其他灭失的风险均由托运人或收货人承担，收益也由其享有。提存的目的是使承运人的债务消失，并免除因继续占有货物可能给承运人带来的风险。

2．承运人的义务

（1）承运人应按照合同约定配备合适的运输工具来承运货物。这里的"合适"有两层意思：一是运输工具具有抵御运输途中通常出现的或能合理预见的自然风险的能力；二是运输工具适合装载合同约定的货物。

扫一扫

承运人的责任、权利与义务

（2）承运人应按照合同约定妥善保管货物，并对货物在运输过程中的毁损、灭失承担赔偿责任。但是，承运人证明货物的毁损、灭失是因不可抗力、货物本身的自然性质或者合理损耗以及托运人、收货人的过错造成的，不承担赔偿责任。

（3）承运人应按照合同约定将货物在规定的时间内运至指定的地点。

（4）货物运达目的地后，承运人应及时通知收货人收货。收货人无法受领货物的，承运人应及时通知托运人，并请求其在合理的时间内对货物的处理做出指示。

（三）收货人的权利与义务

1．收货人的权利

在货物运送到指定地点后，收货人有凭证领取货物、按照约定的期限检验货物的权利。

2．收货人的义务

（1）收货人应当按照约定及时提货。收货人逾期提货的，应当向承运人支付保管费等费用。

（2）收货人提货时应当按照约定的期限检验货物。收货人在约定的期限或者合理期限内对货物的数量、毁损等未提出异议的，视为承运人已经按照运输单证的记载将货物交付。

（3）合同约定由收货人支付运费的，收货人应当按约支付。

课堂活动

案例一：2020 年 4 月 20 日，张某委托快递公司托运一批货物。货物刚发运，快递公司就接到了张某要求变更到货地点的通知。快递公司表示可以变更到货地点，但需要加收运费。张某则认为货物在运达前，他有权免费变更到货地点，双方为此发生争执。

案例二：2020 年 6 月 22 日，A 公司委托 B 公司将一批货物从武汉运至长沙，双方签订了公路货物运输合同。合同中，双方对货物名称、装货地点、卸货地点、卸货费用、付款方式、交货时间及责任的承担等事项均做了明确约定。6 月 23 日，在运输途中，车辆燃起了大火，货物和车辆全部焚毁。后经消防部门认定，火灾起火部位位于车辆中上部，但因现场破坏严重，起火原因难以查明。事后，A公司要求B公司赔偿货物损失，B公司则以此次货损起因难以查明为由，拒绝一切赔偿。

2～3人一组，讨论下列问题：

（1）快递公司加收送货费的要求是否合理？

（2）B公司拒绝赔偿的理由是否合理？

四、公路货物运输中的法律责任

（一）普通货物公路运输中的法律责任

1. 托运人应承担的法律责任

（1）若托运人未按合同规定的期限和要求备好货物和提供装卸的条件，或货物运达目的地后无人领取货物，造成承运人车辆放空、延滞及其他损失，则托运人应负赔偿责任。

（2）因托运人的以下过错，造成承运人、站场（提供运输服务的车站、库场及其附属设施）经营人、搬运装卸经营人的车辆、机具、设备等损坏、污染或人身伤亡以及因此而引起的第三方的损失，由托运人负责赔偿：

① 在托运的货物中故意夹带危险货物和其他易腐蚀、易污染货物以及禁、限运货物；

② 错报或匿报货物的重量、规格、性质；

③ 货物包装不符合标准，包装、容器不良，而从外部无法发现；

④ 错用包装和储运图示标志。

（3）托运人未如实填写运单，错报、误填货物的名称或装卸地点，造成承运人未能将货物运达目的地，托运人应负赔偿责任。

2. 承运人应承担的法律责任

（1）承运人未按合同约定的运输期限将货物运达目的地，应当承担违约责任。承运人将货物错送或错交的，托运人可以要求承运人将货物无偿运至指定地点。

小提示

公路货物运输合同当事人未约定运输期限的，从起运日起，可以200 km为每日运距，用运输运距除以每日运距，就可得出运输期限。

（2）如果承运人未遵守合同约定的运输条件或特约事项，由此造成托运人损失的，承运人应负赔偿责任。

（3）货物在承运责任期内（承运人自接受货物起到将货物交付收货人时止，货物处于承运人掌管之下的全部时间）发生毁损或灭失，承运人应负赔偿责任。

知识拓展

车辆挂靠经营与租用汽车进行货物运输

车辆挂靠经营是实践中比较常见的现象，但是我国法律对车辆挂靠经营没有明文规定，挂靠车辆当事人之间的权利义务主要依赖双方之间的挂靠经营协议进行约定，但是双方之间的约定不得对抗第三人。这是因为挂靠人以被挂靠单位的名义从事经营活动，第三人之所以与挂靠人进行交易，往往是基于对被挂靠单位商誉的信赖。为了保护第三人的这种信赖利益，司法实践中，一般把挂靠人与被挂靠单位视为一体，对外承担连带责任。

可见，挂靠经营是一把双刃剑，在给被挂靠单位带来管理费收益的同时，也带来了为挂靠人债务承担连带责任的风险。因此，法律界建议谨慎使用挂靠经营形式，挂靠当事人应对双方的权利义务做出明确的约定。

除车辆挂靠经营外，物流企业若租用他人的汽车进行货物运输，通常要与出租人签订汽车租用合同。签订汽车租用合同后，物流企业应做到以下几点：

（1）在接收汽车时，对租用的汽车进行检查，确认汽车技术状况良好，核对行驶证、道路运输证等证件是否齐全、有效。

（2）按照合同规定使用租用的汽车。

（3）未经出租人同意，不得将租用的汽车转租给他人，否则出租人可以解除合同。

（二）危险货物公路运输中的法律责任

危险货物是指具有爆炸、易燃、毒害、感染、腐蚀、放射性等危险特性，在运输、储运、生产、经营、使用和处置中，容易造成人身伤亡、财产毁损或者环境污染而需要特别防护的物质和物品。

扫一扫

违法运输危险货物的危害

1. 托运人应承担的法律责任

交通运输主管部门对危险化学品托运人有下列情形之一的，应当责令改正，处 10 万元以上 20 万元以下的罚款，有违法所得的，没收违法所得；拒不改正的，责令停产停业整顿：

① 委托未依法取得危险货物道路运输资质的企业承运危险化学品的；

② 在托运的普通货物中违规夹带危险化学品，或者将危险化学品匿报或者谎报为普通货物托运的。

如果托运人在托运的普通货物中违规夹带危险货物，或者将危险货物匿报、谎报为普通货物托运，构成违反治安管理行为的，由公安机关依法给予治安管理处罚。

托运人应当按照《危险货物道路运输规则》（JT/T 617）确定危险货物的类别、项别、品名、编号，遵守相关特殊规定要求。否则，交通运输主管部门应当责令托运人改正，属于非经营性的，处1 000元以下的罚款；属于经营性的，处1万元以上3万元以下的罚款。

托运人应当按照《危险货物道路运输规则》妥善包装危险货物，并在外包装设置相应的危险货物标志；货物需要添加抑制剂或者稳定剂的，应当按照规定添加，并将有关情况告知承运人。否则，交通运输主管部门应当责令托运人改正，并处 5 万元以上 10 万元以下的罚款；拒不改正的，责令停产停业整顿。

小提示

根据《危险货物道路运输规则》的规定，危险货物按其危险性或其中最主要的危险性分为 9 个类别：① 爆炸性物质和物品；② 气体；③ 易燃液体；④ 易燃固体、易于自燃的物质、遇水放出易燃气体的物质；⑤ 氧化性物质和有机过氧化物；⑥ 毒性物质和感染性物质；⑦ 放射性物质；⑧ 腐蚀性物质；⑨ 杂项危险物质和物品，包括危害环境物质。其中，第 1 类、第 2 类、第 4 类、第 5 类、第 6 类可再分为项别。例如，第 2 类气体包括 3 项，分别为易燃气体、非易燃无毒气体和毒性气体。

2．承运人应承担的法律责任

（1）承运人必须使用安全技术条件符合国家标准要求且与承运危险货物性质、重量相匹配的车辆、设备进行运输，不得超载。否则，公安机关应当责令承运人改正，并处5万元以上10万元以下的罚款；构成违反治安管理行为的，依法给予治安管理处罚。

（2）承运人若使用常压液体危险货物罐式车辆运输危险货物，应当在罐式车辆罐体的适装介质列表范围内承运；若使用移动式压力容器运输危险货物，应当按照移动式压力容器使用登记证上限定的介质承运。同时，承运人应当按照要求制作并妥善保存危险货物运单（保存期限不得少于12个月），并且在运输前，按照要求对运输车辆、罐式车辆罐体、可移动罐柜、罐箱及设备进行检查和记录。否则，交通运输主管部门应当责令承运人改正，并处2 000元以上5 000元以下的罚款。

（3）承运人应按要求，在车辆运行期间通过定位系统对车辆和驾驶员进行监控管理，否则，交通运输主管部门应当给予其警告并责令改正，拒不改正的，处10万元以下的罚款，并对其直接负责的主管人员和其他直接责任人员处1万元以下的罚款。

（4）承运人应在运输剧毒化学品的车辆上的明显位置处安装、粘贴符合《道路运输爆炸品和剧毒化学品车辆安全技术条件》（GB 20300—2018）要求的安全标示牌，并派专人押运，且押运人员必须持有危化品特种作业操作证；运输民用爆炸物品、烟花爆竹和剧毒、放射性等危险物品时，应当按照公安机关批准的路线、时间行驶，不可在人员密集地区停留等。否则，交通运输主管部门应该责令其改正，并处以相应的罚款。

政策引领

关于《危险货物道路运输安全管理办法》

为深入贯彻落实党中央、国务院的部署要求，切实强化危险货物道路运输安全管理，预防危险货物道路运输事故，保障人民群众生命、财产安全，保护环境，交通运输部、工业和信息化部、公安部、生态环境部、应急管理部、市场监督管理总局颁布了联合部令《危险货物道路运输安全管理办法》(以下简称《办法》)。

《办法》共 10 章、79 条，内容包括总则，危险货物托运，例外数量与有限数量危险货物运输的特别规定，危险货物承运，危险货物装卸，危险货物运输车辆及罐式车辆罐体、可移动罐柜、罐箱，危险货物运输车辆运行管理，监督检查，法律责任和附则。

对《办法》的主要内容说明如下：

(1) 加强托运、承运、装卸环节管理。《办法》明确托运人在危险货物信息确定、妥善包装、标志设置、托运清单及相关单证报告提供等方面的义务；要求承运人使用符合标准且与危险货物相匹配的车辆、设备运输，制作并使用危险货物运单，在运输前履行相关检查义务；明确装货人在充装或者装载前查验相关事项，装载作业符合相关标准，并做好相关信息的记录和保存；要求收货人及时收货，并按照操作规程进行卸货。

(2) 明确例外数量、有限数量危险货物等的特别管理要求。

(3) 加强危险货物运输装备的安全管理。

(4) 规范危险货物运输车辆运行管控措施。

(5) 明确了各部门监管职责及协作要求。

课堂活动

A 危化品生产企业（甲方）委托 B 配货站（乙方）联系车辆运输危化品，双方签订了委托运输与支付运费协议。协议中有如下约定：甲方提供货物，乙方提供车辆；乙方委派的车辆必须车况良好、营运手续齐全；乙方垫付运费给委派的车辆，甲方凭乙方提供的发票按月结算运费。

B 配货站联系到了一辆没有危险货物运输资质的普通货物车辆，并与车辆出租人签订了协议。协议标明托运人为 A 危化品生产企业，承运人为 B 配货站和车辆出租人。之后，该车辆到 A 危化品生产企业仓库装载了 10 吨危化品，在运输途中被执法人员查扣。

2～3 人一组，讨论 A 危化品生产企业、B 配货站、车辆出租人各自应承担的法律责任。

案例解析

“任务导入”中所述案例的解析如下：

《民法典》（合同编）第832条规定：“承运人对运输过程中货物的毁损、灭失承担赔偿责任。但是，承运人证明货物的毁损、灭失是因不可抗力、货物本身的自然性质或者合理损耗以及托运人、收货人的过错造成的，不承担赔偿责任。”

据此，承运人如果能证明豆角霉变是托运前受雨淋所致，就可以认定货损是由货物固有缺陷引起的，承运人不承担赔偿责任。否则，承运人应承担赔偿责任。但是李某私自扣留货车是违法行为，应赔偿扣留货车给汽车运输公司造成的损失。

实战演练

案例一：A物流公司（被告）承诺为B公司（原告）运输7件礼品盒，双方签订了货物运输合同，但是B公司未向A物流公司说明这批货物为贵金属制品，并将货物名称填写为“礼品盒”。在未验货的情况下，A物流公司就对货物进行了装运。货物到达目的地后，收货人C发现其中3件礼品盒丢失。为此，B公司诉至法院，要求A物流公司赔偿全部经济损失共57 665元。

案例二：2020年8月11日，某县水轮机厂委托该县汽车运输公司运输一批货物，双方签订了货物运输合同。8月18日，水轮机厂接到汽车运输公司的通知，通知称汽车行驶到途中某处时，由于天下暴雨，河水陡涨引起道路阻滞，汽车无法前行。汽车运输公司向水轮机厂征求意见，是就近卸存或运回起运站，还是绕道运输。水轮机厂表示将货物运回。

8月23日，汽车运输公司将货物运回水轮机厂，并索取5 600元运费。水轮机厂则认为汽车运输公司非但未将货物送达到站交付收货人，而且耽误交货期近一个月，因而拒不交付运费。

请根据上述材料，回答下列问题：

（1）案例一中，原告与被告存在哪些违约行为？原告提出的赔偿要求能否得到法院的支持？

（2）案例二中，汽车运输公司是否应承担违约责任？本案应如何判决？

要求：2～3人一组，借助网络和书籍查找上述案例涉及的法律规范，然后将问题的答案进行汇总并形成Word文件，在课堂上进行分享。

任务二　熟悉铁路货物运输法律制度

【知识目标】

✓ 了解我国铁路货物运输的发展概况和与其相关的法律规范。

✓ 了解铁路货物运输合同的分类和内容。

✓ 掌握铁路货物运输合同当事人的权利与义务。

✓ 掌握铁路货物运输中的法律责任与合同的变更和解除。

✓ 了解国际铁路货物运输法律制度。

【技能目标】

✓ 能够分析出铁路货物运输案件中托运人、承运人与收货人的责任和责任界定的依据。

任务导入

2020 年 4 月 19 日，A 公司委托广州东站将一批 TD 甘油运至上海何家湾站。运单中记载：甘油 240 桶，总重量为 60 吨，铁桶包装，货物价值 6 万元，保价 6 万元，收货人为 A 公司，运到期限为 9 天。

4 月 20 日，载运这批货物的列车从广州东站发出，次日到达株洲北站，6 月 14 日抵达上海何家湾站。6 月 19 日，上海市质量监督检验技术研究院在进行现场检查时，发现这批货物的桶体为无中文标签的蓝色铁桶，其中 61 桶已发生渗漏，现场随机抽查了 4 桶，桶内均有气体逸出且有发酵味。检验结果为货物质量不合格。

A 公司以承运人严重逾期导致货物变质为由，向上海铁路运输中级人民法院起诉，请求判令株洲北站赔偿货物价值 78 万元及其他实际损失共计 84 万元。株洲北站辩称由于醴陵限制口的车辆通过能力有限，列车才会在株洲北站滞留，属于不可抗力，并且货物发酵变质的根本原因是包装不当造成的，自己不应承担责任。

思考：

本案的责任应如何界定？

知识讲解

一、铁路货物运输概述

铁路货物运输（见图 3-3）是指在铁路上使用列车运送货物的运输方式。

图 3-3 铁路货物运输

铁路货物运输的主要优点是运输速度较快、运输量大，远距离运输成本较低，受自然条件的影响小，运输的安全性和时间的准确性较高，适合多种类型货物的运输；主要缺点是近距离运输成本较高，运输路线会受到列车站点和轨道的限制，不适合客户的紧急需要。

（一）我国铁路货物运输发展概况

随着我国国民经济的快速发展，我国铁路运输业迎来时代发展浪潮，总体运力呈现逐年稳步提升的态势。据统计，2020 年全国铁路货运总发送量为 45.52 亿吨，同比增长 3.2%。全国铁路货运总周转量为 30 514.46 亿吨千米，同比增长 1.0%。铁路货运量跑出“新速度”，是中国经济持续恢复增长的生动诠释。

铁路作为货运的重要载体向着“一带一路”的方向延伸，成为构建人类命运共同体的幸福纽带。一带一路倡议带动中国铁路制造实质性走出国门，实现合作共赢。2020 年前 7 个月，中欧班列累计开行 6 354 列，发送货物 57.4 万标箱，同比分别增长 41%、46%，单月开行数量连续 5 个月刷新历史纪录。其中，7 月份开行 1 232 列，创单月开行数量最高纪录。中欧班列逆势而上，为稳定外资外贸、保障国际供应链稳定畅通贡献了“中国力量”。

小提示

中欧班列是指按照固定车次、线路、班期和全程运行时刻开行，往来于中国与欧洲以及“一带一路”沿线各国的集装箱等国际铁路联运班列。

交通强国，铁路先行。随着我国经济迈向高质量发展阶段，铁路作为国家经济大动脉，必将承担起更重的责任，相信中国铁路一定能够迎难而上，再创佳绩，为中国经济高质量发展注入“源头活水”。

大国担当

“一带一路”倡议

“一带一路”是“丝绸之路经济带”和“21世纪海上丝绸之路”的简称，该倡议旨在借用古代丝绸之路的历史符号，高举和平发展的旗帜，积极发展与沿线国家的经济合作伙伴关系，共同打造政治互信、经济融合、文化包容的利益共同体、命运共同体和责任共同体。

截至2021年10月26日，中国已与140个国家和32个国际组织签署了206份共建“一带一路”合作文件。8年来，“一带一路”逐渐从倡议凝聚为共识，从理念转化为行动，从愿景转变为现实，中国与“一带一路”合作伙伴贸易额累计超过9.2万亿美元，中国企业在沿线国家直接投资累计超过1 300亿美元。

互利共赢方能行稳致远，开放包容才能携手同心。共建“一带一路”倡议源于中国，但机会和成果属于全世界。在共建“一带一路”过程中，相关各方只要始终坚持以人民为中心的发展思想，聚焦消除贫困、增加就业、改善民生，就一定能让共建“一带一路”成果更好惠及人民，为当地经济社会发展做出实实在在的贡献。

（二）与铁路货物运输有关的法律规范

在我国，铁路货物运输主要受《民法典》（合同编）、《铁路法》、《铁路货物运输合同实施细则》（以下简称《实施细则》）等法律规范的调整与约束。

二、铁路货物运输合同的分类和内容

铁路货物运输合同是指铁路承运人与托运人为运输货物而签订的明确权利和义务的

协议。在铁路货物运输中，物流企业通常作为托运人或托运人的代理人与铁路承运人签订铁路货物运输合同。

（一）铁路货物运输合同的分类

铁路货物运输合同可分为整车货物运输合同和零担货物运输合同。其中，整车货物运输合同是指铁路承运人和托运人约定用整辆列车来装载和运送货物的铁路货物运输合同，零担货物运输合同是指铁路承运人与托运人就不需要整车运输的少量货物的装载和运输签订的铁路货物运输合同。

（二）铁路货物运输合同的内容

对于大宗货物的运输，托运人可与铁路承运人签订月度、季度、半年度、年度铁路货物运输合同，双方经过谈判协商达成一致意见，并在合同上签认后，合同即告成立。

扫一扫

铁路货物运输合同与铁路货物运单

零担货物的运输以铁路货物运单代替运输合同。托运人按照铁路货物运单的有关要求填写运单，铁路承运人确认运单内容并验收、核对托运的货物，然后在货物运单上加盖车站日期戳，合同即告成立。

铁路货物运输合同和铁路货物运单应载明的内容如表 3-1 所示。

表 3-1　铁路货物运输合同和铁路货物运单应载明的内容

合同类型	按月度、季度或年度签订的铁路货物运输合同	铁路货物运单
主要内容	① 托运人和收货人名称 ② 发站和到站 ③ 货物名称 ④ 货物重量 ⑤ 车种和车数 ⑥ 违约责任 ⑦ 双方约定的其他事项	① 托运人、收货人名称及其详细地址 ② 发站、到站及到站的主管铁路局 ③ 货物名称 ④ 货物包装、标志 ⑤ 件数和重量（包括货物包装重量） ⑥ 承运日期 ⑦ 运到期限 ⑧ 运输费用 ⑨ 货车类型和车号 ⑩ 施封货车和集装箱的施封号码 ⑪ 双方商定的其他事项

图 3-4 为××铁路局的铁路货物运单示例。

货物指定于　　年　　月　　日交接　　　　××铁路局　　　　承运人/托运人装车
货位：　　　　　　　　　　　　　　**货 物 运 单**　　　　承运人/托运人施封
运输号码：　　　　　　　　托运人→发站→到站→收货人
运到期限　　日　　　　　　　　运单号：　　　　　货票号：

<table>
<tr><td colspan="2">发站</td><td></td><td>专用线名称</td><td></td><td>专用线代码</td><td></td><td rowspan="2">车种车号</td><td rowspan="2"></td></tr>
<tr><td colspan="2">到站（局）</td><td></td><td>专用线名称</td><td></td><td>专用线代码</td><td></td></tr>
<tr><td rowspan="3">托运人</td><td>名称</td><td colspan="5"></td><td rowspan="2">货车标重</td><td rowspan="2"></td></tr>
<tr><td>地址</td><td colspan="3"></td><td>邮编</td><td></td></tr>
<tr><td>经办人姓名</td><td></td><td>电话</td><td></td><td>Email</td><td></td><td rowspan="2">货车施封号码</td><td rowspan="2"></td></tr>
<tr><td rowspan="3">收货人</td><td>名称</td><td colspan="5"></td></tr>
<tr><td>地址</td><td colspan="3"></td><td>邮编</td><td></td><td rowspan="2">货车篷布号码</td><td rowspan="2"></td></tr>
<tr><td>经办人姓名</td><td></td><td>电话</td><td></td><td>Email</td><td></td></tr>
<tr><td rowspan="6">选择服务</td><td colspan="4" rowspan="4">□门到门运输：□上门装车　□上门卸车
□门到站运输：□上门装车
□站到门运输：□装载加固材料　□上门卸车
□站到站运输：□装载加固材料</td><td>取货地址</td><td colspan="3"></td></tr>
<tr><td>取货联系人</td><td></td><td>电话</td><td></td></tr>
<tr><td>送货地址</td><td colspan="3"></td></tr>
<tr><td rowspan="3">送货联系人</td><td rowspan="3"></td><td rowspan="3">电话</td><td rowspan="3"></td></tr>
<tr><td colspan="4">□保价运输</td></tr>
<tr><td colspan="4">□仓储</td></tr>
</table>

货物名称	件数	包装	集装箱箱型	集装箱箱号	集装箱施封号	货物价格/元	托运人填报重量/kg	承运人确定重量/kg
合计								

托运人记载事项		承运人记载事项	

托运人签章	发站承运日期戳	承运货运员签章	到站交付日期戳	交付货运员签章
年　月　日	年　月　日	年　月　日	年　月　日	年　月　日

图 3-4　××铁路局的铁路货物运单示例

三、铁路货物运输合同当事人的权利与义务

（一）托运人的义务

根据《实施细则》第 8 条的规定，托运人应当承担下列义务：

① 按照货物运输合同约定的时间和要求向承运人交付托运的货物；

② 需要包装的货物，应当按照国家包装标准或部包装标准（专业包装标准）进行包装，没有统一规定包装标准的，要根据货物性质，在保证货物运输安全的原则下进行包装，并按国家规定标明包装储运指示标志，笨重货物还应在每件货物包装上标明货物重量；

③ 按规定需要凭证运输的货物，应出示有关证件；

④ 对整车货物，提供装载货物所需的货车装备物品和货物加固材料；

⑤ 托运人组织装车的货物，装车前应对车厢完整和清洁状态进行检查，并按规定的装载技术要求进行装载，在规定的装车时间内将货物装载完毕或在规定的停留时间内，将货车送至交接地点；

⑥ 在运输中需要特殊照料的货物，须派人押运；

⑦ 向承运人交付规定的运输费用；

⑧ 将领取货物凭证及时交给收货人并通知其向到站领取货物；

⑨ 货物按保价运输办理时，须提出货物声明价格清单，支付货物保价费；

⑩ 国家规定必须保险的货物，托运人应在托运时投保货物运输险，对于每件价值在700元以上的货物或每吨价值在500元以上的非成件货物，实行保险与负责运输相结合的补偿制度，托运人可在托运时投保货物运输险。

（二）承运人的权利与义务

1．承运人的权利

（1）接收托运货物时，承运人若发现货物有异状或与货物运单记载不符，可以拒绝接收。

（2）《实施细则》第13条第1款规定："承运人在查找不到收货人或收货人拒绝领取货物时，除不宜于长期保管的货物外，从发出催领通知次日起30日内或从收货人拒绝领取货物时起3日内通知托运人。托运人自接到通知次日起，5日内提出处理办法答复承运人。超过期限，运输合同仍无法履行时，承运人有权按照有关规定处理。"

（3）《铁路法》第19条第1款规定："托运人应当如实填报托运单，铁路运输企业有权对填报的货物和包裹的品名、重量、数量进行检查。经检查，申报与实际不符的，检查费用由托运人承担；申报与实际相符的，检查费用由铁路运输企业承担，因检查对货物和包裹中的物品造成的损坏由铁路运输企业赔偿。"

（4）《铁路法》第19条第2款规定："托运人因申报不实而少交的运费和其他费用应当补交，铁路运输企业按照国务院铁路主管部门的规定加收运费和其他费用。"

2．承运人的义务

因自然灾害，货物运输发生阻碍，承运人应当采取绕路运输或卸下再装措施。因货物性质特殊，绕路运输或卸下再装会造成货物损失时，承运人应联系托运人或收货人在要求的时间内提出处理办法。

根据《实施细则》第 9 条的规定，承运人应当承担下列义务：

① 按照货物运输合同约定的时间、数量、车种，拨调状态良好、清扫干净的货车；

② 在车站公共装卸场所装卸的货物，除特定者外，负责组织装卸；

③ 将承运的货物按照合同规定的期限和到站，完整、无损地交给收货人；

④ 对托运人或收货人组织装车或卸车的货物，将货车调到装、卸地点或商定的交接地点；

⑤ 由承运人组织卸车的货物，向收货人发出到货催领通知；

⑥ 发现多收运输费用，及时退还托运人或收货人。

（三）收货人的义务

根据《实施细则》第 10 条的规定，收货人应当承担下列义务：

① 缴清托运人在发站未交或少交以及运送期间发生的运输费用和由于托运人责任发生的垫款；

② 及时领取货物，并在规定的免费暂存期限内，将货物搬出车站；

③ 收货人组织卸车的货物，应当在规定的卸车时间内将货物卸完或在规定的停留时间内将货车送至交接地点；

④ 由收货人组织卸车的货物，卸车完毕后，应将货车清扫干净并关好门窗、端侧板（特种车为盖、阀），规定需要洗刷消毒的应进行洗刷消毒。

《实施细则》第 13 条第 2 款规定：“收货人拒绝领取货物的时候，应当出具书面说明。”此外，在接收货物时，收货人若发现货物有异状或与运单记载不符，应向承运人提出异议。收货人在验收货物的时候没有提出异议，即认为运输合同履行完毕。

同步案例

成都 A 公司于 2016 年 4 月 24 日以自己为托运人、北京 C 公司为收货人，与四川 B 物流公司（与铁路有关部门建立了铁路行包租赁经营关系）签订运输合同，委托 B 物流公司运输货物。B 物流公司收到货物后，向 A 公司出具了领货凭证。领货凭证第四条载明：“本公司实行保价运输，保价和未保价货物在运输过程中发生的丢失、短少、变质、污染或损坏，按《铁路法》相关规定处理。”

A 公司交纳了相应的运输费用，B 物流公司出具了相应的发票。B 物流公司通过铁路运输货物，货物在运输途中部分丢失。但是 C 公司直至 A 公司催要货款，才告知 A 公司货物短少之事，且 C 公司只支付了所收货物的价款。

2018 年 7 月 22 日，A 公司在北京市大兴区人民法院以拖欠货款为由起诉 C 公司，请求判令 C 公司支付剩余货款。A 公司于 2019 年 3 月 15 日收到北京市第一中级人民法院关于该案的终审民事判决书。

2020 年 9 月 6 日，A 公司向成都市青羊区人民法院起诉，要求 B 物流公司赔偿货损及利息，但法院驳回了A公司的诉讼请求。A公司不服，向北京市第一中级人民法院上诉。A公司称：首先，A公司与B物流公司之间不构成铁路货物运输合同关系，因为B物流公司是一般的企业法人，不是营业铁路；其次，原审法院不应引用《实施细则》的规定，因为该细则适用于调整托运人与铁路运输企业之间的法律关系，而不适用于托运人向一般企业之间的法律关系。A公司同时提出，领货凭证第四条是一个单方规定，不能理解为约定，该条款是格式条款，排除了收货人的主要权利。

点评：

北京市第一中级人民法院认为，B物流公司作为本案货物运输合同的承运人，固然不是《铁路法》所界定的国家铁路运输企业，但其通过与铁路相关部门签订行包快运专列承包合同，取得了行包快运专列的经营权。对托运人而言，B物流公司是铁路货物运输合同的承运人，可以和托运人形成铁路货物运输合同关系。虽然没有铁路运输合同在案，但从A公司提供的领货凭证、其与收货人C公司签订的货物加工协议所载明的相关内容，以及已经发生法律效力的北京市第一中级人民法院出具的民事判决书认定的事实来看，B物流公司以铁路运输方式为A公司运送货物是客观事实。因此，A公司与B物流公司之间是铁路货物运输合同关系。

《实施细则》第22条第1款规定："承运人同托运人或收货人相互间要求赔偿或退补费用的时效期限为180日（要求铁路支付运到期限违约金为60日）。"根据《民法典》第188条第2款的规定，诉讼时效期间自权利人知道或者应当知道权利受到损害以及义务人之日起计算。A公司于2018年7月22日向北京市大兴区人民法院起诉C公司给付货款，至2019年3月15日收到北京市第一中级人民法院的民事判决书时，A公司应该明确知道C公司未全部收货的事实，故A公司应该从此时起180日内向B物流公司提出索赔。但A公司直到2020年9月6日才向成都市青羊区人民法院起诉要求B物流公司赔偿，明显已超过了前述诉讼时效期间。A公司在应当知道自己的权利被侵害后，未在法律规定的诉讼时效期内向B物流公司提出索赔主张，对此应承担不利的法律后果。

四、铁路货物运输中的法律责任

（一）托运人应承担的法律责任

根据《实施细则》第19条第1款的规定，由于下列原因之一，未按货物运输合同履行，托运人应按车向承运人偿付违约金50元：

① 未按规定期限提出旬间日历装车计划，致使承运人未拨货车（当月补足者除外），或未按旬间日历装车计划的安排，提出日要车计划；

② 收货人组织卸车的，由于收货人的责任卸车迟延，线路被占用，影响向装车地点配送空车或对指定使用本单位自卸的空车装货，而未完成装车计划；

③ 承运前取消运输；

④ 临时计划外运输致使承运人违约造成其他运输合同落空者。

根据《实施细则》第 19 条第 2 款的规定，由于下列原因之一招致运输工具、设备或第三者的货物损坏，托运人应按实际损失赔偿：

① 匿报或错报货物品名或货物重量的；

② 货物包装有缺陷，无法从外部发现，或未按国家规定在货物包装上标明包装储运指示标志的；

③ 托运人组织装车的，加固材料不符合规定条件或违反装载规定，在交接时无法发现的；

④ 由于押运人过错的。

（二）承运人应承担的法律责任

根据《实施细则》第 18 条第 1 款的规定，承运人由于下列原因之一，未按货物运输合同履行，按车向托运人偿付违约金 50 元：

① 未按旬间日历装车计划及商定的车种、车型配够车辆，但当月补足或改变车种、车型经托运人同意装运者除外；

② 对托运人自装的货车，未按约定的时间送到装车地点，致使不能在当月装完；

③ 拨调车辆的完整和清扫状态，不适合所运货物的要求；

④ 由于承运人的责任停止装车或使托运人无法按计划将货物搬入车站装车地点。

根据《实施细则》第 18 条第 2 款的规定，从承运货物时起，至货物交付收货人或依照有关规定处理完毕时止，货物发生灭失、短少、变质、污染、损坏，按下列规定赔偿：

① 已投保货物运输险的货物，由承运人和保险公司按规定赔偿；

② 保价运输的货物，由承运人按声明价格赔偿，但货物实际损失低于声明价格的按实际损失赔偿；

③ 除上述两项外，均由承运人按货物的实际损失赔偿。赔偿的价格如何计算，由铁道部商国家物价局（现为“国家发展和改革委员会”）、国家工商行政管理局（已被取消）另行规定。

小提示

> 2018 年 3 月，根据第十三届全国人民代表大会第一次会议批准的国务院机构改革方案，将国家工商行政管理总局的职责整合，组建中华人民共和国国家市场监督管理总局；将国家工商行政管理总局的商标管理职责整合，重新组建中华人民共和国国家知识产权局；不再保留国家工商行政管理总局。

由于承运人的过错将货物误运到站或误交收货人，承运人应免费运至合同规定的到站，并交给收货人。未按规定的运到期限将货物运至到站，承运人向收货人偿付该批货物所收运费 5%至 20%的违约金。如果托运人或收货人证明损失的发生确属承运人的故意行为，则承运人除按规定赔偿实际损失外，由合同管理机关处其造成损失部分 10%至 50%的罚款。

同步案例

2020 年 8 月 7 日，A 制药公司委托 B 铁路局承运一批价值为 16 万元的货物至广东站。运单上载明：货物的保价金额为 9 万元。一周后，A 制药公司被告知货物已丢失。10 月 11 日，A 制药公司多次向 B 铁路局催要货物未果，遂诉至法院，请求判令 B 物流公司赔偿货物损失 16 万元。

点评：

本案中，A 制药公司与 B 铁路局签订了运单，就可以认为双方之间的铁路货物运输合同关系成立。涉案货物的价值虽为 16 万元，但其保价金额为 9 万元，根据《实施细则》第 18 条第 2 款第 2 项可知，B 铁路局只需在保价金额的范围内承担赔偿责任。同时，法院认为，该案是否涉嫌刑事诈骗，并不影响原告（A 制药公司）向被告（B 铁路局）主张赔偿责任。若货物被追回，则原告应将获得的赔偿退还给被告。经审理，法院最终判令被告赔偿原告 9 万元。

（三）免责条款

根据《实施细则》第 18 条第 3 款的规定，由于下列原因之一造成的货物灭失、短少、变质、污染、损坏，承运人不负赔偿责任：

① 不可抗力；

② 货物本身性质引起的碎裂、生锈、减量、变质或自燃等；

③ 国家主管部门规定的货物合理损耗；

④ 托运人、收货人或所派押运人的过错。

根据《实施细则》第 21 条的规定，货物运输合同遇有下列情况，承运人或托运人免除责任：

① 因不可抗力或铁路发生重大事故影响排空送车，企业发生重大事故以及停电影响装车，超过 24 小时时；

② 根据国家和省、自治区、直辖市的主管行政机关的书面要求停止装车时；

③ 由于组织轻重配装或已完成货物吨数而未完成车数时；

④ 由于海运港口、国境口岸站车辆积压堵塞，不能按计划接车而少装时。

五、铁路货物运输合同的变更和解除

铁路货物运输合同必须经双方同意，并在规定的变更范围内办理变更。根据《实施细则》第 16 条的规定，托运人或收货人由于特殊原因，经承运人同意，对承运后的货物可以按批在货物所在的途中站或到站办理变更到站、变更收货人，但属于下列情况，不得办理变更：

① 违反国家法律、行政法规、物资流向或运输限制；

② 变更后的货物运输期限，大于货物容许运送期限；

③ 变更一批货物中的一部分；

④ 第二次变更到站。

扫一扫

铁路货物运输合同的变更和解除

《实施细则》第 17 条规定："货物运输合同在货物发送前，经双方同意，可以解除。"

六、国际铁路货物运输法律制度

国际铁路货物运输是指使用一份统一的国际铁路联运单据，由跨国铁路承运人办理两国或两国以上铁路的全程运输，并承担运输责任的一种运输方式。我国同周边国家的进出口货物多数是采用铁路来运输的。

目前，与国际铁路货物运输有关的国际规章有《铁路货物运输国际公约》（以下简称《国际货约》）、《国际铁路货物联运协定》（以下简称《国际货协》）、《国际铁路货物联运统一过境运价规程》等。其中，《国际货协》是调整我国与该协定缔约国之间铁路货物运输法律关系的主要依据。

小提示

《国际货协》的缔约国主要为亚洲和东欧国家，《国际货约》的缔约国主要分布于西欧、中欧和北非。

（一）《国际货协》对铁路运单的规定

《国际货协》对运单的法律性质做出了以下明确规定：

（1）运单在加盖戳记后，即是缔约运输合同的凭证。

（2）运单上所列货物是铁路承运人接收货物的依据。

（3）运单是铁路承运人在到站向收货人收取运杂费和点交货物的依据。

（4）运单是货物进出沿途各国时办理通关手续的必备文件。

（5）运单是支付货款的主要单证。

（二）国际铁路运单的使用

在国际铁路货物运输实践中，通常存在以下两种情况：

（1）我国与《国际货协》参加国之间的铁路货物联运。我国与《国际货协》参加国之间的铁路货物联运，是用发站的一份国际货协运单，由铁路负责直接或通过第三国铁路运往目的站交付收货人。

（2）我国与未参加《国际货协》国之间的铁路货物联运。我国向未参加《国际货协》的国家出口货物时，一般采用国际货协运单办理至《国际货协》参加国的最后一个过境出口国境站，然后由该国境站站长或由发货人在该站的代理根据运送票据，以发货人的全权代理身份，填制国际货约运单（如果后续区段为《国际货约》参加国的话）或其他货运单证（如果后续区段为非《国际货约》参加国，应使用该国铁路认可的单据）并附原运单，将货物发送至目的站。

（三）《国际货协》对货运合同当事人义务的规定

1. 托运人和收货人的义务

（1）托运人应正确填写运单，并承担误填运单的法律后果。填写运单时，托运人必须注明货物应通过的发送国和各过境国的出口国境站。如果有可能从出口国境站通过邻国的几个进口国境站办理货物运送，则在运单上还应注明运送所要通过的进口国境站。

小提示

托运人必须将海关等机构所需的和其他规章所规定的与托运货物有关的文件（如证明文件、明细文件）附在运单上，否则承运人可以拒绝承运货物。

（2）支付运费。发站国铁路运费由托运人向发货站支付，到达国铁路运费由收货人向到站支付，过境国铁路的运费由托运人向始发站支付或由收货人向到站支付。若有几个过境国，准许由托运人支付一个或几个过境铁路的运费，其余铁路运费由收货人支付。

（3）收货人领取货物。货物送达到站，在收货人付清运单所载的一切应付运费后，铁路承运人必须将货物连同运单一起交给收货人。若收货人拒绝领取货物，则一切运费与罚款均由发货站向收货人收取。收货人只在货物因毁损或腐坏而使质量发生变化，以致部分或全部货物不能按原用途使用时，才能拒绝领取货物。

2. 承运人的义务

承运人的义务有：货物由发货站运至到站后，负责将货物交给收货人；执行托运人按规定提出的变更合同的要求；在责任期间（从签发运单到交货为止）对货物逾期、毁损或灭失负赔偿责任，有关国铁路负连带责任。

小提示

《国际货协》关于承运人赔偿金额的规定如下：

（1）当货物全部或部分灭失时，赔偿金额应按外国售货者账单所列的价格计算。如果托运人对货物办理了价值声明，承运人应按声明的货物价格予以赔偿。

（2）如果货物遭受毁损，铁路承运人应赔偿相当于货物价格减低额的款额，不赔偿其他损失。办理价值声明的货物毁损时，铁路承运人应支付的赔款=货物因毁损而减低价格占货物价值的百分数×货物声明价值。

（3）如果货物逾期运到，承运人应按逾期时间的长短，向收货人支付规定的罚款；如果逾期运到的货物部分灭失，除应赔偿货物毁损的款项外，还应对货物的未灭失部分支付逾期罚款。

（四）承运人的免责事项

如承运的货物由于下列原因发生灭失、短少、毁损（腐坏），则承运人不予负责：

（1）铁路不能预防和不能消除的情况。

（2）货物、容器、包装质量不符合要求或货物、容器、包装的自然和物理特性，引起货物毁损或腐坏。

（3）托运人或收货人的过失或由于其要求而不能归咎于承运人。

（4）托运人或收货人装车或卸车的原因所造成。

（5）没有运送货物所需的容器或包装。

（6）托运人在托运货物时使用不正确、不确切或不完全的名称，或未遵守《国际货协》的相关规定。

（7）托运人将货物装入不适合运送该货物的车辆或集装箱。

（8）托运人错误地选择了易腐货物运送方法或车辆（集装箱）种类。

（9）托运人、收货人未按海关或其他行政机关的要求办理相关手续。

（10）与承运人无关的原因致使国家机关检查、扣留、没收货物。

由于下列原因致使未履行货物运到期限，承运人不予负责：

（1）承运人不能预防和不能消除的情况。

（2）托运人或收货人的过失或由于其要求而不能归咎于承运人。

（3）托运人、收货人或其授权人未按海关或其他行政机关的要求办理相关手续。

（五）赔偿请求

（1）托运人和收货人有权向承运人提出赔偿请求。赔偿请求应附有相应依据并注明款额，由托运人向缔约承运人，收货人向交付货物的承运人提出。赔偿请求以书面形式提出，当运送参加方之间有协议时，以电子形式提出。

（2）由全权代理人代表托运人提出赔偿请求时，应有托运人或收货人的委托书证明这种赔偿请求权。委托书应符合受理赔偿请求铁路所属国的法令和规章。委托书留存于受理赔偿请求的铁路。

（3）承运人必须在收到赔偿请求书之日起的180天内答复赔偿请求人，在全部或部分承认赔偿请求时，向赔偿请求人支付应付的款额。

案例解析

"任务导入"中所述案例的解析如下：

由于运单内容决定着承运人采取何种运输措施以保证货物安全，所以《铁路法》第19条将如实填报运单规定为托运人必须履行的义务。A公司作为托运人，在货物运单中填写的品名是甘油，而实际托运的是TD甘油；运单上申报的货物价值是6万元，而实际整批货物的价值是78万元，没有履行如实填报运单的义务。

甘油的化学名称是丙三醇，其性质较稳定，对运输没有严格要求，如包装密闭不严只会因吸潮使甘油含量减少，但不至于引起化学变化。而TD甘油的主要化学成分是己六醇，化学性质比较活跃，属极易被氧化物质。如果外包装密闭不严，会加速氧化过程，导致变质。A公司用铁桶盛装TD甘油，既不符合TD甘油原生产厂商关于须使用洗净干燥的涂塑或镀锌桶包装的企业标准，又不符合甘油应使用铝桶（带铁制加强框架）、涂锌或涂树脂铁制容器包装，并保证桶罐盖紧、封牢，不渗不漏、不吸潮的国家标准。因此，该批货物发酵变质的根本原因是包装不当造成货物发生氧化反应，与逾期运到没有必然联系。

本案货物的运到期限为9天，逾期47天。《铁路法》第16条第1款规定："铁路运输企业应当按照合同约定的期限或者国务院铁路主管部门规定的期限，将货物、包裹、行李运到目的站；逾期运到的，铁路运输企业应当支付违约金。"根据《实施细则》第18条第5款的规定，承运人未按规定的运到期限，将货物运至到站，向收货人偿付该批货物所收运费5%至20%的违约金。株洲北站虽然是因醴陵限制口的车辆通过能力的限制而对该车采取保留措施造成逾期，但仍属承运人的违约行为，与托运人或者收货人无关，因此株洲北站应当依法给付该段逾期时间内的违约金。

实战演练

2020年7月21日，A煤炭销售公司委托B火车站将一批煤炭运至××市北站，双方签订了铁路货物运输合同。合同中约定：B火车站于7月24日将货物运至××市北站，并在当日通知C电厂领取货物。7月25日，C电厂接收了这批煤炭，却因无接卸能力而无法将其运走。为了解决煤炭滞留车站的问题，B火车站决定将煤炭卸在陶瓷公司的专用铁路线附近，C电厂对此表示同意。

8 月 13 日，A 煤炭销售公司要求 C 电厂支付煤炭货款，C 电厂却以没有收到煤炭为由拒绝付款。而 B 火车站则称煤炭已经交付 C 电厂，自己已完成任务。随后，A 煤炭销售公司将 B 火车站和 C 电厂起诉至法院。

请根据上述材料，回答下列问题：

（1）B 火车站的行为是否构成违约？

（2）若这批煤炭长期无人领取，B 火车站对此应如何处理？

（3）案例中，A 煤炭销售公司应如何维护自己的合法权益？

要求：2～3 人一组，借助网络和书籍查找上述案例涉及的法律规范，然后将问题的答案进行汇总并形成 Word 文件，在课堂上进行分享。

项目考核

1. 选择题

（1）（多选）关于货物运输合同，下列说法正确的是（　　）。

A. 托运人有要求承运人按照合同约定的时间将货物运至目的地的权利

B. 货物运输合同生效后，承运人不得拒绝接收托运人托运的货物

C. 货物运输合同生效后，托运人不可以要求返还货物

D. 货物在交付收货人之前，托运人可以变更目的地、收货人

（2）收货人不明或者收货人无正当理由拒绝受领货物时，承运人依法享有（　　），目的是使自己的债务消失，并免除因继续占有货物可能给自己带来的风险。

A. 留置权　　B. 占有权　　C. 买卖权　　D. 提存权

（3）如果货物在运输过程中因不可抗力灭失，但货物运输合同当事人没有对这种情形明确约定的，下列关于运费支付的说法中，正确的是（　　）。

A. 运费由收货人承担

B. 已收取运费的，托运人无权要求返还

C. 运费由承运人和托运人共同承担

D. 未收取运费的，承运人不得请求托运人或收货人支付运费

（4）下列不可作为货物运输合同的是（　　）。

A. 公路货物运单　　B. 月度要车计划表

C. 水路货物运单　　D. 多式联运单据

（5）（多选）下列关于铁路货物运输的说法中，正确的是（　　）。

A. 零担货物的运输可以铁路货物运单代替运输合同

B. 拨调车辆的完整和清扫状态不适合所运货物的要求时，承运人应按车向托运人偿付违约金 50 元

C. 在承运前取消运输，托运人应按车向承运人偿付违约金 100 元

D. 当货物发生灭失时，托运人未办理保价运输的，铁路运输企业只能按照货物的实际损失赔偿

2. 简答题

（1）货物运输合同一般应包括哪些主要内容？

（2）货物运输合同中承运人的义务有哪些？

（3）简述托运人在危险货物运输中应承担的法律责任。

3. 综合分析题

【题一】2020 年 5 月 2 日，张某向 B 工厂订购了 5 台堆垛机，双方在买卖合同中约定：5 台堆垛机由 B 工厂委托第三方承运，运费由 B 工厂先行支付，张某收到货物后再向 B 工厂结清包括运费在内的所有费用。

5 月 6 日，B 工厂将这批货物交由 C 物流公司承运，双方签订了货物运输合同。张某因资金周转不灵，所以在收到货物后并未按约定的时间向 B 工厂结清费用，而 B 工厂也一直未向 C 物流公司支付运费。数日后，张某将一批木材加工设备交由 C 物流公司承运，C 物流公司扣留了这批木材加工设备，并要求张某付清之前运输堆垛机的费用。对此，张某提出质疑。C 物流公司却表示因运输堆垛机的费用至今未付清，自己只是行使了留置权。

请问：（1）C 物流公司能否行使留置权扣留张某托运的木材加工设备？为什么？

（2）本案中，张某有向 C 物流公司支付堆垛机运费的义务吗？为什么？

【题二】2020 年 5 月 5 日，A 公司委托货车车主李某运送一车电石，运价按 500 元/吨计算。5 月 9 日，A 公司向李某汇款 8 000 元作为预付运费，同日李某将 24.27 吨由编织袋包装的电石送往南通。

在运输途中，由于遭遇阴雨天气，李某对承运的电石采取了苫布遮盖等处理措施。5 月 12 日凌晨，李某发现有气体从车厢冒出，即上车检查。检查过程中，电石突然爆炸并起火燃烧，李某因爆炸被掀下车，导致脚骨骨折。李某打电话报警后，有关部门将这批电石倾倒在高速公路服务区的水坑内，使其稳定燃烧，电石全部毁损灭失。

事后，李某被处以行政拘留 10 日的处罚，并为吊车、医疗、维修汽车等事支出 1.6 万余元。A 公司以李某无危化品运输资质，未将承运电石妥善包装为由，要求李某赔偿全部货物损失并返还已付运费。

请问：本案的责任应如何界定？

【题三】2020 年 6 月 21 日，甲将 2 000 吨优质煤炭交由乙（某铁路运输企业）运输。在货物运输中，列车因突遇洪灾，车载的煤炭全部被泡烂，列车也发生了故障。此次事故造成的货物损失达 150 万元。事后，甲要求乙与其共同承担货损费，并要求乙退还其预付的 10 万元。乙以此次货损因不可抗力所致，并且本次运输已发生的运费超过 10 万元为由，拒绝一切赔偿，同时拒绝退还 10 万元预付款。

请问：甲的要求合理吗？乙拒绝赔偿和拒绝退还预付款的理由是否合理？

项目四

运输法律制度（下）

项目引言

本项目将结合《民法典》(合同编)、《海商法》《水路货物运输合同实施细则》《国内水路运输管理条例》《中国民用航空货物国内运输规则》等，介绍物流运输中的水路货物运输合同、航空货物运输合同、多式联运合同及合同当事人的权利、义务和责任等。

知识体系

✓ 熟悉水路货物运输法律制度。

✓ 熟悉航空货物运输法律制度。

✓ 了解多式联运法律制度。

素质目标

✓ 了解我国科技领域的成就对物流运输业发展的意义，维护我国科教兴国战略。

✓ 了解国家关于发展多式联运、优化调整运输结构的决策部署，把握政策导向，为实现碳达峰、碳中和目标做出积极贡献。

任务一 熟悉水路货物运输法律制度

【知识目标】

✓ 了解与水路货物运输有关的法律规范。
✓ 了解水路货物运输合同的类型。
✓ 掌握水路货物运输合同当事人的义务和责任。
✓ 掌握水路货物运输合同变更或解除的条件。
✓ 了解国际海上货物运输法律制度。

【技能目标】

✓ 能够分析出水路货物运输案件中托运人、承运人与收货人的责任和责任界定的依据。

任务导入

2020年8月4日，A电扇厂委托C水运公司将10 560台冰箱压缩机（总价值50万元）从威海运至汉口，双方签订了水路货物运输合同。之后，C水运公司将这批货物交给了个人船主张某承运。

8月4日，在货物装船（未取得船舶营运证）过程中，A电扇厂的业务员朱某提出船舶载重量有限，恐有运输风险，但该意见未能引起张某和C水运公司的重视。当天下午4:00，船舶行至长江与汉水交汇处时翻沉，货物全部损毁。为此，A电扇厂将C水运公司和张某告上法庭，请求法院判令C水运公司和张某赔偿货损与其他损失共计55万元。C水运公司称，张某无证驾驶船舶导致船舶翻沉，属于其个人行为，自己不应承担赔偿责任。

思考：

C水运公司的说法成立吗？你认为法院应该如何判决？

知识讲解

一、水路货物运输概述

图4-1　水路货物运输

水路货物运输（见图4-1）是指利用以船舶为主的运输工具在江河、湖泊、海洋上载运货物的运输方式。据调查，截至2021年末，我国水路货运量超过 80 亿吨，水路运输货物周转量为 115 577.51 亿吨千米。

水路货物运输的主要优点是运输量大，适合运输体积和重量较大的货物，运输成本低；主要缺点是受自然条件的影响大，运输速度慢，装卸搬运成本较高。

目前，适用于我国水路货物运输的法律规范主要有《民法典》（合同编）、《海商法》《国内水路运输管理条例》《水路货物运输合同实施细则》《船舶载运危险货物安全监督管理规定》。

小提示

本书所涉及的水路货物运输，均指中华人民共和国沿海、江河、湖泊以及其他通航水域中一切营业性的货物运输。

二、水路货物运输合同的类型

水路货物运输合同是指承运人收取运输费用，负责将托运人托运的货物经水路由一港（站、点）运至另一港（站、点）的合同。

水路货物运输合同，除短途驳运、摆渡零星货物，双方当事人可以即时清结者外，应当采用书面形式。常见的水路货物运输合同有以下几种类型。

（一）按月度签订的货物运输合同和货物运单

大宗货物运输，可按月度签订货物运输合同。对其他按规定必须提送月度托运计划的货物，经托运人和承运人协商同意，可以按月度签订货物运输合同或以货物运单作为货物运输合同。零星货物运输和计划外的整批货物运输，以货物运单作为运输合同。

1. 按月度签订的货物运输合同

按月度签订的货物运输合同，经双方在合同上签认后，合同即告成立。如承、托运当事人双方无须商定特约事项的，可以用月度托运计划表代替运输合同，经双方在计划表上签认后，合同即告成立。在实际办理货物承托运手续时，托运人还应向承运人按批提出货物运单，作为运输合同的组成部分。

2. 货物运单

以货物运单作为运输合同的，经承、托运双方商定货物的集中时间、地点，由双方认真验收、交接，并经承运人在托运人提出的货物运单上加盖承运日期戳后，合同即告成立。

小提示

货物运单是水路货物运输合同的证明，而不是合同本身，如果运单中的记载与运输合同不一致，可以视为对运输合同的变更。运单是承运人已经按运单记载的状况接收货物的证明，但它不是承运人据以交付货物的凭证。

按月度签订的货物运输合同和货物运单应具备的基本内容如表 4-1 所示。

表 4-1　按月度签订的货物运输合同和货物运单应具备的基本内容

合同类型	按月度签订的货物运输合同	货物运单
基本内容	① 货物名称 ② 托运人和收货人名称 ③ 起运港和到达港，海江河联运货物应载明换装港 ④ 货物重量，按体积计费的货物应载明体积 ⑤ 违约责任 ⑥ 特约条款	① 货物名称 ② 重量、件数，按体积计费的货物应载明体积 ③ 包装 ④ 运输标志 ⑤ 起运港和到达港，海江河联运货物应载明换装港 ⑥ 托运人、收货人名称及其详细地址 ⑦ 运费、港口费和有关的其他费用及其结算方式 ⑧ 承运日期 ⑨ 运到期限（规定期限或商定期限） ⑩ 货物价值 ⑪ 双方商定的其他事项

图 4-2 为水路货物运单示例。

水路货物运单

<table>
<tr><td colspan="2" rowspan="3">托运人</td><td colspan="2">名称</td><td colspan="2"></td><td colspan="2" rowspan="3">收货人</td><td>名称</td><td colspan="2"></td></tr>
<tr><td colspan="2">地址</td><td colspan="2"></td><td>地址</td><td colspan="2"></td></tr>
<tr><td colspan="2">电话</td><td colspan="2"></td><td>电话</td><td colspan="2"></td></tr>
<tr><td>船名</td><td></td><td>航次</td><td></td><td>承运日期</td><td></td><td>运到期限</td><td></td><td rowspan="2">货物交接地点和时间</td><td>地点</td><td></td></tr>
<tr><td>起运港</td><td></td><td>中转港</td><td colspan="2"></td><td>到达港</td><td colspan="2"></td><td>时间</td><td></td></tr>
<tr><td colspan="2">运输标志</td><td colspan="2">货物名称</td><td>件数</td><td>包装方式</td><td colspan="2">重量/t</td><td>体积/m³</td><td colspan="2">运输费用及其结算方式</td></tr>
<tr><td colspan="2"></td><td colspan="2"></td><td></td><td></td><td colspan="2"></td><td></td><td colspan="2"></td></tr>
<tr><td colspan="2"></td><td colspan="2"></td><td></td><td></td><td colspan="2"></td><td></td><td colspan="2"></td></tr>
<tr><td colspan="2"></td><td colspan="2"></td><td></td><td></td><td colspan="2"></td><td></td><td colspan="2"></td></tr>
<tr><td>其他事项</td><td colspan="10"></td></tr>
</table>

托运人（签章）　　　　承运人（签章）

年　月　日　　　　年　月　日

图 4-2　水路货物运单示例

（二）班轮运输合同

班轮运输是指在固定的航线上以既定的港口顺序，按照事先公布的船期表航行的水上经营方式。

班轮运输合同往往是承运人接受多个托运人的货物，将属于不同托运人的多批货物装载于同一船舶，并按公布的船期表在固定的航线上以既定的港口顺序将件杂货由一港运至另一港，而托运人支付运费的协议。由于班轮运输合同的标的物多是不同货主的小批量、多品种的件杂货，因此又被称为件杂货运输合同。

实务中，班轮运输合同一般通过订舱的方式成立。托运人（货代）通常按照船公司事先公布的船期表、运价和预先给予的提单号编制托运单，然后至船公司订舱。订舱时，托运人（货代）向船公司出具托运单数联。若船公司接受订舱，便会在其中一联上加盖其订舱章作为给托运人（货代）的回执，并有一联留底。

随着电子数据交换（electronic data interchange, EDI）系统的快速发展和普及，托运人（货代）往往采用EDI方式订舱。托运人（货代）将订舱内容以EDI方式发送至船方指定的系统，船方接收托运人（货代）的EDI订舱内容，并直接将其转换成舱单内容。

（三）航次租船合同

航次租船运输是指船舶出租人向承租人提供船舶的全部或者部分舱位并装运约定的货物，将货物从一港（站、点）运至另一港（站、点）的运输方式。

在航次租船运输下，出租人与承租人应签订航次租船合同。航次租船合同的订立过程为：船舶出租人和承租人经过询价、报价、还价等过程，最后签订合同。航次租船合同常常采用租船合同范本。

三、水路货物运输合同当事人的义务和责任

（一）水路货物运输合同当事人的义务

1. 托运人的义务

《水路货物运输合同实施细则》（以下简称《实施细则》）第8条规定，托运人应当承担下列义务：

① 托运的货物必须与货物运单记载的品名相符；

② 在货物运单上准确地填写货物的重量或体积。对起运港具备符合国家规定计量手段的，托运人应按照起运港核定的数据确定货物重量；对整船散装货物，托运人确定重量有困难时，可以要求承运人提供船舶水尺计量数，作为托运人确定的重量。对按照规定实行重量和体积择大计费的货物，应填写货物的重量和体积。对笨重长大货物，还应列出单件货物的重量和体积（长、宽、高）；

③ 需要包装的货物，必须按照国家或国家主管部门规定的标准包装；没有统一规定包装标准的，应在保证运输安全和货物质量的原则下进行包装；需要随附备用包装的，应提供备用包装；

④ 正确制作货物的运输标志和必要的指示标志；

⑤ 在托运货物的当时，按照合同规定的结算方式付清运输费用；

⑥ 实行保价运输的个人生活用品，应提出货物清单，逐项声明价格，并按声明价格支付规定的保价费；

⑦ 国家规定必须保险的货物，托运人应在托运时投保货物运输险。对于每件价值在700元以上的货物或每吨价值在500元以上的非成件货物，实行保险与负责运输相结合的补偿制度，托运人可在托运时投保货物运输险，具体办法另行规定；

⑧ 按规定必须凭证运输的货物，应当提供有关证件；

⑨ 按照货物属性或双方商定需要押运的货物，应派人随船押运；

⑩ 托运危险货物必须按危险货物运输的规定办理，不得匿报品名、隐瞒性质或在普通货物中夹带危险货物。

课堂讨论

2020年6月10日，A公司委托××号船船主张某承运一批玻璃。A公司告知张某玻璃的总重量为30吨，张某称××号船的载重吨位为30吨，于是双方达成了口头协议。协议约定：××号船将20箱玻璃从H港运至Q港，运费为500元。

6月12日，××号船抵达H港，所有装载工作由A公司负责。9箱玻璃装入船舱后，船员就盖上了舱盖板，准备将余下的11箱玻璃堆放在甲板上。当装到第18箱时，A公司的业务员发现此船已达最大吃水深度，但对此并未提出异议。装载结束时，恰好一艘拖船从附近经过，水浪导致××号船发生侧倾，甲板上的11箱玻璃全部落入江中。后虽经打捞，但落江的玻璃已破碎，无使用价值。经调查，A公司托运的20箱玻璃及包装木箱的总重量为31吨。

请问：本案的责任应如何界定？

2. 承运人的义务

根据《实施细则》第9条的规定，承运人应当承担下列义务：

① 应按商定的时间和地点调派适航、适载条件的船舶装运，并备妥相应的护货垫隔物料；但按规定应由托运人自行解决的特殊加固、苫垫材料及所需人工除外；

② 对承运货物的配积载、运输、装卸、驳运、保管及交接工作，应谨慎处理，按章作业，保证货运质量；

③ 对经由其他运输工具集中到港的散装运输、不计件数的货物，如具备计量手段的，

应对托运人确定的重量进行抽查或复查；如不具备计量手段的，应在保证质量的前提下，负责原来、原转、原交。对按体积计收运输费用的货物，应对托运人确定的体积进行抽查或复查，准确计费；

④ 对扫集的地脚货物，应做到物归原主；对不能分清货主的地脚货物，应按无法交付货物的规定处理；

⑤ 组织好安全及时运输，保证运到期限；

⑥ 按照船舶甲板货物运输的规定，谨慎配装甲板货物；

⑦ 按照规定的航线运输货物，到达后，应由到达港发出到货通知，并负责将货物交付给指定的收货人。

3. 收货人的义务

根据《实施细则》第 10 条的规定，收货人应当承担下列义务：

① 接到达港到货通知后，应在规定时间内同到达港办妥货物交接验收手续，将货物提离港区；

② 按规定应由收货人支付的运输费用、托运人少缴的费用以及运输途中发生的垫款，应在提取货物时一次付清；

③ 由收货人自理卸船的货物，应在商定的时间内完成卸船作业，将船舱、甲板清扫干净；对装运污秽货物、有毒害性货物的，应负责洗刷、消毒，使船舱恢复正常清洁状态。

小提示

承运人向收货人交付货物时，收货人应认真进行验收。当发现按件承运的货物有异状或与货物运单记载不符，或者按舱、按箱施封的货物的舱封、箱封有异状，收货人应立即向承运人提出异议。收货人在验收交接时没有提出异议，并在提货单上签章后，运输合同即终止。

（二）水路货物运输合同当事人的责任

1. 托运人应承担的责任

（1）由于托运人责任发生下列事故，以致船舶、港口设备或波及其他货物的损坏、污染、腐蚀，或造成人身伤亡的，应由托运人负责赔偿：

① 在普通货物中夹带危险货物，匿报危险货物品名，隐瞒危险货物性质，或其他违反危险货物运输规定的行为，引起燃烧、爆炸、中毒、污染、腐蚀等事故；

② 在普通货物中夹带流质、易腐货物，引起污染事故；

③ 错报笨重货物重量，引起船体损伤、吊机倾翻、货件摔损、人员伤亡等事故；

④ 货物包装材质不良、强度不足或内部支衬不当等缺陷，以及外包装上必须制作的指示标志错制、漏制，引起摔损事故。

（2）由于托运人责任发生下列情况之一，应由托运人负责处理：

① 自理装船的货物，卸船时船体完好，舱封完整或装载状态无异状，而发生货物灭失、短少、损坏的；

② 自行装箱、施封的集装箱运输货物，箱体完整，铅封完好，拆箱时发现货物灭失、短少、损坏或内容不符；

③ 除证明属于承运人责任外，自行押运的货物所发生的灭失、短少、变质、污染、损坏或其他损失。

（3）货物运抵到达港，承运人发出到货通知后，收货人拒绝收货或找不到收货人，承运人应通知托运人在限期内自行处理该项货物，并应承担由此而发生的一切费用。如托运人在限期内不予处理的，承运人可以按照无法交付货物的规定对该项货物就地处理。

（4）以货物运单作为运输合同的，未按运单规定的时间和要求提供托运的货物，托运人应向承运人支付落空货源每吨1元违约金，但由于自然灾害影响货物按期托运的除外。

（5）托运人因办理各项手续的单证不及时、不完备或不正确，造成承运人损失的，应当承担赔偿责任。

（6）托运人因不可抗力不能履行合同的，根据不可抗力的影响，部分或者全部免除责任。延迟履行后发生不可抗力的，不能免除责任。

小提示

《实施细则》第31条第1款规定："承运人与托运人或收货人彼此之间要求赔偿的时效，从货运记录交给托运人或收货人的次日起算不超过180日。赔偿要求应以书面形式提出，对方应在收到书面赔偿要求的次日起60日内处理。"

2．承运人应承担的法律责任

（1）承运人对运输合同履行过程中货物的损坏、灭失等承担赔偿责任。《实施细则》第22条规定："如果托运人或收货人证明损失的发生确属承运人的故意行为，则承运人除按规定赔偿实际损失外，由合同管理机关处其造成损失部分10%到50%的罚款。"

（2）由于承运人责任发生货物错运、错交，承运人应无偿运回合同规定的到达港，交给指定的收货人。如由此发生逾期运到，应按规定向收货人偿付违约金，但由于不可抗力引起的滞延时间应从实际运到期限中扣除。逾期运到违约金额，视逾期天数的长短，按照每票货物的装卸或运费的5%到20%偿付。对于海江河联运货物的运到期限责任，另行规定。

同步案例

2020年9月23日，A公司委托B物流公司将3 000吨玉米从深圳运至湛江，双方签订了水路货物运输合同。在运输途中，B物流公司的"吉安顺"号船遭遇台风，海水和雨水从舱盖缝隙流入船舱内，货物因遭浸泡而受损。事后，A公司上诉至广州海事法院，请求判令B物流公司赔偿其货物损失37 500元。B物流公司辩称货损是不可抗力所致，自己不应为此承担责任。

点评：

广州海事法院认为台风是否属于不可抗力需要结合具体情况分析。中央气象台于同年9月21日就发布了台风登陆的预报。B物流公司因未关注天气预报，就认为此次台风属于不可预见事件，这是没有事实依据的。同时，B 物流公司没能保证货物在运输途中的安全，应承担管理过失。最终，法院判定B物流公司赔偿A公司货物损失37 500元。

3. 承运人的免责事项

《实施细则》第 21 条规定，由于下列原因造成货物灭失、短少、变质、污染、损坏的，承运人不承担赔偿责任：

① 不可抗力；

② 货物的自然属性和潜在缺陷；

③ 货物的自然减量和合理损耗，以及托运人自行确定的重量不正确；

④ 包装内在缺陷或包装完整、内容不符；

⑤ 标记错制、漏制、不清；

⑥ 有生动植物的疾病、死亡、枯萎、减重；

⑦ 非责任性海损事故的货物损失；

⑧ 免责范围内的甲板货物损失；

⑨ 其他经承运人举证或经合同管理机关或审判机关查证非承运人责任造成的损失。

四、水路货物运输合同的变更或解除

《实施细则》第 17 条规定，凡发生下列情况之一者，允许变更或解除月度货物运输合同：

① 订立运输合同所依据的国家计划被变更或取消；

② 由于不可抗力使运输合同无法履行；

③ 合同当事人一方由于关闭、停产、转产而确实无法履行合同；

④ 由于合同当事人一方违约，使合同履行成为不必要或不可能；

⑤ 在不损害国家利益和不影响国家计划的前提下，经当事人双方协商同意。

变更或解除月度货物运输合同应当采用书面形式（包括文书、电报或变更计划表等），并应在货物发送前，由要求变更或解除的一方向对方提出。月度货物运输合同只能变更一次。

《实施细则》第 18 条规定，以货物运单作为运输合同的，允许按下列规定变更或解除运输合同：

① 货物发运前，承运人或托运人征得对方同意，可以解除运输合同。承运人提出解

除合同的，应退还已收的运输费用，并付给托运人已发生的货物进港短途搬运费用；托运人提出解除合同的，应付给承运人已发生的港口费用和船舶待时费用；

② 货物发运后，承运人或托运人征得对方同意，可以变更货物的到达港和收货人。同一运单的货物不得变更其中的一部分，并只能变更一次。对指令性运输计划内的货物要求变更时，除必须征得对方同意外，还必须报下达该计划的主管部门核准。

由于航道、船闸障碍、海损事故、自然灾害、执行政府命令或军事行动，货物不能运抵到达港时，承运人可以到就近港口卸货，并及时通知托运人或收货人提出处理意见。

合同中订有特约变更条款的，应按双方商定的变更条款办理。

五、国际海上货物运输法律制度

（一）海上货物运输合同概述

海上货物运输合同是指承运人收取运费，负责将托运人托运的货物经海路由一港运至另一港的合同。本节所述海上货物运输合同均指国际海上货物运输合同，此类合同适用《海商法》第四章“海上货物运输合同”的规定。

小提示

《海商法》所调整的海上货物运输主要是国际间的海上货物运输，并且限于商业行为。中国各港口之间的海上货物运输，不适用《海商法》中有关海上运输的规定。

海上货物运输合同主要包括件杂货运输合同和航次租船合同两种。其中，件杂货运输合同又称零担货物运输合同，是指承运人在不出租船舶的情况下负责将件杂货（指可以按件计量的货物）由一港运至另一港的货物运输合同。实践中，件杂货运输合同多用于班轮运输。航次租船合同具体可分为单航次租船合同、往返航次租船合同、连续单航次租船合同、连续往返航次租船合同等，此类合同适用于不定期船舶运输。

承运人或者托运人可以要求书面确认海上货物运输合同的成立，但是航次租船合同必须书面订立。电报、电传和传真具有书面效力。

（二）海上货物运输合同当事人的义务和责任

1. 托运人的义务和责任

（1）正确申报。托运人托运货物，应当妥善包装，并向承运人保证，货物装船时所提供的货物的品名、标志、包数或件数、重量或体积的正确性。由于包装不良或提供的资料不正确，对承运人造成损失的，托运人应当负赔偿责任。

扫一扫

国际海上运输当事人的权利与义务

（2）及时办理手续。托运人应当及时向港口、海关、检疫、检验和其他主管机关办理货物运输所需要的各项手续，并将已办理各项手续的单证送交承运人。因办理各项手续的有关单证送交不及时、不完备或者不正确，使承运人的利益受到损害的，托运人应当负赔偿责任。

（3）支付运费。托运人应当按照约定向承运人支付运费。托运人与承运人也可以约定运费由收货人支付，但此项约定应当在运输单证中载明。

（4）危险货物托运。托运人托运危险货物，应当依照有关海上危险货物运输的规定，妥善包装，做出危险品标志和标签，并将其正式名称、性质和应当采取的预防危害措施书面通知承运人。托运人未通知或者通知有误的，承运人可以在任何时间、任何地点根据情况需要将货物卸下、销毁或者使之不能为害，而不负赔偿责任。托运人对承运人因运输此类货物所受到的损害，应当负赔偿责任。

小提示

承运人知道危险货物的性质并已同意装运的，仍然可以在该项货物对于船舶、人员或者其他货物构成实际危险时，将货物卸下、销毁或者使之不能为害，而不负赔偿责任。

2．承运人的义务

（1）提供船舶并保证适航的义务。《海商法》第 47 条规定：“承运人在船舶开航前和开航当时，应当谨慎处理，使船舶处于适航状态，妥善配备船员、装备船舶和配备供应品，并使货舱、冷藏舱、冷气舱和其他载货处所适于并能安全收受、载运和保管货物。”

（2）妥善处理货物的义务。《海商法》第 48 条规定：“承运人应当妥善地、谨慎地装载、搬移、积载、运输、保管、照料和卸载所运货物。”

（3）按合理的航线运输的义务。《海商法》第 49 条第 1 款规定：“承运人应当按照约定的或者习惯的或者地理上的航线将货物运往卸货港。”

3．承运人的责任

1）责任期间

根据《海商法》第 46 条第 1 款的规定，承运人对集装箱装运的货物的责任期间，是指从装货港接收货物时起至卸货港交付货物时止，货物处于承运人掌管之下的全部期间。承运人对非集装箱装运的货物的责任期间，是指从货物装上船时起至卸下船时止，货物处于承运人掌管之下的全部期间。在承运人的责任期间，货物发生灭失或者损坏，除另有规定外，承运人应当负赔偿责任。

2）赔偿责任范围

承运人的赔偿责任范围是指赔偿责任所包括的具体内容，或者说是赔偿人赔偿数额的大小。《海商法》第 55 条第 1 款规定：“货物灭失的赔偿额，按照货物的实际价值计算；货物损坏的赔偿额，按照货物受损前后实际价值的差额或者货物的修复费用计算。”其中，货物的实际价值按照货物装船时的价值加保险费加运费计算。

3）赔偿责任限制

赔偿责任限制又称单位责任限制，是指将承运人应承担的赔偿责任（按计算单位计算）限定在一定范围之内的责任限制制度，即法律规定一个单位最高赔偿额，超过限额的部分，承运人不负赔偿责任。

《海商法》第56条第1款规定："承运人对货物的灭失或者损坏的赔偿限额，按照货物件数或者其他货运单位数计算，每件或者每个其他货运单位为666.67计算单位，或者按照货物毛重计算，每公斤为2计算单位，以二者中赔偿限额较高的为准。但是，托运人在货物装运前已经申报其性质和价值，并在提单中载明的，或者承运人与托运人已经另行约定高于本条规定的赔偿限额的除外。"

承运人对货物因迟延交付造成经济损失的赔偿限额，为所迟延交付的货物的运费数额。货物的灭失或者损坏和迟延交付同时发生的，承运人的赔偿责任限额适用货物灭失或损坏的限额。

小提示

《海商法》所称计算单位，是指国际货币基金组织规定的特别提款权，其人民币数额为法院判决之日、仲裁机构裁决之日或者当事人协议之日，按照国家外汇主管机关规定的国际货币基金组织的特别提款权对人民币的换算办法计算得出的人民币数额。

4）承运人的免责范围

《海商法》第51条规定，在责任期间货物发生的灭失或者损坏是由于下列原因之一造成的，承运人不负赔偿责任：

① 船长、船员、引航员或者承运人的其他受雇人在驾驶船舶或者管理船舶中的过失；

② 火灾，但是由于承运人本人的过失所造成的除外；

③ 天灾，海上或者其他可航水域的危险或者意外事故；

④ 战争或者武装冲突；

⑤ 政府或者主管部门的行为、检疫限制或者司法扣押；

⑥ 罢工、停工或者劳动受到限制；

⑦ 在海上救助或者企图救助人命或者财产；

⑧ 托运人、货物所有人或者他们的代理人的行为；

⑨ 货物的自然特性或者固有缺陷；

⑩ 货物包装不良或者标志欠缺、不清；

⑪ 经谨慎处理仍未发现的船舶潜在缺陷；

⑫ 非由于承运人或者承运人的受雇人、代理人的过失造成的其他原因。

承运人依照前款规定免除赔偿责任的，除第②项规定的原因外，应负举证责任。

课堂讨论

甲国 A 公司（买方）与乙国 B 公司（卖方）签订进口水果买卖合同。合同中约定：价格条件为 CFR，装运港的检验证书作为议付货款的依据，买方在目的港有复验权，货物在装运港检验合格后交由 C 公司运输。由于乙国当时发生某传染病疫情，船舶在快要到达甲国目的港时，甲国有关当局对船舶进行了熏蒸消毒，该工作进行了数日。之后 A 公司在目的港复验时，发现该批水果已全部腐烂。

2～3 人一组，讨论对于腐烂的水果，C 公司是否应承担赔偿责任。

（三）国际海上货物运输合同的解除

（1）开航前托运人解除合同。《海商法》第 89 条规定："船舶在装货港开航前，托运人可以要求解除合同。但是，除合同另有约定外，托运人应当向承运人支付约定运费的一半；货物已经装船的，并应当负担装货、卸货和其他与此有关的费用。"

（2）开航前双方解除合同。《海商法》第 90 条规定："船舶在装货港开航前，因不可抗力或者其他不能归责于承运人和托运人的原因致使合同不能履行的，双方均可以解除合同，并互相不负赔偿责任。除合同另有约定外，运费已经支付的，承运人应当将运费退还给托运人；货物已经装船的，托运人应当承担装卸费用；已经签发提单的，托运人应当将提单退还承运人。"

（3）邻近港口卸货。《海商法》第 91 条第 1 款规定："因不可抗力或者其他不能归责于承运人和托运人的原因致使船舶不能在合同约定的目的港卸货的，除合同另有约定外，船长有权将货物在目的港邻近的安全港口或者地点卸载，视为已经履行合同。"《海商法》第 91 条第 2 款规定："船长决定将货物卸载的，应当及时通知托运人或者收货人，并考虑托运人或者收货人的利益。"

（四）提单

《海商法》第 71 条规定："提单，是指用以证明海上货物运输合同和货物已经由承运人接收或者装船，以及承运人保证据以交付货物的单证。提单中载明的向记名人交付货物，或者按照指示人的指示交付货物，或者向提单持有人交付货物的条款，构成承运人据以交付货物的保证。"

1. 提单的签发和内容

货物由承运人接收或者装船后，应托运人的要求，承运人应当签发提单。提单可以由承运人授权的人签发。提单由载货船舶的船长签发的，视为代表承运人签发。

《海商法》第73条规定，提单内容，包括下列各项：

① 货物的品名、标志、包数或者件数、重量或者体积，以及运输危险货物时对危险性质的说明；

② 承运人的名称和主营业所；

③ 船舶名称；

④ 托运人的名称；

⑤ 收货人的名称；

⑥ 装货港和在装货港接收货物的日期；

⑦ 卸货港；

⑧ 多式联运提单增列接收货物地点和交付货物地点；

⑨ 提单的签发日期、地点和份数；

⑩ 运费的支付；

⑪ 承运人或者其代表的签字。

提单缺少前款规定的一项或者几项的，不影响提单的性质；但是，提单应当符合本法第71条有关提单的规定。

扫一扫

提单的种类

2. 提单的类型

按照不同的划分标准，提单可分为多种类型，如表4-2所示。

表4-2　提单的类型

分类依据	提单类型	解　释
提单抬头	记名提单	记名提单又称收货人抬头提单，是指提单正面载明收货人名称的提单。使用记名提单时，承运人只能将货物交给托运人指定的收货人 收货人不能将记名提单背书转让。记名提单虽然因其不能转让而避免了转让导致的风险，但同时也使其失去了流通性。因此在海上货物运输中，除运输展览品或贵重物品外，当事人很少使用记名提单
	不记名提单	不记名提单是指提单正面未载明收货人名称的提单。在使用不记名提单时，承运人仅凭提单交付货物，谁持有提单，谁就有权提货。不记名提单不用背书即可转让，手续方便。但不记名提单也会带来一定的风险，一旦遗失或被盗而流入第三者手中，极易产生纠纷，所以在海上货物运输中较少使用
	指示提单	指示提单是指在提单正面“收货人”一栏填有“凭指示”或“凭某人指示”字样的提单。指示提单是一种可转让提单，提单持有人可以通过背书的方式将其转让。在实践中，指示提单受到买方的欢迎，在海上货物运输中使用较广泛
货物是否已装船	已装船提单	已装船提单是指由承运人或承运人的代理人在货物装上指定的船舶后签发的提单。在这种提单中必须注明装载货物船舶的名称和装船日期。实践中，除集装箱货物运输外，其他海上货物运输大多采用已装船提单
	备运提单	备运提单又称待运提单，是指承运人在收到托运人交付的货物但还没有装船时应托运人的要求签发的提单。这种提单通常要载明将要装运的船舶信息。若预定的船舶不能按时到港，承运人无须对此承担责任，并有权另换他船。当货物装上预定船舶后，承运人可以在备运提单上加注“已装船”字样和装船日期，并签字盖章，从而使之成为已装船提单

（续表）

分类依据	提单类型	解　释
提单上有无批注	清洁提单	清洁提单是指承运人未加批注的提单。承运人如签发了清洁提单，就表明所接受的货物表面和包装完好，承运人不得事后以货物包装不良等为由推卸其运输责任
	不清洁提单	在签发已装船提单的情况下，承运人知道或者有合理的根据怀疑提单记载的货物的品名、标志、包数或者件数、重量或者体积与实际接收的货物不符，或者没有适当的方法核对提单记载的，可以在提单上批注，说明不符之处、怀疑的根据或者说明无法核对。经批注后的提单即为不清洁提单
运输方式	平直达提单	平直达提单又称直运提单，是指货物自装货港装船后，中途不转船，直接运至目的港的提单。平直达提单上不得有“转船”或“在某港转船”的批注，但有时会列有承运人有权转装他船的“自由转船条款”
	海上联运提单	海上联运提单又称转运提单，是指货物从装货港装船后，在中途转船，交由其他承运人用船舶接运至目的港的提单。签发海上联运提单的联运承运人应对全程货物运输负责，其他接运承运人则应对自己承担的运输项目负责
	多式联运提单	多式联运提单是指多式联运承运人将货物以包括海上运输在内的两种以上的运输方式，从一地运至另一地而签发的提单。这种提单通常用于国际集装箱货物的运输

小提示

背书是指持票人将票据权利转让给他人时，在其背面或者粘单上记载有关事项并签章的行为。

课堂讨论

2020年6月13日，A公司委托B公司将一批汽车从德国汉堡运至日本东京。B公司签发了记名提单，但未注明“凭提单取货”。6月20日，货物运达东京后，承运人在收货人未出示记名提单的情况下，就将汽车交给了收货人。之后，收货人未按汽车购货价格向A公司付款，使A公司蒙受了一定的经济损失。为此，A公司要求B公司承担相关责任。

2～3人一组，讨论B公司是否应承担相关赔偿责任。

案例解析

“任务导入”中所述案例的解析如下：

《国内水路运输管理条例》第34条规定：“水路运输经营者使用未取得船舶营运证件的船舶从事水路运输的，由负责水路运输管理的部门责令该船停止经营，没收违法所得，并处违法所得1倍以上5倍以下的罚款；没有违法所得或者违法所得不足

2 万元的，处 2 万元以上 10 万元以下的罚款。”作为本案货物的实际承运人，张某明知船舶载重量有限，却坚持违章装载，并在无船舶营运证的情况下冒险驾驶船舶，最终酿成事故。因此，船主张某对本案货物的损失负主要责任。

《海商法》第 60 条第 1 款规定：“承运人将货物运输或者部分运输委托给实际承运人履行的，承运人仍然应当依照本章规定对全部运输负责。对实际承运人承担的运输，承运人应当对实际承运人的行为或者实际承运人的受雇人、代理人在受雇或者受委托的范围内的行为负责。”作为承运人，C 水运公司未检查张某是否具备运输这批货物的能力就让其承运，并且在货物装船时，对 A 电扇厂提出的船舶超载意见置之不理。因此，C 水运公司对货物的损失负有一定责任。

最终，法院判定 C 水运公司和张某分别赔偿 A 电扇厂货物损失 384 400 元和 165 600 元。

实战演练

2020 年 9 月 2 日，A 公司委托 B 物流公司将 200 头黄牛从岳阳运至镇江，双方签订了水路货物运输合同。合同中约定：B 物流公司在 7 天内将 200 头黄牛运抵镇江港，A 公司负责派押运人照料黄牛，并自备黄牛饲料。

9 月 4 日，A 公司将黄牛运至装船码头，B 物流公司称船舶主机出现故障，要延迟两天开船。A 公司担心黄牛在途时间过长掉膘太多，就追问 B 物流公司能否保证在 7 天内将黄牛运抵镇江港，B 物流公司表示没有问题。9 月 6 日下午，船舶开始发运。到汉口港后，因 B 物流公司需要购买润滑油和信号灯配件，船舶停运了一天半。到九江后，船舶因加油又耽搁了一天，当天已不可能抵达镇江港。

这时，押运人告知船长，黄牛饲料已所剩不多，要求船舶停靠在安庆港，自己去购买饲料，船长以再停船就会耽误时间为由拒绝了押运人的请求。因主机状况不良，船舶从九江到镇江又花了两天半的时间。200 头黄牛因缺少饲料每头掉膘 15 公斤，且有 3 头死亡，导致 A 公司损失 16 万元。

事后，A 公司要求 B 物流公司赔偿损失。B 物流公司认为船期耽搁是意外事件造成的，而黄牛饿死是因饲料准备不足造成，自己不应为此负责。最终，A 公司诉至法院，要求 B 物流公司赔偿经济损失 16 万元。

请根据上述材料，回答下列问题：

（1）B 物流公司的说法是否成立？

（2）若 B 物流公司将 200 头黄牛在合同约定的时间内运至镇江港，却在运输途中出现 3 头牛病死的情况，由此产生的损失应由谁负责？

（3）物流从业人员应如何协调与客户之间的关系？如何为创建文明、和谐的物流运输环境做出贡献？

要求：2～3 人一组，借助网络和书籍查找上述案例涉及的法律规范，然后将问题的答案进行汇总并形成 Word 文件，在课堂上进行分享。

任务二 熟悉航空货物运输法律制度

【知识目标】

✓ 了解与航空货物运输有关的法律规范。

✓ 掌握航空货物运输合同的种类和当事人的权利与义务。

✓ 掌握航空货物运输中的法律责任。

✓ 了解国际航空货物运输法律制度。

【技能目标】

✓ 能够分析出航空货物运输案件中托运人、承运人与收货人的责任和责任界定的依据。

任务导入

2011 年 8 月 5 日，张某委托 A 航空公司将两块和田玉从义乌运至乌鲁木齐。航空货运单中载明：始发站为义乌，目的站为乌鲁木齐，品名为“石头”，采用麻袋包装，运费为 1 365 元。

8 月 6 日，A 航空公司将上述货物交由 B 航空公司从义乌运往乌鲁木齐。8 月 7 日，货物运达乌鲁木齐，B 航空公司将上述货物交给 C 物流公司，并出具了运输事故签证。签证中载明：一个麻袋受损。当日，张某在提货时，发现外包装受损的麻袋内的一块石头裂成了两半。8 月 9 日，经张某申请，和田市价格认证中心对涉案货物的原价值（未损坏时的价值）和现价值（损坏后的价值）进行了鉴定。鉴定结论为：涉案货物为 88.10 公斤的浅灰绿和田玉，其原价值为 35 万元，现价值为 8 万元。9 月 15 日，张某将 A 航空公司、B 航空公司、C 物流公司诉至乌鲁木齐市新市区人民法院，要求这三家公司赔偿其损失共计 27 万元。

思考：

本案的责任应如何界定？你认为法院应该如何判决？

知识讲解

一、航空货物运输概述

航空货物运输（见图 4-3）是指在具有航空路线和航空港（固定航线上的大型机场）的条件下，使用飞机或其他飞行器载运货物的运输方式。

图 4-3　航空货物运输

随着航空工业技术的发展，航空运输成了重要的货物运输方式之一。但是由于各国对航空业的控制和管理十分严格，因此在实践中，物流企业多采用与航空公司签订包机合同或航空货物运输合同来完成货物运输。

航空货物运输的主要优点是运输速度快，安全性和时间准确性高，货物包装费用低；主要缺点是飞机的运载能力有限，运输成本较高。它适用于短途快速运输或者长途国际货物运输。

目前适用于国内航空货物运输的法律规范主要有《民法典》(合同编)、《民用航空法》、《中国民用航空货物国内运输规则》(以下简称《货规》)、《中国民用航空危险品运输管理规定》、《中华人民共和国民用航空安全保卫条例》等。

小提示

《货规》适用于出发地、约定的经停地和目的地均在中华人民共和国境内的民用航空货物运输。

二、航空货物运输合同

（一）航空货物运输合同的种类

航空货物运输合同是指航空承运人与托运人签订的，由航空承运人通过空运的方式将货物运至托运人指定的目的地，向收货人交货，并收取运费的货物运输合同。

按照不同的标准，可将航空货物运输合同进行不同的分类。例如，按照航空器飞行范围的不同，可将航空货物运输合同分为国内航空货物运输合同和国际航空货物运输合同；按照运输业务类型的不同，可将航空货物运输合同分为普通航空货物运输合同、包机货物运输合同、包舱货物运输合同。

小提示

包机分为整机包机和部分包机。整机包机是指航空公司把整架飞机租给一个包机人的航空运输方式，部分包机是指几家包机人联合租用一架飞机，或者航空公司把一架飞机的舱位分别租给几家包机人的航空运输方式。包机运输具有高度的灵活性，但审批手续比较繁多。

（二）航空货物运输合同当事人的权利与义务

1. 托运人的权利与义务

扫一扫

航空货运单简介

1）托运人的权利

（1）托运人托运的货物，毛重每千克价值在人民币 20 元以上的，可办理货物声明价值，按规定交纳声明价值附加费。若已办理声明价值的货物丢失或者损坏，托运人可按声明价值申请赔偿。

（2）托运人在履行航空货物运输合同规定的义务的条件下，有权在出发地机场或者目的地机场将货物提回，或者在途中经停时中止运输，或者在目的地点或者途中要求将货物交给非航空货运单上指定的收货人，或者要求将货物运回出发地机场。但是，托运人不得因行使此种权利而使承运人或者其他托运人遭受损失，并应当偿付由此产生的费用。

2）托运人的义务

在航空货物运输中，托运人应当承担下列义务：

（1）按要求办理托运手续。根据《货规》第 4 条第 1 款的规定，托运货物凭本人居民身份证或者其他有效身份证件，填写货物托运书，向承运人或其代理人办理托运手续。如承运人或其代理人要求出具单位介绍信或其他有效证明时，托运人也应予提供。托运政府规定限制运输的货物以及需向公安、检疫等有关政府部门办理手续的货物，应当随附有效证明。

（2）应当按照合同约定提供货物，并如实申报货物的品名、重量和数量。

（3）按照国家主管部门规定的包装标准对货物进行包装。《货规》第 5 条第 2 款规定："托运人应当根据货物性质及重量、运输环境条件和承运人的要求，采用适当的内、外包装材料和包装形式，妥善包装。精密、易碎、怕震、怕压、不可倒置的货物，必须有相适应的防止货物损坏的包装措施。严禁使用草袋包装或草绳捆扎。"

（4）遵守国家有关货运安全的规定，妥善托运危险货物，并按国家关于危险货物的规定对其进行包装。不得以普通货物的名义托运危险货物，也不得在普通货物中夹带危险品。

（5）应在承运人开具航空货运单时付清运费，合同当事人有不同约定的除外。

（6）应当提供必要的资料和文件，以便在货物交付收货人前完成法律、行政法规规定的有关手续。

小提示

航空货运单是托运人和承运人之间为在承运人的航线上承运货物所订立合同的证据，由托运人或者托运人委托承运人填制。托运人未能出示航空货运单、航空货运单不符合规定或者航空货运单遗失，不影响运输合同的存在或者有效。

2．承运人的权利与义务

1）承运人的权利

（1）遇有特殊情况，如政府法令、自然灾害、停航或者货物严重积压时，承运人可暂停收运货物。

（2）托运人托运的货物与航空货运单上所列品名不符或在货物中夹带政府禁止运输或限制运输的物品和危险物品时，承运人可按下列规定处理：

① 在出发站停止发运，通知托运人提取，运费不退；

② 在中转站停止运送，通知托运人，运费不退，并对品名不符的货件，按照实际运送航段另核收运费；

③ 在到达站，对品名不符的货件，另核收全程运费。

（3）托运人对已办妥运输手续的货物要求变更时，运输变更不符合航空运输有关规定的，承运人有权不予办理。

2）承运人的义务

在航空货物运输中，承运人应当承担下列义务：

（1）收运货物时，应当查验托运人的有效身份证件。凡国家限制运输的货物，必须查验国家有关部门出具的准许运输的有效凭证。

（2）应当检查托运人托运货物的包装，不符合航空运输要求的货物包装，须经托运人改善包装后方可办理收运。

（3）按照合理或经济的原则选择运输路线，避免货物的迂回运输。

（4）对承运的货物应当精心组织装卸作业，轻拿轻放，严格按照货物包装上的储运指示标志作业，防止货物损坏；应当按装机单、卸机单准确装卸货物，保证飞行安全。

（5）按照航空货运单上填明的地点，在约定的期限内将货物运抵目的地。

（6）货物运至目的地后，除另有约定外，承运人应当及时向收货人发出到货通知。通知包括电话和书面两种形式。急件货物的到货通知应当在货物到达后两小时内发出，普通货物应当在 24 小时内发出。自发出到货通知的次日起，货物免费保管 3 日。逾期提取，承运人按规定核收保管费。

（7）应当按航空货运单列明的货物件数清点后交付收货人。发现货物短缺、损坏时，应当会同收货人当场查验，必要时填写货物运输事故记录，并由双方签字或盖章。

小提示

《货规》第 21 条第 1 款规定："货物自发出到货通知的次日起 14 日无人提取，到达站应当通知始发站，征求托运人对货物的处理意见；满 60 日无人提取又未收到托运人的处理意见时，按无法交付货物处理。"

根据《货规》第 24 条的规定，由于承运人执行特殊任务或天气等不可抗力的原因，货物运输受到影响，需要变更运输时，承运人应当及时通知托运人或收货人，商定处理办法，并按照下列规定处理运输费用：

① 在出发站退运货物，退还全部运费；

② 在途站变更到达站，退还未使用航段的运费，另核收由变更站至新到达站的运费；

③ 在中途站将货物运至原出发站，退还全部运费；

④ 在中途站改用其他交通工具将货物运至目的站，超额费用由承运人承担。

课堂讨论

2020 年 6 月 12 日，A 公司委托 B 航空公司将 4 箱光学仪器零件从北京运至清远。当这批货物在广州中转时，A 公司以出现突发状况为由，向 B 航空公司提出终止此次运输，并将货物运回北京的请求。B 航空公司将这批货物运回北京后，要求 A 公司承担 2 300 元的运回费用。

2～3 人一组，讨论：A 公司承担是否应承担 2 300 元的运回费用？若载货飞机在飞往清远的途中遭遇不可抗力，B 航空公司在取得托运人的同意后变更目的地，由此增加的运费应由谁承担？

三、航空货物运输中的法律责任

（一）托运人应承担的法律责任

（1）因航空货运单上所填的说明和声明不符合规定、不正确或者不完全，给承运人或第三人造成损失的，托运人必须承担赔偿责任。

（2）因没有提供必需的资料、文件，或者提供的资料、文件不符合规定，而给承运人或第三人造成损失的，托运人应当承担赔偿责任。

（3）托运人未按时缴纳运输费用，应承担违约责任。

（4）托运人要求变更合同或终止运输，应当偿付由此给承运人或者其他托运人造成的损失。

（二）承运人应承担的法律责任

因发生在航空运输期间的事件，造成货物毁灭、遗失或者损坏的，承运人应当承担责任。航空运输期间是指在机场内、民用航空器上或者机场外降落的任何地点，托运货物处于承运人掌管之下的全部期间，不包括机场外的任何陆路运输、海上运输、内河运输过程。但是，如果此种陆路运输、海上运输、内河运输是为了履行航空运输合同而装载、交付或者转运，在没有相反证据的情况下，所发生的损失视为在航空运输期间发生的损失。

货物在航空运输中因延误造成的损失，承运人应当承担责任。

（三）承运人的免责事项

因发生在航空运输期间的事件，造成货物毁灭、遗失或者损坏的，若承运人证明货物的毁灭、遗失或者损坏完全是由于下列原因之一造成的，承运人不承担责任：

（1）货物本身的自然属性、质量或者缺陷。

（2）承运人或者其受雇人、代理人以外的人包装货物的，货物包装不良。

（3）战争或者武装冲突。

（4）政府有关部门实施的与货物入境、出境或者过境有关的行为。

对于货物在航空运输中因延误造成的损失，若承运人证明本人或者其受雇人、代理人为了避免损失的发生，已经采取一切必要措施或者不可能采取此种措施，则承运人不承担责任。

除上述规定外，在货物运输中，经承运人证明，损失是由索赔人的过错造成或者促成的，应当根据造成或者促成此种损失的过错的程度，相应免除或者减轻承运人的责任。

（四）承运人的赔偿责任限额

国内航空运输承运人的赔偿责任限额由国务院民用航空主管部门制定，报国务院批准后公布执行。根据《货规》第45条的规定，由于承运人的原因造成货物丢失、短缺、变质、污染、损坏，应按照下列规定赔偿：

① 货物没有办理声明价值的，承运人按照实际损失的价值进行赔偿，但赔偿最高限额为毛重每千克人民币20元；

② 已向承运人办理货物声明价值的货物，按声明的价值赔偿；如承运人证明托运人的声明价值高于货物的实际价值时，按实际损失赔偿。

四、国际航空货物运输法律制度

国际航空货物运输是指根据当事人的约定，不论在运输中有无间断或者转运，出发地点和目的地点在两个当事国的领土内，或者在一个当事国的领土内，而在另一国的领土内有一个约定的经停地点的航空货物运输，即使该国为非当事国。值得注意的是，在一个当事国的领土内两个地点之间的航空货物运输，而在另一国的领土内没有约定的经停地点的，不是国际航空货物运输。

目前，调整国际航空货物运输方面的法律规范有《华沙公约》《海牙议定书》等国际公约和《民用航空法》《中国民用航空货物国际运输规则》等国内法。国际航空货物运输与国内航空货物运输在承运人的免责事项和责任限额等方面有所不同。

政策引领

中国鼓励企业发展国际航空货运

2020年3月24日，国务院常务会议指出，我国国际航空货运能力存在明显短板，受大环境影响，国际航空客机腹舱货运大幅下降，对我国产业的国际供应链带来较大影响。要采取有效措施提高我国国际航空货物能力，既保通保运保供，又增强物流国际竞争力，可采取以下措施：

（1）加强国际协作，畅通国际快件等航空货运，对国际货运航线给予政策支持。鼓励采取租赁、购买等方式增加货机，支持货运航空公司壮大机队规模，发展全货机运输。发挥市场机制作用，一视同仁支持各种所有制航空货运市场主体发展，鼓励航空货运企业与物流企业联合重组，支持快递企业发展空中、海外网络。

（2）完善航空货运枢纽网络。对货运功能较强的机场，放开高峰时段对货运航班的时刻限制。在京津冀、长三角、粤港澳和成渝等地区具备条件的国际枢纽机场实行货运24小时通关。

（3）健全航空货运标准体系，推动货运单证简化和无纸化，建立航空公司、邮政快递、货站等互通共享的物流信息平台。加强清关、货代、仓储等物流服务。加强现有机场设施升级改造，完善冷链、快件分拣等设施。有序推进以货运功能为主的机场建设。

（一）承运人的免责事项

根据《华沙公约》第20条和第21条的规定，承运人在下列情况下可以免除或减轻其责任：

（1）承运人如果证明自己和他的代理人为了避免损失的发生，已经采取一切必要的措施，或不可能采取这种措施时，不负责任。

（2）在运输货物时，如果承运人证明损失的发生是由于驾驶上、航空器的操作上或领航上的过失，而在其他一切方面承运人和他的代理人已经采取一切必要的措施以避免损失时，不负责任。

（3）如果承运人证明损失的发生是由于受害人的过失所引起或助成，可以免除或减轻承运人的责任。

（二）承运人的责任限额

根据《民用航空法》第129条第1款第2项的规定，对托运货物的赔偿责任限额，每千克为17计算单位。托运人在交运托运货物时，特别声明在目的地点交付时的利益，并在必要时支付附加费的，除承运人证明托运人声明的金额高于托运货物在目的地点交付时的实际利益外，承运人应当在声明金额范围内承担责任。

根据《民用航空法》第129条第2款的规定，托运货物的一部分或者托运货物中的任何物件毁灭、遗失、损坏或者延误的，用以确定承运人赔偿责任限额的重量，仅为该一包件或者数包件的总重量；但是，因托运货物的一部分或者托运货物中的任何物件的毁灭、遗失、损坏或者延误，影响同一份航空货运单所列其他包件的价值的，确定承运人的赔偿责任限额时，此种包件的总重量也应当考虑在内。

根据《华沙公约》第22条第2款的规定，在运输已登记的货物时，承运人对货物的责任以每千克250法郎为限，除非托运人在交运时，曾特别声明货物运到后的价值，并缴付必要的附加费。在这种情况下，承运人所负责任不超过声明的金额，除非承运人证明托运人声明的金额高于货物运到后的实际价值。

小提示

根据《华沙公约》第25条第1款的规定，如果损失的发生是由于承运人有意的不良行为，或由于承运人的过失，而根据受理法院的法律，这种过失被认为等于有意的不良行为，承运人就无权引用本公约关于免除或限制承运人责任的规定。

同步案例

2020年7月20日上午，上海A公司电话通知上海B公司（系美国C物流公司揽货点）的刘某，表明其7月21日需快递一份标书至也门参加7月25日的投标。7月20日下午，刘某将一份航空货运单交由A公司填写，该运单上印有《华沙公约》和其修改议定书完全适用本运单、托运人同意本运单背面条款、托运人委托C物流公司作为出口和清关代理人等内容及该运单的填写步骤。A公司在运单上填写了托运人及收货人的详细信息，但未按规定注明快件的类别、性质。

2020年7月21日上午，刘某至A公司取走标书并在运单上签字。A公司随即汇付B公司运费1 285元，B公司结算后付给C物流公司。当日上午12:00，C物流公司所属浦东办事处人员至B公司取走A公司的标书，但未在当日和次日送往海关报关。直至7月23日晚，C物流公司才办理完托运标书的出境报关手续。托运的标书于7月27日才送达，而此时招投标会已结束。

A公司起诉C物流公司，请求法院判令C物流公司退还其交付的运费、赔偿经济损失，并承担诉讼费用。C 物流公司则辩称："我公司无法报关系原告未按规定注明快件的类别、性质所致，责任在原告。"

点评：

法院经审理认为：被告C物流公司作为承运人，理应迅速、及时、安全地将原告A公司的标书送达指定地点。2020年7月21日上午，被告接受标书后，未按行业惯例将标书于当日送往机场海关报关，而是直至7月23日晚才报关出境，致使标书在上海滞留两天半。被告的行为违背了快件运输迅速、及时的宗旨，属延误行为，被告应承担相应的民事责任。原告虽未按被告运单规定的要求填写运单，但承运人也未认真审核。因此被告的"无延误送达之事实，以及致使快件延期出境主要原因在于原告未按规定填写航空货运单"的理由不成立。

案例解析

"任务导入"中所述案例的解析如下：

首先，托运人应当根据货物性质对货物进行妥善包装。和田玉为易碎货物，张某用麻袋包装属于包装不当。其次，根据《货规》第11条第2款的规定，托运人应当对航空货运单上所填关于货物的说明或声明的正确性负责。张某在航空货运单中所填货物的品名为"石头"，因此可认为本次运输的货物为石头。另外，张某明知所托运货物较为贵重，却没有按规定如实声明货物的实际价值，没有缴纳足额的运输费，该行为属于没有恪守诚实信用的行为。因此，张某存在一定过错。

A航空公司也存在一定过错。首先，A航空公司应对托运货物的包装进行检查，若认为麻袋包装不符合运输要求，可要求托运人按航空运输要求进行重新包装或者拒绝承运。此外，《民法典》第834条规定："两个以上承运人以同一运输方式联运的，与托运人订立合同的承运人应当对全程运输承担责任；损失发生在某一运输区段的，与托运人订立合同的承运人和该区段的承运人承担连带责任。"依此规定，A航空运输公司作为订立合同的承运人，应对全程运输承担责任。根据B航空公司在8月7日出具的运输事故签证可知，货物是在B航空公司运输的过程中损坏的。因此，A航空公司与B航空公司应共同承担赔偿责任。

法院最终确定托运方和承运方对货物的损失各承担50%的责任，判定A航空公司与B航空公司分别赔偿张某6.75万元。

实战演练

Q贸易公司（以下简称“Q公司”）委托D全球货运公司大连分公司（以下简称“D公司”）航空运输共计四批货物，始发地为大连，目的地为意大利米兰。由于两公司为长期合作关系，故双方没有签订书面运输合同。D公司分别向Q公司签发了四份航空货运单，并将四批货物交由中国某航空公司实际承运。

年底，航空运输货量激增，航空公司运力有限，货物抵达目的地的时间远远晚于Q公司预期的时间。D公司官方网站在醒目位置宣传航空运输7日达，Q公司据此主张因货物运输时间远超预期，拒绝向D公司支付运费。

基于上述事实，D公司将Q公司诉至大连某基层法院，要求Q公司支付其空运运杂费。Q公司则反诉D公司，声称国外收货人因货物延迟交付扣除了应付货款的30%，D公司应当承担该损失和部分货物灭失的损失。

请根据上述材料，回答下列问题：

（1）本案适用的法律规范有哪些？

（2）假如你是法官，你会如何判定？

要求：2～3人一组，借助网络和书籍查找上述案例涉及的法律规范，然后将问题的答案进行汇总并形成Word文件，在课堂上进行分享。

任务三　了解多式联运法律制度

【知识目标】

✓ 了解多式联运合同的法律特征及主要内容。

✓ 熟悉多式联运单据。

✓ 掌握多式联运经营人的责任。

✓ 了解国际多式联运法律制度。

【技能目标】

✓ 能够分析出多式联运合同案件中托运人和多式联运经营人的责任和责任界定的依据。

任务导入

2021年1月21日，A公司与B物流公司签订了货物运输代理合同。合同中约定：B物流公司负责一套石油焦煅烧设备的全程运输事宜，运输方式为海陆联运，起运港为江苏连云港，目的港为广州黄埔港，交货地为云南建水县的源鑫公司项目现场，运费为 2.3 万元。1 月 25 日，B 物流公司与 C 物流公司签订了货物委托运输合同，约定由 C 物流公司负责将本案设备从黄埔港运至云南建水县的源鑫公司项目现场。

同年 2 月 2 日，B 物流公司将设备运至黄埔港，C 物流公司派拖挂车接运。由于拖挂车司机对涵洞高度估计不准，致使装载设备的集装箱在运输途中因挂到某路段的涵洞而落地。事故发生后，经 A 公司和 B 物流公司检查，确认设备已严重受损。A 公司认为 B 物流公司作为设备的全程承运人，应对事故造成的损失承担赔偿责任，遂请求法院判令 B 物流公司赔偿全部损失 406 万元。

B 物流公司则辩称：首先，自己的经营范围仅限于国际、国内的货运代理，不具有海陆运输经营资格证，也没有自有的海运和陆路运输队；其次，自己从未以多式联运经营人的名义签发过任何多式联运单据。B 物流公司称自己只是 A 公司的货运代理人，并非与之签订合同的多式联运经营人，不应承担货损责任。

思考：

B 物流公司的辩解是否成立？

知识讲解

一、多式联运概述

扫一扫

什么是多式联运

多式联运也称复合运输，是指货物由一种运载单元装载，通过两种或两种以上运输方式连续运输，并进行相关物流运输辅助作业的运输活动。多式联运具有托运手续简单（托运人只需办理一次托运手续）、运输设备利用率高、货物在途时间短等优点，但是经营多式联运的企业必须具备一定的条件。

多式联运是物流中较为理想的一种运输方式，能够充分发挥各种运输方式的长处，实现运输服务最优化。目前，适用于多式联运的法律规范主要有《民法典》（合同编）、《海商法》等。

政策引领

国家开展多式联运工作

2021 年 9 月 14 日，交通运输部部长召开部务会，审议《绿色交通“十四五”发展规划》《推进多式联运发展优化调整运输结构行动方案（2021—2025）》等。

会议指出，当前多式联运和运输结构调整工作取得了明显成效，但仍面临严峻挑战。要全面贯彻落实党中央、国务院关于发展多式联运、优化调整运输结构的决策部署，提高政治站位，深化思想认识，认真谋划好、推动好、落实好多式联运发展和运输结构调整工作。

会议要求，要按照“标本兼治、综合施策，政策引导、市场驱动，重点突破、系统推进”的原则，着力抓好基础设施衔接、运输组织模式创新、运输结构调整、信息资源共享、技术装备升级、构建统一开放市场、完善政策支持体系等重点工作，加强组织领导，进一步完善运输结构调整工作协调推进机制，健全统计调查制度，强化督查考核，久久为功、持续发力，不断推动多式联运发展和运输结构调整工作取得新成效，为服务构建新发展格局和实现碳达峰、碳中和目标做出积极贡献。

二、多式联运合同

多式联运合同是指多式联运经营人与托运人签订的，由多式联运经营人以两种或者两种以上运输方式将货物从接收地运至目的地交付收货人，并收取全程运费的合同。这里的多式联运经营人是指本人或者委托他人以本人名义与托运人订立多式联运合同的人。

小提示

《海商法》规定多式联运合同中所涉及的运输方式，其中一种是海上运输方式。

（一）多式联运合同的法律特征

（1）多式联运经营人对全程运输负责。为了提高运输效率，方便托运人托运货物，在货物从起运地运输到目的地的过程中，托运人无须与各个区段的承运人分别签订合同，而只需要在始运区段与多式联运经营人签订合同。这就要求多式联运经营人要充分考虑其他区段承运人的运输能力，与各个实际承运人签订协议，约定在履行多式联运合同过程中相互之间的权利和义务关系，并与托运人商定具体的运输条件，以保证运输活动的顺利进行。多式联运经营人与各个区段承运人之间的约定，不影响其对全程运输所应承担的责任。

（2）使用一份多式联运单据。多式联运单据是指证明多式联运合同以及证明多式联运经营人接管货物并负责按照合同条款交付货物的单据。多式联运经营人收到托运人交付的货物时，应当签发多式联运单据给托运人。当第一运输为海运时，多式联运单据常表现为多式联运提单。

（3）实际承担运输义务的人至少在两个以上，且分别采用不同的运输方式。这些运输方式可以是公路运输、铁路运输、水路运输、航空运输等。若公路运输企业与铁路运输企业进行联合运输，就属于多式联运；若仅是铁路运输企业之间进行联合运输，就不属于多式联运。

（二）多式联运合同的主要内容

一般情况下，多式联运合同的主要内容包括：① 托运人、收货人的名称及详细地址；

② 货物的名称、重量、数量；③ 起运站（港口）和到达站（港口）、换装站（港口）、经由站（港口）名及线名；④ 承运日期和到达期限；⑤ 包装；⑥ 运输标志；⑦ 运费、港口费和有关的其他费用及结算方式；⑧ 货物价值；⑨ 双方商定的其他事项。

三、多式联运单据

多式联运单据不仅是多式联运合同成立的证明，也是多式联运经营人接管货物和交付货物的证据。

《民法典》（合同编）第 840 条规定："多式联运经营人收到托运人交付的货物时，应当签发多式联运单据。按照托运人的要求，多式联运单据可以是可转让单据，也可以是不可转让单据。"若多式联运单据为可转让单据，则其上应列明按指示交付或向持票人交付。按指示交付时，多式联运单据经背书方可转让；向持票人交付时，多式联运单据无须背书即可转让。若多式联运单据为不可转让单据，则应当指明具体的收货人，以便承运人将货物交给记名收货人，履行交货义务。

多式联运单据一般包括以下内容：

（1）货物的种类、包装、毛重、件数或以其他方式表示的数量、识别货物的主要标志。若货物属于危险品，托运人还应提供货物危险特性的说明。

（2）多式联运经营人提供的货物外表的状况。

（3）托运人和收货人的名称或姓名。

（4）多式联运经营人接管货物的地点和日期。

（5）交货地点和交货日期。

（6）多式联运单据为"可转让"或者"不可转让"的声明。

（7）多式联运经营人或者其授权人的签字及单据签发的日期、地点。

（8）运费的交付方式。

（9）预期运输路线、运输方式及换装地点。

四、多式联运经营人的责任

（一）责任期间

多式联运经营人对多式联运货物的责任期间，自接收货物时起至交付货物时止。托运人可以要求多式联运经营人对在其责任期间发生的货物灭失、损坏和延迟交付承担赔偿责任。《民法典》第 839 条规定："多式联运经营人可以与参加多式联运的各区段承运人就多式联运合同的各区段运输约定相互之间的责任；但是，该约定不影响多式联运经营人对全程运输承担的义务。"

（二）责任形式

多式联运经营人的责任形式决定了托运人可以要求多式联运经营人对哪些损失负责，以及承担什么样的责任。

扫一扫

多式联运责任制

1. 多式联运责任形式的类型

目前，多式联运的责任形式有以下三种：

（1）责任分担制。在这种责任制下，多式联运经营人和各区段承运人在合同中事先划分运输区段，多式联运经营人和各区段承运人都仅对自己完成的运输区段负责，并按各区段所应适用的法律来确定责任。这种责任制实际上是单一运输方式中损害赔偿责任制度的简单叠加，不能适应多式联运的要求，目前很少采用。

（2）统一责任制。在这种责任制下，多式联运经营人对全程运输负责，各区段承运人仅对自己完成的运输区段负责，且不论货损发生在哪一区段，多式联运经营人和各区段承运人均承担相同的赔偿责任。这种责任制对托运人有利，但多式联运经营人的责任负担较重。目前，统一责任制应用并不广泛。

（3）网状责任制。网状责任制是介于责任分担制和统一责任制之间的一种制度，在这种责任制下，多式联运经营人就全程运输向托运人负责，各区段承运人仅对自己完成的运输区段负责，无论货损发生在哪个运输区段，托运人或收货人既可以向多式联运经营人索赔，也可以向该区段的实际承运人索赔。各区段适用的责任原则和赔偿方法，根据调整该区段的规则予以确定。多式联运经营人在赔偿后，有权就区段承运人过失所造成的损失向区段承运人进行追偿。目前，网状责任制在国际上应用较为广泛。

2. 我国采用的责任形式

我国法律在多式联运经营人的责任形式方面采用网状责任制。《海商法》第104条第1款规定："多式联运经营人负责履行或者组织履行多式联运合同，并对全程运输负责。"《海商法》第104条第2款规定："多式联运经营人与参加多式联运的各区段承运人，可以就多式联运合同的各区段运输，另以合同约定相互之间的责任。但是，此项合同不得影响多式联运经营人对全程运输所承担的责任。"此外，《民法典》第839条对此也做出了说明。

货物的灭失或者损坏发生于多式联运的某一运输区段的，多式联运经营人的赔偿责任和责任限额，适用调整该区段运输方式的有关法律规定。货物的灭失或者损坏发生的运输区段不能确定的，多式联运经营人应当依照《海商法》第四章关于承运人赔偿责任和责任限额的规定负赔偿责任。

课堂讨论

2019年10月4日，某托运人将一集装箱服装交由甲船务公司（以下简称"甲公司"）所属船舶承运。甲公司在加封铅后，签发了全程多式联运提单。该提单载明：收货地为厦门，卸货港为上海港，装货港为布达佩斯港，记名收货人为乙公司。货物运抵上海港后，甲公司将其转至丙公司所属船舶承运。收货人凭正本提单提货时，发现集装箱里面是空的，集装箱封铅及门锁已被替换，后获知布达佩斯马哈特集装箱终点站货物被盗之事。收货人遂向海事法院起诉。

2～3 人一组，讨论本案的责任应如何界定。

五、国际多式联运法律制度

国际多式联运是指按照国际多式联运合同，以至少两种不同的运输方式，由多式联运经营人将货物从一国境内的接管地点运至另一国境内指定交付地点的货物运输方式。国际多式联运可以充分利用各种运输方式的优点，体现全球化、国际化、大交通的特点，在世界主要国家和地区得到了广泛的推广和应用。

目前，与国际多式联运有关的国际公约主要有《联合运输单证统一规则》《多式联运单证规则》。在国际多式联运中，运输合同当事人应依据实际情况，选择适用的规则。

小提示

《联合运输单证统一规则》是由国际航运商会制定、供多式联运经营人采用的非强制性的一般准则，于 1973 年制定，1975 年修正。

《多式联运单证规则》的全称是《1991 年联合国贸易和发展会议/国际商会多式联运单证规则》，是 1991 年由联合国贸易和发展会议与国际商会在《联合运输单证统一规则》的基础上，参考《联合国国际货物多式联运公约》共同制定的一项国际规则，供当事人自愿采纳。

（一）多式联运经营人的责任形式

《联合运输单证统一规则》实行网状责任制。如果能够确定灭失、损坏发生的运输区段，多式联运经营人的责任适用于该运输区段的国际公约或强制性国内法的规定。如果不能确定灭失、损坏发生的区段，则对多式联运经营人实行类似于《汉堡规则》的承运人推定过失责任制。

小提示

根据《汉堡规则》的原则要求，运输期间发生事故时，应采用推定过失责任制与举证责任制相结合的原则，确定承运人的责任。例如，在运输途中发生货物灭失、损坏或延迟交货等事故，首先应推定承运人有过失。若承运人想使用过失免责条款免除自己的责任，则负有举证之责，否则应承担有关责任。

《多式联运单证规则》实行一种介于网状责任制和统一责任制之间的责任形式，总体上采用推定过失责任制，但是对于水上运输的区段，实际上仍采用了《海牙规则》的不完全过失责任制。《多式联运单证规则》规定，海上或内河运输中由于下列原因造成货物灭失、损坏或延迟交付的，多式联运经营人不承担赔偿责任：承运人的船长、船员、引航员或受雇人在驾驶或管理船舶中的行为、疏忽或过失；火灾（除非由于承运人的过失或谋私所造成）。

（二）多式联运经营人的赔偿责任限额

《联合运输单证统一规则》规定，在国际货物多式联运中，如果能够知道货损发生的运输区段，多式联运经营人的责任限额应依据该区段适用的国际公约或国内法的规定确定。如果不能确定损失发生的区段，赔偿金额不得超过灭失或损害的货物毛重每公斤三十法郎，除非经联运经营人同意，托运人已就货物申报较高的价值，并已将此价值在联运单证上注明。在托运人申报货物价值，并将此价值在运单证上注明时，该申报价值便是赔偿金额的限额。

《多式联运单证规则》规定，除非多式联运经营人在接管货物之前，托运人已对货物的性质和价值作出声明并已在单证上注明，否则多式联运经营人在任何情况下对货物灭失或损坏的赔偿额不得超过每件或每单位666.67特别提款权或者毛重每公斤2特别提款权，以其高者为准。如果多式联运不涉及海上或内河运输，多式联运经营人的赔偿责任以不超过灭失或损坏货物毛重每千克8.33特别提款权为限。

课堂讨论

上海某出口商委托某货运代理公司将一批成品服装运至纽约。该货运代理公司在其货运站将货物装入两个集装箱，并签发了清洁多式联运提单。

集装箱经海运从上海运至西雅图，卸船时，承运人发现其中一个集装箱外部损坏。货运代理公司在该地的代理将此情况于铁路运输前通知了铁路承运人。

货物从西雅图运至纽约，收货人在验货时发现外表损坏的集装箱内所装货物已严重受损；另一集装箱虽外表良好、铅封完整，但箱内货物也已受损。

3人一组，讨论上述案例中货物的损坏应由谁承担并说明理由。

案例解析

"任务导入"中所述案例的解析如下：

本案中，A公司与B物流公司签订的虽为货物运输代理合同，但从其关于运费、运输方式、接货地、交货地的约定等内容来看，该合同明显为多式联运合同。B物流公司虽然没有签发多式联运单据，但由于B物流公司在合同中向A公司承诺对此次货物运输的全程事宜负责，故应认为B物流公司为多式联运经营人，B物流公司提出的其只是A公司的货运代理的抗辩与事实不符。C物流公司作为实际承运人是否应对本案货损事故承担责任，并不影响B物流公司在本案中所应承担的责任。

最终，法院判决B物流公司赔偿A公司406万元。

实战演练

2020年4月10日，张某将一批货物（均为食品）委托给A公司承运，A公司签发了多式联运单据。单据中载明：货物先由B铁路分局从南京运至上海，再由C航空公司从上海运至厦门，收货人为D公司。4月13日，货物到达上海时，因不可抗力导致飞机停运。在征求张某的同意后，B铁路分局将货物运回南京，由此产生了5 000元的额外费用。

请根据上述材料，回答下列问题：

（1）A公司可以要求张某支付5 000元的运回费用吗？为什么？

（2）若这批货物在从上海运回南京的途中超过保鲜期，谁应为此承担责任？

要求：2～3人一组，借助网络和书籍查找上述案例涉及的法律规范，然后将问题的答案进行汇总并形成Word文件，在课堂上进行分享。

项目考核

1. 选择题

（1）（　　）是指在固定的航线上以既定的港口顺序，按照事先公布的船期表航行的水上经营方式。

A．班轮运输　　B．航次租船运输

C．多式联运　　D．海运

（2）（多选）下列关于水路货物运输的说法中，正确的是（　　）。

A．已投保货物运输险的货物发生灭失时，由保险公司按规定全额赔偿

B．由于非承运人责任造成的运输延误，承运人不承担责任

C．由于不可抗力造成的货损，承运人不承担赔偿责任

D．承运人未按规定或约定的时间将货物运抵到达港，应按规定向收货人偿付违约金

（3）《海商法》规定，托运人托运危险货物即使尽到了通知义务，而且承运人明确同意装运危险货物，但在危险货物对船货构成实际危险时，承运人（　　）。

A．应等候货主通知　　B．应听从仲裁委员会的安排

C．可以将货物销毁　　D．应与货主协商处理办法

（4）按提单上有无批注，提单可以分为（　　）。

A．不记名提单、记名提单、指示提单

B．备运提单、已装船提单

C．不清洁提单、清洁提单

D．多式联运提单、海上联运提单、平直达提单

（5）在国内航空运输合同中，货物没有办理价值申明的，承运人按照实际损失的价值进行赔偿，但赔偿最高限额为毛重每千克人民币（　　）。

A．100 元　　B．50 元

C．200 元　　D．20 元

（6）我国法律在多式联运经营人的责任形式方面采用（　　）。

A．网状责任制　　B．责任分担制

C．统一责任制　　D．修改后的统一责任制

（7）在不能确定货物发生灭失或损坏的区段时，对于货物的损失，《联合运输单证统一规则》规定多式联运经营人的赔偿责任按（　　）原则予以确定。

A．不完全的过错责任　　B．无过错责任

C．公平　　D．推定过失责任

2. 简答题

（1）简述水路货物运输合同中托运人应承担的法律责任。

（2）简述海上货物运输合同中承运人的免责范围。

（3）简述航空货物运输合同中承运人的义务。

（4）航空货物运输中发生货损时，承运人的免责事项有哪些？

（5）多式联运单据一般包括哪些内容？

3. 综合分析题

【题一】2021 年 5 月 12 日，A 对外贸易公司向 B 远洋运输公司申请舱位装运 750 箱海产品，双方签订了海上货物运输合同。合同中约定：B 远洋运输公司使用 3 个集装箱装运货物，并签发清洁提单，A 对外贸易公司负责装箱。

2021 年 5 月 20 日，货物运抵印度，收货人拆箱后发现 250 箱海产品已腐烂变质。经检验，海产品因集装箱内不洁而变质。于是，A 对外贸易公司向人民法院提起诉讼，要求 B 远洋运输公司承担相关责任。

请问：本案责任应如何界定？

【题二】2020 年 5 月 12 日，张某委托 A 航空公司将 4 个纸箱从上海运至成都，但没有办理声明价值。5 月 13 日，收到这批货物后，张某发现其中一个重达 3 千克装有贵重物品（包括名贵手表、金银饰品、2 万元的借据及学历证明等）的纸箱丢失。为此，张某将 A 航空公司告上法庭，要求其赔偿损失 11 万元。

请问：本案的责任应如何界定？依据是什么？

【题三】2021 年 4 月 10 日，陈先生委托 H 物流公司承运一批电脑显示器，H 物流公司签发了多式联运单据。4 月 13 日，收货人领取这批电脑显示器时，发现部分电脑显示器的外壳已经破裂。于是，陈先生要求 H 物流公司赔偿相关损失 9 万元，但 H 物流公司的工作人员表示无法确定货物毁损发生的区段，自己不应负责赔偿，双方为此争执不下。

请问：H 物流公司是否应对陈先生的损失负责？为什么？

项目五 仓储法律制度

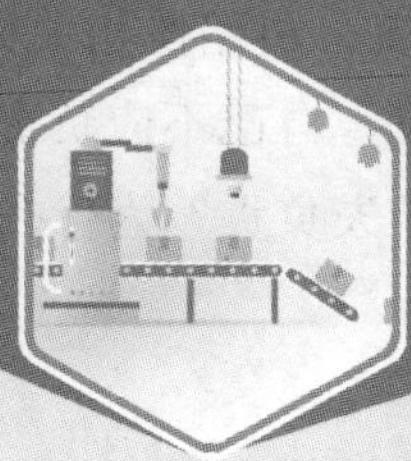

项目引言

仓储是指利用仓库及相关设施设备进行货物的入库、储存、出库的活动。随着时代的发展，现代仓储不仅能提供货物的保管服务，还能提供货物的加工、分拣、包装、配送及信息处理等增值服务。合理、高效的仓储不仅可以保障企业生产的顺利进行，降低成本，还能实现对资源的有效管理。

本项目将结合《民法典》(合同编）介绍仓储中的保管合同和仓储合同，结合《中华人民共和国海关对保税仓库及所存货物的管理规定》介绍保税货物仓储法律制度。

知识体系

- ✓ 认识保管合同。
- ✓ 掌握仓储合同。
- ✓ 了解保税货物仓储法律制度。

素质目标

- ✓ 了解我国古代仓储的作用，感受古人的智慧。
- ✓ 培养“千里之行，始于足下”的务实态度和认真、严谨的工作作风。

任务一　认识保管合同

【知识目标】

✓ 理解保管合同的概念与特征。

✓ 掌握保管合同当事人的权利与义务。

【技能目标】

✓ 能够分析出保管合同案件中寄存人和保管人的责任和责任界定的依据。

任务导入

2020 年 8 月 15 日，甲公司将汗蒸设备存放于湖南乙物流公司某仓库，乙物流公司给甲公司出具了一份寄存单，上面写明甲公司在乙物流公司某仓库存放 19 件汗蒸设备和保管期间应支付的相关费用。寄存单上有乙物流公司的盖章和其法定代表人的签字，但没有附货物清单。

同年 10 月 8 日，湖南连日暴雨，由于乙物流公司仓库年久失修，暴雨形成的积水将该仓库中的货物严重浸湿。2021 年 4 月 14 日，甲公司前来提货时，发现汗蒸设备已损坏。乙物流公司以遭受不可抗力为由拒绝赔偿。

思考：

（1）甲公司和乙物流公司之间是否存在保管合同关系？

（2）若保管合同关系成立，乙物流公司是否应承担汗蒸设备损坏赔偿责任？

知识讲解

一、保管合同的概念与特征

扫一扫

保管合同的特征

保管合同是指保管人保管寄存人交付的保管物，并按约定期限或者应寄存人的请求返还该保管物的合同。在保管合同中，保管保管物的一方为保管人，交付保管物的一方为寄存人。

与一般合同相比，保管合同具有以下特征：

（1）保管合同的标的是保管行为。保管合同以物的保管为目的，保管人为寄存人提供的是保管服务。

（2）保管合同的履行只转移保管物的占有权。《民法典》第 895 条规定：“保管人不得使用或者许可第三人使用保管物，但是当事人另有约定的除外。”由此可见，除非保管合同当事人有特殊约定，否则，保管人只享有保管物的占有权，不享有保管物的所有权和使用物权。

（3）保管合同既可以是无偿合同，也可以是有偿合同。保管合同以无偿为原则，以有偿为补充。也就是说，保管合同一般是无偿的，但如果当事人明确约定支付保管费的，就是有偿合同。当事人对保管费没有约定或者约定不明确的，由当事人协议补充，不能达成补充协议的，法律推定为无偿。

（4）保管合同为实践合同、不要式合同。保管合同的成立，不仅需要有当事人双方的意思表示一致，而且需要有寄存人将保管物交付保管人和保管人接受寄存人交付的保管物的事实。保管合同仅以寄存人向保管人交付保管物为成立要件，并不要求当事人必须采取何种特定的形式。寄存人向保管人交付保管物后，保管人应当出具保管凭证。

二、寄存人的权利与义务

（一）寄存人的权利

扫一扫

寄存人的权利

（1）领取保管物。寄存人可以随时领取保管物。当事人对保管期限没有约定或者约定不明确的，保管人可以随时请求寄存人领取保管物；约定保管期限的，保管人无特别事由，不得请求寄存人提前领取保管物。

（2）收取孳息。如果保管物在保管期间产生孳息，寄存人有权向保管人收取。

小提示

孳息是指物所产生的收益，分为天然孳息与法定孳息。天然孳息是指物依自然规律产生的孳息，如树结出的果实、绵羊身上剪下的羊毛等。法定孳息是指物依民事法律关系产生的收益，如因借贷产生的利息、租赁关系中的租金等。

（二）寄存人的义务

1. 告知义务

寄存人交付的保管物有瑕疵或者根据保管物的性质需要采取特殊保管措施的，寄存人应当将有关情况告知保管人。寄存人未告知，致使保管物受损失的，保管人不承担赔偿责任；保管人因此受损失的，除保管人知道或者应当知道且未采取补救措施外，寄存人应当承担赔偿责任。

2. 声明义务

寄存人寄存货币、有价证券或者其他贵重物品的，应当向保管人声明，由保管人验收或者封存；寄存人未声明的，该物品毁损、灭失后，保管人可以按照一般物品予以赔偿。

3. 支付保管费和偿付必要费用

在有偿保管合同中，寄存人应当按照约定的期限向保管人支付保管费。若当事人双方对支付期限没有约定或者约定不明确，寄存人应当在领取保管物的同时支付。

在保管过程中，为了维持保管物的原状，防止保管物毁损（如因包装破损而对保管物进行重新包装、遇恶劣天气而对保管物采取防雨和防潮措施等）而产生的必要费用，寄存人应当偿付保管人。

4. 风险承担

如果保管物的毁损、灭失是因不可抗力造成的，此风险由寄存人自己承担。但如果保管人没有经过寄存人同意擅自将保管物交由第三人保管，保管物因不可抗力而毁损的，保管人应对寄存人负赔偿责任。

课堂讨论

2020 年 1 月 1 日，A 公司通过电话告知 B 物流公司欲寄存 18 台平板电视（总价值为 16 万元），双方约定：平板电视由 B 物流公司从 2020 年 1 月 15 日保管至 2020 年 2 月 14 日，保管费为 100 元/天。同年 2 月 14 日，A 公司提取寄存在 B 物流公司的平板电视时，B 物流公司要求 A 公司支付保管费 3 000 元。

A 公司认为自己已事先向 B 物流公司通知了平板电视的送达时间，且平板电视实际上是在 1 月 25 日存入 B 物流公司的，保管期仅为 20 天，自己只需支付保管费 2 000 元。B 物流公司则辩称自己按约定在 1 月 15 日前已为 A 公司腾出了仓位，平板电视是不是准时入库与自己无关。

2 人一组，讨论 A 公司应支付 B 物流公司多少保管费并说明理由。

三、保管人的权利与义务

（一）保管人的权利

（1）保管人有按规定向寄存人收取保管费的权利。

（2）在有偿保管合同中，寄存人未按照约定支付保管费或者其他费用的，保管人对保管物享有留置权，但是当事人另有约定的除外。在无偿保管合同中，保管人基本上只承担义务，不享有权利。

（二）保管人的义务

1. 保管义务

（1）保管人应当妥善保管保管物，这是保管人最主要的义务。

（2）保管人不得将保管物转交第三人保管，不得使用或者许可第三人使用保管物，但当事人另有约定的除外。

（3）保管人应当按照约定场所或方法保管保管物，除紧急情况为维护寄存人利益外，不得擅自改变保管场所和方法。如果双方没有约定保管场所和方法，保管人应当按照保管物的性质、合同目的确定保管场所和方法。

2. 告知义务

由于自然原因致使保管物毁损、灭失的，保管人应当及时通知寄存人，并采取措施防止损失扩大。第三人对保管人提起诉讼或者对保管物申请扣押的，保管人应当及时通知寄存人。保管人未尽到通知义务造成保管物不能归还的，应当承担赔偿责任。

3. 给付保管凭证

寄存人向保管人交付保管物时，保管人应当出具保管凭证，但是另有交易习惯的除外。

小提示

保管凭证并非保管合同的书面形式，仅是保管合同关系存在的证明。

4. 返还保管物及其产生的孳息

寄存人领取保管物时，保管人应当将保管物返还寄存人，如果保管期间保管物产生孳息，保管人应当将孳息一并返还寄存人。第三人对保管物主张权利的，除依法对保管物采取保全或者执行措施外，保管人应当履行向寄存人返还保管物的义务。

5. 损害赔偿

保管期间，因保管不善造成保管物毁损、灭失的，保管人应当承担赔偿责任。但是，无偿保管人能够证明自己没有故意和重大过失的，不承担损害赔偿责任。如果损害是由不可抗力引起的，应当由寄存人承担损失。

课堂讨论

2020年11月2日，A公司委托B物流公司保管500吨草料，双方签订了保管合同。合同中约定：B物流公司负责保障草料完好，保管期限为2020年11月3日至2021年1月5日，A公司预交保管费3 000元。合同生效后，B物流公司用绳子将草料捆好并放在一个废弃的仓库里。

2021年1月5日，A公司在取货时发现草料减少了120吨，于是要求B物流公司赔偿相关损失。B物流公司则声称草料保管完好，没有发生变质、丢失的情况，而草料发生减量是天气寒冷所致，A公司也没有事先提醒自己应采取相应措施，所以自己不应承担责任。为此，A公司向法院起诉，要求B物流公司对相关损失予以赔偿。

请问：A公司要求B物流公司赔偿相关损失合理吗？

案例解析

“任务导入”中所述案例的解析如下:

（1）保管合同是实践合同、不要式合同。《民法典》第 890 条规定:“保管合同自保管物交付时成立，但是当事人另有约定的除外。”从乙物流公司给甲公司出具的寄存单可知，甲公司已交付保管物于乙物流公司，甲公司与乙物流公司存在保管合同关系。

（2）寄存单中注明了保管费用，说明甲公司与乙物流公司之间的保管合同是有偿合同。暴雨不构成不可抗力，汗蒸设备浸湿最主要的原因是乙物流公司仓库年久失修。《民法典》第 897 条规定:“保管期内，因保管人保管不善造成保管物毁损、灭失的，保管人应当承担赔偿责任。但是，无偿保管人证明自己没有故意或者重大过失的，不承担赔偿责任。”因此，乙物流公司应承担汗蒸设备损坏赔偿责任。

实战演练

A 公司将 50 箱纸浆存放在 B 物流公司的仓库内，双方为此达成口头协议：50 箱纸浆由 B 物流公司保管，保管期限为 2020 年 8 月 1 日至 2020 年 8 月 15 日，A 公司提前预付保管费 3 000 元。

8 月 3 日，B 物流公司发现少部分纸浆已发生霉变，于是想告知 A 公司，但一直无法与 A 公司取得联系。8 月 5 日，B 物流公司将这批纸浆卖给了 C 公司，获得 500 元。

8 月 15 日，A 公司向 B 物流公司提取纸浆时，B 物流公司称因无法与 A 公司取得联系，为防止损失进一步扩大，已将纸浆售卖，售卖所得 500 元可以支付给 A 公司。A 公司则称 50 箱纸浆的总价值为 10 万元，交付给 B 物流公司时并未发生霉变，且 B 物流公司在售卖前并未通知自己，故要求 B 物流公司赔偿全部损失，共计 10.5 万元。

B 物流公司辩称，按照时间推算，纸浆发生霉变应该发生在 8 月 1 日之前，A 公司未将相关情况事先告知自己，且纸浆发生霉变后自己也无法与 A 公司取得联系，因此自己不需要承担任何责任。

双方就赔偿事宜协商未果，A 公司将 B 物流公司告上了法庭。

请问：本案的责任应如何界定?

要求：2～3 人一组，借助网络和书籍查找上述案例涉及的法律规范，然后将问题的答案进行汇总并形成 Word 文件，在课堂上进行分享。

任务二　掌握仓储合同

【知识目标】

✓ 了解仓储的概念和分类。

✓ 理解仓储合同的特征与主要内容。

✓ 理解仓单的概念与法律特征。

✓ 掌握仓储合同当事人的权利与义务。

【技能目标】

✓ 能够分析出仓储合同案件中存货人、保管人的责任和责任界定的依据。

任务导入

2019 年 9 月 22 日，A 公司将 24 箱总价值超过 18 万元的鲜人参交付 B 物流公司进行储存，双方签订了仓储合同。B 物流公司出具了两份冷库货物记录卡，A 公司与 B 物流公司各持一份。记录卡中均记载：仓储物为 24 箱鲜人参，A 公司未支付仓储费和进出库运费，储存期限为 2019 年 9 月 22 日至 2020 年 6 月 21 日。该卡右侧空白处印有“凡货物存放 1 个月内不交仓储费的，冷库出租方有权将货物自行处理，一切责任由存货人负责”字样。B 物流公司的记录卡上还有“仓储费为 1 500 元/月”字样，A 公司的记录卡上并没有该字样。

2020 年 6 月 21 日，A 公司前来提货，经检查发现货物完好。但双方为仓储费的多少发生争执，A 公司坚称双方约定的仓储费为 1 300 元/月，B 物流公司则称双方约定的仓储费为 1 500 元/月。由于 A 公司坚持不付仓储费，B 物流公司以享有仓储物的留置权为由，不同意 A 公司提货。

2021 年 4 月 21 日，A 公司再次前来提货，发现箱内上层货物有腐烂现象，故向 B 物流公司提出验货，但 B 物流公司以 A 公司没有支付仓储费为由，不同意 A 公司验货。为此，A 公司向法院提起诉讼，请求判令 B 物流公司赔偿自己的经济损失 18.75 万元。B 物流公司反诉，请求法院判令 A 公司赔偿自己 1.35 万元仓储费，并由 A 公司承担仓储物损失责任。

思考：

本案的责任应如何界定？

知识讲解

一、仓储的概念和分类

“仓”即仓库，是指存放、保管、储存货物的建筑物和场地的总称，具有存放和保护货物的功能。“储”是指储存、储备，表示收存以备使用，具有收存、保管、交付使用的意思。仓储是指利用仓库及相关设施设备进行货物的入库、储存、出库的活动。图 5-1 为某物流企业仓库内景。

图 5-1　某物流企业仓库内景

仓储可按物流主体和仓储功能的不同进行分类。

（一）根据经营主体不同分类

根据经营主体不同，仓储可分为自营仓储、公共仓储和合同仓储。

1．自营仓储

自营仓储是指仓储业务由企业自己来经营或管理的一种仓储形式。我国大多数外贸公司都采用自营仓储形式储存货物。自营仓储可分为自有仓储和租赁仓储。

（1）自有仓储。自有仓储是指企业使用自建或购买的仓库进行仓储。

（2）租赁仓储。租赁仓储是指企业租用仓库进行仓储。在租赁仓储中，企业对仓库不具有所有权，但有使用权和经营权，可以自行经营和管理仓储业务，企业和仓库所有人之间是财产租赁关系。

2．公共仓储

公共仓储是指仓储经营人以其拥有的仓储设备，向社会提供商业性仓储服务的仓储行为。仓储经营人和存货人通过签订仓储合同的方式建立仓储关系。存货人租用仓储经营人的仓储设备或一定数量的库位，以满足自己的仓储服务需要，支付相应数量的租金。仓储经营人则按照存货人的要求提供服务和收取仓储费用。

（二）根据仓储功能不同分类

根据仓储功能不同，仓储可分为储存仓储、物流中心仓储、配送中心仓储、运输转换仓储和保税仓储。

（1）货物较长时期存放是储存仓储的主要特点。由于货物存放时间长，为降低储存成本，储存仓储一般在较为偏远的地方进行。

（2）物流中心仓储是以物流管理为目的的仓储活动。为了实现有效的物流管理和物流时间价值，物流中心仓储经营者会对物流的过程、数量、方向进行控制。物流中心仓储一般在一定经济地区的中心，且交通极为便利、储存成本较低的地方进行，具有仓储品种较少、批量较大、整体吞吐能力强、运输衔接能力要求高等特点。

（3）配送中心仓储是在货物配送交付消费者之前进行的短期仓储，即货物在销售或供生产使用前的最后储存，一般在货物消费经济区间内进行，以便货物能够被迅速地送达销售点。其特点是配送仓储品种繁多、批量小，往往需要进行拆包、分拣、组配等作业。

（4）运输转换仓储是衔接不同运输方式的仓储，在不同运输方式的衔接处进行，如在港口、车站库场进行的仓储。运输转换仓储的目的是保证不同运输方式的高效衔接。

（5）保税仓储是指使用海关核准的保税仓库存放保税货物的仓储行为。保税货物主要是暂时进境后还需要复运出境的货物，或者海关批准暂缓纳税的进口货物。保税仓储受到海关的直接监控，入库或出库单据均需要由海关签署。

古人智慧

我国在很早以前就开始进行仓储活动，如在河北武安磁山遗址发现了7 000年前的大粮仓，在洛阳含嘉仓城遗址发现了1 500年前“天下第一粮仓”，汉武帝时期首创的“常平仓”。古代仓储主要为了平抑粮价、调节市场，赈灾备荒、安民固本、供养军队、备战应战，尤其为人民度过灾年、荒年做出了不可磨灭的贡献。

二、仓储合同的特征与主要内容

仓储合同是保管人储存存货人交付的仓储物，存货人支付仓储费的合同。仓储合同属于保管合同的一种特殊类型。我国目前没有独立的仓储法律法规，根据《民法典》第918条的规定，仓储合同中没有规定的，适用保管合同的有关规定。

（一）仓储合同的特征

与一般合同相比，仓储合同具有如下特征：

（1）仓储合同对保管人的资格有要求。在仓储合同中，保管人必须是经市场监督管理部门批准，具有仓储设施设备并专门从事仓储保管业务的仓储经营人。

（2）仓储合同的标的物只能是动产。仓储合同的标的物必须能够移动到仓库，以进行仓储保管活动，且必须是有形的实物动产。例如，图书可以作为仓储物，但图书的著作权不能成为仓储物。

（3）仓储合同是诺成合同。当存货人与保管人就仓储合同的主要内容达成一致时，仓储合同就成立。存货人将货物交给保管人，属于仓储合同成立后对合同的履行行为，而不是仓储合同的成立要件。

（4）仓储合同是双务合同、有偿合同。仓储合同的当事人双方互负义务，保管人承担储存、保管货物的义务，存货人承担给付保管人仓储费的义务。

（5）仓储合同为不要式合同。法律对仓储合同的签订形式和签订程序没有做出特别规定，仓储合同既可以是书面形式，也可以是口头形式或其他形式。虽然保管人在接受存货人交付的仓储物时开具仓单，但仓单并非合同成立要件。

（二）仓储合同的主要内容

一般来说，仓储合同应当包含以下主要内容：

（1）保管人和存货人的姓名（或名称）与地址。必要时，合同中可增加通知人，但通知人不是仓储合同的当事人，仅履行通知当事人的义务。

（2）仓储物的名称、品种、规格。

扫一扫

订立仓储合同的注意事项

（3）仓储物的数量、质量、包装和标记。其中，仓储物的数量应采用公用的计量方法确定并应达到最高精度。存货人与保管人可以在仓储合同中约定仓储物的质量由何种标准来验证，若没有约定质量验证的标准，可以协议补充；不能达成补充协议的，按照合同有关条款或者交易习惯确定。

（4）仓储物验收的项目、标准、方法、期限和相关资料。货物验收期限应自货物和验收资料全部送达保管人之日起，至验收报告送出之日止。依照惯例，仓储物的验收期限，国内货物不超过 10 日，国外到货不超过 30 日，当事人另有约定的除外。

（5）仓储物进出库的手续、时间、地点和运输方式。

（6）储存场所和储存期间。对于特殊仓储物，合同中要写明具体的保管条件和保管方法。

（7）仓储物的损耗标准和损耗处理。储存期间由于自然原因（如干燥、风化、挥发、黏结等）和仓储物本身的性质等造成的损耗减量损失，保管人很难承担，因此当事人双方应事先商定一定的自然减量标准，并对发生损耗的处理做出约定。

（8）计费项目、标准和结算方式。

（9）违约责任。

课堂讨论

保管合同与仓储合同的标的都是保管人保管寄存人托付的货物的劳务或服务，但两者存在明显区别。请同学们从合同成立的条件、合同的特征、合同对保管人的资格要求、保管物的价值、交付保管物的凭证等方面出发，讨论两者的区别。

三、仓单的概念与法律特征

（一）仓单的概念

仓单是由仓储保管人收到仓储物时向存货人填发的，表明仓储关系存在和保管人愿意向仓单持有人履行交付仓储物义务的证券。《民法典》第908条规定："存货人交付仓储物的，保管人应当出具仓单、入库单等凭证。"

扫一扫

仓单简介

仓单一般应包括下列事项：① 存货人的姓名或者名称和住所；② 仓储物的品种、数量、质量、包装及其件数和标记；③ 仓储物的损耗标准；④ 储存场所；⑤ 储存期限；⑥ 仓储费；⑦ 仓储物已经办理保险的，其保险金额、期间以及保险人的名称；⑧ 填发人、填发地和填发日期。图5-2为某公司仓单示例。

仓单（正面）

公司名称：

公司地址：

电话：	传真：
账号：	批号：
存货人：	发单时间：
银行名称：	起租时间：

兹收到下列货物，依据本公司条款（见背面）进行仓储：

唛头及号码	数量	货物名称	每件收费/元	每月仓储费/元	进仓费/元	出仓费/元

备注：

经手人：	核对人：

（a）仓单（正面）

仓单（背面）

存货记录：

日期	提单号码	提货单位	数量	结余	备注

储货条款：

（1）本仓单所载货物的种类、唛头、箱号等，均系按照存货人所称填写，本公司对货物的内容、规格等概不负责。

（2）货物在入库交接过程中，若发现与存货人填列内容不符，我公司有权拒收。

（3）本公司仓库不储存危险货物，存货人应保证入库货物绝非危险品。如果存货人的货物危及我公司其他货物，存货人必须承担因此产生的一切经济赔偿责任。

（4）本仓单有效期为一年，过期自动失效。期满尚未提清者，存货人须向本公司换领新的仓单。本仓单须经我公司盖章方为有效。

（5）存货人凭背书仓单或提货单出货。本公司收回仓单和提货单，证明本公司已将该项货物交付无误，本公司不再对其承担责任。

（b）仓单（背面）

图5-2　某公司仓单示例

（二）仓单的法律特征

1. 仓单是仓储合同的证明文件

仓单是存货人与保管人订立的仓储合同存在的一种证明，只要签发仓单，就证明了合同的存在。当事人可以采取书面形式也可以采取口头形式订立仓储合同，如果仓储合同是以口头形式订立的，在没有其他证明的情况下，仓单记载的内容就是合同内容本身。

2. 仓单是有价证券

仓单是仓储物的文件表示，占有仓单也就意味着占有了仓储物的价值，受让仓单需要支付与该价值对等的资产或价款。

3. 仓单是提取仓储物的凭证

在提取仓储物时，提货人必须向保管人出示仓单，并在提货后将仓单交付保管人注销。如果提货人提取仓储物时拒绝出示和交付仓单，保管人有权拒绝交付仓储物。

4. 仓单是一种物权证券

存货人获得保管人签发的仓单后，如果要出卖其存入保管人仓库内的仓储物，不必现实交付仓储物，只需要转让仓单就可实现。转让仓单时，仓储物所有权发生转移。在仓储期满时，存货人或者仓单持有人可以凭仓单提取仓储物。

小提示

由于仓单大多为记名证券，因此仓单的转让必须采用背书转让的方式进行。仓单的转让可能涉及存货人债权的转让，也可能存在受让人支付仓储费等债务的情况，鉴于此，仓单的转让需要经保管人认可并签名或盖章，受让人才能获得提取仓储物的权利。

同步案例

A 公司委托 B 物流公司储存 20 万件羽绒服，双方签订了一份仓储合同。合同中约定：B 物流公司储存 20 万件羽绒服，并在储存期间保证羽绒服完好无损，A 公司交纳仓储费 2 万元，储存期限为 2020 年 11 月 23 日至 2020 年 12 月 20 日。11 月 23 日，A 公司依约将羽绒服送至 B 物流公司的仓库，B 物流公司验收后，向 A 公司签发了仓单。

12 月初，C 商场向 A 公司订购了 20 万件羽绒服。为了让 C 商场早日提货，A 公司将仓单背书转让给 C 商场，并在事后通知了 B 物流公司。C 商场持该仓单向 B 物流公司提货时，B 物流公司以 C 商场不是合法的仓单持有人为由拒绝交付羽绒服。C 商场因未提得羽绒服，最终错过了销售旺季。为此，C 商场向法院起诉，要求 B 物流公司赔偿相关损失。

点评：

《民法典》（合同编）第 910 条规定：“仓单是提取仓储物的凭证。存货人或者仓单持有人在仓单上背书并经保管人签名或者盖章的，可以转让提取仓储物的权利。”本案中，仓单的转让没有经 B 物流公司签名或者盖章，所以该仓单中仓储物的所有权并没有发生转移。即使持有仓单，C 商场也不是羽绒服的合法所有人，B 物流公司不承担对 C 商场交付羽绒服的义务。

四、仓储合同当事人的权利与义务

（一）存货人的权利与义务

1. 存货人的权利

（1）查验仓储物和提取样品。《民法典》第 911 条规定：“保管人根据存货人或者仓单持有人的要求，应当同意其检查仓储物或者提取样品。”

（2）提取仓储物。储存期限届满，存货人有权取回货物。当事人对储存期限没有约定或者约定不明确的，存货人或者仓单持有人可以随时提取仓储物，保管人也可以随时请求存货人或者仓单持有人提取仓储物，但是应当给予必要的准备时间。

（3）获取仓储物孳息。仓储物若在保管期间产生了孳息，存货人有权获取该孳息。

2. 存货人的义务

（1）告知义务。在订立合同时，存货人应将仓储物的真实情况完整地告知保管人，如仓储物的准确名称、数量、性质、包装方式、保管要求等，储存易燃、易爆、有毒、有腐蚀性、有放射性等危险货物或者易变质的货物，存货人还要提供详细的说明资料。同时，存货人还应告知保管人仓储物及其包装的不良状态、潜在缺陷、不稳定状态等已存在的缺陷或可能发生损害的缺陷，以便保管人可以采取针对性措施。因存货人未履行告知义务造成的所有损失，由存货人承担赔偿责任。

（2）妥善处理和交付仓储物。存货人应根据仓储物的性质对其进行分类和妥善包装，使仓储物符合储存和保管的条件，并应在合同约定的时间向保管人交付仓储物。

（3）支付仓储费和偿付必要费用。存货人应根据合同约定按时支付仓储费，否则构成违约。仓储物在仓储期间发生的应由存货人承担责任的费用或垫支费，如保险费、货物由于自然特性的损害处理费、转仓费等，存货人也应及时支付。

（4）及时提取仓储物。存货人或者仓单持有人应根据合同约定按时将仓储物提离。存货人或者仓单持有人逾期提取的，应当加收仓储费；提前提取的，不减收仓储费。

（二）保管人的权利与义务

1. 保管人的权利

（1）收取仓储费。仓储费是保管人订立合同的目的，是对仓储物进行保管所获得的报酬，保管人有权按合同约定收取仓储费。

（2）验收货物。保管人有权对货物进行验收，在验收中发现货物溢短，对溢出部分可以拒收，对短少的有权向存货人主张违约责任。对于存在不良状况的货物，有权拒绝接收或要求存货人更换、修理，否则需要如实纪录，以明确责任。

（3）留置权。存货人拒绝支付仓储费和因保管支出的其他必要费用，或拒绝偿付因仓储物储存前的瑕疵而使保管人遭受的损失时，保管人对仓储物享有留置权。

（4）提存权。储存期限届满，存货人或者仓单持有人不提取仓储物的，保管人可以催告其在合理期限内提取；逾期不提取的，保管人可以提存仓储物。

小提示

保管人提存仓储物时，应先向提存机关呈交提存申请书，并在提存申请书上载明提存的理由，标的物的名称、种类、数量，以及存货人或者仓单持有人的姓名、住所等内容；还应提交仓单副联、仓储合同副本等文件，以证明保管人与存货人或者仓单持有人的债权债务关系。此外，保管人还应提供能证明自己催告存货人或者仓单持有人提货而对方没有提货，致使该仓储物无法交付的证据。

2．保管人的义务

扫一扫

仓储合同中保管人的义务

（1）合理仓储。保管人应在合同约定的仓储地点存放仓储物，使用适合于仓储物的仓储设施和仓储设备，配备一定的保管人员、养护人员，制订有效的管理制度和操作规程，对仓储物进行妥善处理、科学保管和合理维护，防止仓储物毁损、灭失。储存期内，因保管人保管不善造成仓储物毁损、灭失的，保管人应当承担赔偿责任。

（2）验收仓储物。保管人在接收仓储物时，应按照合同约定的标准和方法对其进行计数、查验，在合同约定的验收期限内检验货物质量并签发验货单证。保管人未验收仓储物，推定为存货人所交存的仓储物完好，保管人应返还完好无损的仓储物。保管人验收后，发生仓储物的品种、数量和质量不符合约定的，保管人应承担损害赔偿责任。

（3）签发仓单。保管人接收仓储物后，应根据仓储物的实际收取情况，及时向存货人签发仓单。保管人签发仓单时，应根据合同条款确定仓单的责任事项，避免将来向仓单持有人承担超出仓储合同所约定的责任。

（4）危险通知。保管人发现入库仓储物有变质或者其他损坏，危及其他仓储物的安全和正常保管的，应当催告存货人或者仓单持有人做出必要的处置。若情况紧急，保管人可以做出必要的处置，但事后应当将该情况及时通知存货人或者仓单持有人。

（5）返还仓储物及其孳息。保管人应在约定的时间和地点向存货人或者仓单持有人交还约定的仓储物。仓储合同没有明确储存期限和交还地点的，存货人或者仓单持有人可以随时要求提取，保管人应在合理的时间内交还仓储物。此外，保管人在返还仓储物时，还应将其孳息和残余物一同交还。

课堂讨论

2020 年 1 月 5 日，A 储运公司与 B 食品加工厂签订了食品原料仓储合同，双方约定由 A 储运公司为 B 食品加工厂储存 10 吨食品原料。B 食品加工厂交付食品原料时，A 储运公司的仓储负责人没有验收就将其入库。合同期限届满，B 食品加工厂发现从仓库提取的食品原料少了 1 吨，并有变质现象。A 储运公司辩称，食品原料由单独的隔间储存，仓库戒备森严，且有监控记录可以证明仓库未出现被盗情况，说明食品原料入库之前就不足 10 吨。

讨论：食品原料短缺和变质的责任应由谁承担？

敦本务实

仓储管理员是重要的仓储从业人员，在当今快速发展的仓储物流行业中有广泛的就业前景和多元的职业发展方向。但是有些人认为仓储管理员只是负责货物和设备在进出库时的验收、登记等工作，工作没有太高的技术含量。

其实在现实生活中，即使在普通岗位上，只要有“千里之行始于足下”的务实就业态度，坚韧不拔的毅力，小人物也可以有大作为。例如，正威国际集团创始人便是从仓储管理员做起，一步一个脚印，最终创建了自己的商业帝国。

讨论：在货物仓储过程中，保管人应具备哪些职业精神？

案例解析

法院认为，B 物流公司对仓储物损失应承担赔偿责任，原因如下：

（1）B 物流公司提交的记录卡上记载的仓储费单价，仅为 B 物流公司单方面记载，并未得到 A 公司的确认。

（2）记录卡载明的“凡货物存放 1 个月内不交仓储费的，冷库出租方有权将货物自行处理，一切责任由存货人负责”条款为格式条款，不能作为 B 物流公司的免责依据。

（3）因 A 公司拒付仓储费，B 物流公司可以以其享有留置权为由拒绝 A 公司提取仓储物，但是其主张的仓储费不足 2 万元，不应留置 A 公司价值超过 18 万元的仓储物。对于仓储物出现腐烂现象，B 物流公司在发现后应及时催告 A 公司做出必要的处置，而不应任由仓储物变质。

此外，A 公司对仓储物的损失也应承担一定责任，原因如下：从 A 公司在储存期届满时检查仓储物的情况来看，B 物流公司在约定的仓储期间内履行了妥善保管仓储物的义务，仓储物的腐烂发生在仓储期限届满后。在 A 公司因仓储物腐烂向 B 物流公司主张赔偿损失时，A 公司也有防止损失扩大的义务。在仓储物价值超过 18 万元的情况下，A 公司却拒绝支付不足 2 万元的仓储费，任由仓储物继续腐烂，其行为有违常理。

综上所述，法院最终判定 A 公司对仓储物的损失承担 40%的责任，B 物流公司对仓储物的损失承担 60%的责任，B 物流公司应向 A 公司赔偿 10.08 万元。

实战演练

A 仓储公司与 B 水果公司签订了储存 50 吨水果的仓储合同。合同中约定：仓储期为 1 个月，仓储费为 5 000 元，自然损耗率为 4%，B 水果公司分批提取水果。A 仓储公司按约接收 B 水果公司的水果后，向其签发了仓单。仓单是在一人口述仓储合同条款，另一人填写的情况下形成的，由于口述人的口音问题，填写人将自然损耗率 4%误写成 10%，并且 B 水果公司没有注意就将仓单取走了。

合同到期后，B 水果公司持仓单向 A 仓储公司提货，出库过磅时发现水果仅有 46 吨，扣除 4%的自然耗损后还短缺 2 吨。于是，B 水果公司要求 A 仓储公司赔偿损失。A 仓储公司则认为仓单上写明自然损耗率为 10%，剩余 46 吨并没有超出自然损耗的范围，自己不应承担赔偿责任。双方为此争执不下，B 水果公司向法院起诉，要求 A 仓储公司赔偿损失。

请根据上述材料，回答下列问题：

（1）在仓储活动中，仓单与仓储合同是什么关系？

（2）仓单的内容与仓储合同的内容不一致时，应当如何处理？

（3）A 仓储公司是否应当赔偿 B 水果公司的损失？

（4）在填写仓单过程中，为维护自身利益，存货人应当注意哪些问题？

要求：2～3 人一组，借助网络和书籍查找上述案例涉及的法律规范，然后将问题的答案进行汇总并形成 Word 文件，在课堂上进行分享。

任务三　了解保税货物仓储法律制度

【知识目标】

✓ 了解保税仓库的类型和可存入保税仓库的货物。

✓ 了解保税仓库的设立条件和审批程序。

✓ 了解保税仓库及所存货物的管理。

【技能目标】

✓ 能够分析出保税货物仓储案件中收发货人、经营保税仓库的企业的责任和责任界定的依据。

任务导入

自2014年起，A公司从澳大利亚等国进口葡萄酒在国内销售，部分货物入境后存放在B物流公司位于上海外高桥保税区的保税仓库内。双方商定，A公司将保税仓储货物转入国内市场销售时，指示B物流公司履行仓储合同下货物的交付义务，且按月结算仓储等各项费用。

2017年5月，B物流公司要求A公司向其补付因计算差错少付的仓储费23万余元，A公司不认可，双方经多次协商无果，遂诉至法院。

A公司诉称，自2017年5月起，B物流公司不按A公司指示交付货物，致其不能履行销售合同，产生损失42万余元，故要求B物流公司向其交付仓储的600箱进口葡萄酒并赔偿损失42万余元。B物流公司辩称，A公司未按期足额支付仓储费，自己有权留置货物，且A公司考虑到2018年起自澳大利亚进口的葡萄酒关税下降，所以未指示自己办理进口报关，才导致货物无法交付，即便产生损失也与自己无关。

思考：

本案的责任应如何界定？

知识讲解

一、保税仓库概述

保税仓库是指经海关批准设立的专门存放保税货物及其他未办理海关手续货物的仓库，它是口岸功能的延伸。

进口企业利用保税仓库可以享受进口货物“免税或缓税”等优惠政策。保税仓库对开放性经济发展能起到促进作用，并且能够支持扩大外贸出口。货物存入保税仓库后仍被认为处于境外，只有从保税仓库提出时，才会被当作进口货物对待。

扫一扫

保税仓库的概念及其功能

（一）保税仓库的类型

保税仓库按照使用对象不同，可分为公用型保税仓库、自用型保税仓库和专用型保税仓库。其中，公用型保税仓库由主营仓储业务的中国境内独立企业法人经营，专门向社会提供保税仓储服务；自用型保税仓库由特定的中国境内独立企业法人经营，仅储存供本企业自用的保税货物；专用型保税仓库专门用来储存具有特定用途或特殊种类的保税货物，主要有液体保税仓库、备料保税仓库和寄售维修保税仓库。

小提示

公用型保税仓库可以储存通关制度中规定存放的一切货物，自用型保税仓库仅能存放与其经营业务相关的货物，不得存放本企业一般贸易进口货物、与加工生产无关的货物和其他企业的货物。

（二）可存入保税仓库的货物

货物一旦存入保税仓库，将由海关登记入册，并受所在国法律的约束和管理。《中华人民共和国海关对保税仓库及所存货物的管理规定》（以下简称《保税仓库及所存货物的管理规定》）第5条规定，下列货物，经海关批准可以存入保税仓库：

① 加工贸易进口货物；

② 转口货物；

③ 供应国际航行船舶和航空器的油料、物料和维修用零部件；

④ 供维修外国产品所进口寄售的零配件；

⑤ 外商暂存货物；

⑥ 未办结海关手续的一般贸易货物；

⑦ 经海关批准的其他未办结海关手续的货物。

《保税仓库及所存货物的管理规定》第6条规定："保税仓库不得存放国家禁止进境货物，不得存放未经批准的影响公共安全、公共卫生或健康、公共道德或秩序的国家限制进境货物以及其他不得存入保税仓库的货物。"

课堂讨论

2020年，跨境电商受到了严峻考验，其面临的困难主要是：① 国外物流运输和清关问题；② 货源和货物储备问题。利用保税仓库能够有效避免货源不足的可能，免除跨境运输和跨国清关的烦琐步骤。

2～3人一组，讨论：保税仓库还有哪些优势？它对国民经济增长的意义何在？

二、保税仓库的设立

（一）设立条件

保税仓库的设立条件如下：

（1）保税仓库应当设立在设有海关机构、便于海关监管的区域。

（2）经营保税仓库的企业，应当具备下列条件：

① 经工商行政管理部门注册登记，具有企业法人资格；

② 具有专门存储保税货物的营业场所。

（3）保税仓库应当具备下列条件：

① 符合海关对保税仓库布局的要求；

② 具备符合海关监管要求的隔离设施、监管设施和办理业务必需的其他设施；

③ 具备符合海关监管要求的保税仓库计算机管理系统并与海关联网；

④ 具备符合海关监管要求的保税仓库管理制度；

⑤ 公用保税仓库面积最低为 2 000 平方米；

⑥ 液体保税仓库容积最低为 5 000 立方米；

⑦ 寄售维修保税仓库面积最低为 2 000 平方米。

（二）审批程序

保税仓库由直属海关审批，报海关总署备案。保税仓库的审批程序如下：

（1）提交申请。企业申请设立保税仓库，应当向仓库所在地主管海关提交《保税仓库申请书》和申请设立的保税仓库位置图及平面图。若申请设立寄售维修保税仓库，还应当提交经营企业与外商的维修协议。

（2）主管海关受理。申请材料齐全有效的，主管海关予以受理。申请材料不齐全或者不符合法定形式的，主管海关应当在 5 个工作日内一次告知申请人需要补正的全部内容。主管海关应当自受理申请之日起 20 个工作日内提出初审意见并将有关材料报送直属海关审批。

（3）直属海关审批。直属海关应当自接到材料之日起 20 个工作日内审查完毕，对符合条件的，出具批准文件，批准文件的有效期为 1 年；对不符合条件的，应当书面告知申请人理由。

（4）保税仓库验收。申请设立保税仓库的企业应当自海关出具保税仓库批准文件 1 年内向海关申请保税仓库验收，由主管海关按照设立经营保税仓库的企业和设立保税仓库的条件进行审核验收。申请企业无正当理由逾期未申请验收或者保税仓库验收不合格的，该保税仓库的批准文件自动失效。

（5）保税仓库注册登记。保税仓库验收合格后，经海关注册登记并核发《保税仓库注册登记证书》，方可以开展有关业务。

小提示

《保税仓库注册登记证书》有效期为 3 年。海关在保税仓库设立、变更、注销后，发现原申请材料不完整或者不准确的，应责令经营企业限期补正，发现企业有隐瞒真实情况、提供虚假材料等违法情形的，依法予以处罚。

三、保税仓库及所存货物的管理

（一）保税仓库的管理

（1）保税仓库不得转租、转借给他人经营，不得下设分库。

（2）海关对保税仓库实施计算机联网管理，并可以随时派员进入保税仓库检查货物的收、付、存情况及有关账册。海关认为必要时，可以会同保税仓库经营企业双方共同对保税仓库加锁或者直接派员驻库监管，保税仓库经营企业应当为海关提供办公场所和必要的办公条件。

（3）保税仓库经营企业负责人和保税仓库管理人员应当熟悉海关有关法律法规，遵守海关监管规定，接受海关培训。

（4）保税仓库经营企业应当如实填写有关单证、仓库账册，真实记录并全面反映其业务活动和财务状况，编制仓库月度收、付、存情况表，并定期报送主管海关。

（5）保税仓库经营企业需变更企业名称、组织形式、法定代表人等事项的，应当在变更前向直属海关提交书面报告，说明变更事项、事由和变更时间；变更后，海关按照《保税仓库及所存货物的管理规定》第 8 条的规定对其进行重新审核。保税仓库需变更名称、地址、仓储面积（容积）等事项的，主管海关受理企业申请后，报直属海关审批。

（6）保税仓库终止保税仓储业务的，由保税仓库经营企业提出书面申请，经主管海关受理报直属海关审批后，交回《保税仓库注册登记证书》，并办理注销手续。

（二）保税仓库所存货物的管理

1．保税仓库货物的入库管理

《保税仓库及所存货物的管理规定》第 19 条规定："保税仓储货物入库时，收发货人或其代理人凭有关单证向海关办理货物报关入库手续，海关对报关入库货物的品种、数量、金额进行审核，并对入库货物进行核注登记。"

当保税仓储货物在保税仓库所在地入境时，货主或其代理人应填写进口报关单，报关单右上角应加盖"保税仓库货物"印章，并注明此货物系存入某保税仓库。当保税仓储货物在保税仓库所在地以外的其他口岸入境时，货主或其代理人应按转关运输货物的规定办理转关运输手续。待保税仓储货物运抵保税仓库所在地后，再向当地主管海关办理申报及入库手续。货物经海关审核查验通过后，才能放行。

2．保税仓库货物的储存管理

（1）储存期限。《保税仓库及所存货物的管理规定》第 22 条规定："保税仓储货物存储期限为 1 年。确有正当理由的，经海关同意可予以延期；除特殊情况外，延期不得超过 1 年。"保税仓储货物在保税仓库内存储期满后，应及时向海关申请延期或复运出境或转为进口。既不复运出境也不转为进口的，海关按照有关规定提存。

（2）货物加工和其他处理。保税仓储货物可以进行包装、分级分类、加刷唛码、分拆、拼装等简单加工，不得进行实质性加工。未经海关批准，不得擅自出售、转让、抵押、质押、留置、移作他用或者进行其他处置。

（3）储存责任。《保税仓库及所存货物的管理规定》第26条规定：“保税仓储货物在存储期间发生毁损或者灭失的，除不可抗力外，保税仓库应当依法向海关缴纳毁损、灭失货物的税款，并承担相应的法律责任。”

3．保税仓储货物的出库管理

保税仓储货物存入保税仓库后，其出库流向有复运出口、转为加工贸易进口、转入国内市场销售等。不同情形下，相关手续不同。

（1）复运出口。保税仓储货物在规定期限内复运出口时，货主或其代理人应向保税仓库所在地的主管海关申报，填写出口报关单，并提交货物进口时经海关签章确认的进口报关单。有关货物经主管海关核实后予以验放，或按照转关运输管理办法运至出境地后验放出境。

（2）转为加工贸易进口。从保税仓库提取货物用于进料加工、来料加工项目的，经营加工贸易的企业应持海关核发的登记手册，向保税仓库所在地主管海关办理保税仓库提货手续，填写进料加工和来料加工专用进口报关单。需确认其贸易性质为进料加工和来料加工时，应补填进口报关单和保税仓库领料核准单。

（3）转入国内市场销售。保税货物经海关核准转入国内市场销售时，由货主或其代理人向海关递交进口货物许可证件、进口报关单和海关需要的其他单证，并缴纳关税和产品税或工商统税后，由海关签印放行，将原进口报关单注销。

小提示

保税仓库经营企业有下列行为之一的，海关责令其改正，可以给予警告，或者处1万元以下的罚款；有违法所得的，处违法所得3倍以下的罚款，但最高不得超过3万元：

（1）未经海关批准，在保税仓库擅自存放非保税货物的。

（2）私自设立保税仓库分库的。

（3）保税货物管理混乱，账目不清的。

（4）经营事项发生变更，未按《保税仓库及所存货物的管理规定》第17条的规定办理海关手续的。

案例解析

"任务导入"中所述案例的解析如下：

本案中，A 公司与 B 物流公司未约定货物储存期限，A 公司有权随时提取货物，B 公司应当根据指示履行交付货物的义务。但与普通货物仓储合同不同，B 物流公司在涉案保税仓储合同下履行交货义务，需以 A 公司自行或委托他人完成货物进口清关事务并取得海关批准为条件。B 物流公司不能交付未完成清关的保税仓储货物。

A 公司虽主张其同时委托 B 物流公司办理相关货物的进口清关事务，但未提供有效证据予以证明。审理过程中，A 公司亦明确因 2018 年起自澳大利亚进口的葡萄酒关税下降，其将于 2018 年 1 月再办理货物清关。因货物交付不能履行（即债务人在客观上没有履行能力）不可归责于 B 物流公司，B 物流公司在此情形下不存在违约行为，故 A 公司无权请求违约损害赔偿。但是在涉案货物完成进口报关并取得海关批准后，B 物流公司应当根据 A 公司指示及时交付货物。

实战演练

2019 年 9 月 10 日，某货物进出口公司（被告）委托某保税仓库（原告）仓储一批通心粉生产设备，双方签订了保税仓储合同。合同中约定：保管期限为一年，仓储费为 364 元/天，在每月月底结算。

合同签订后，被告于 2019 年 9 月 16 日办理入库手续。但被告自 2020 年 9 月 16 日存放货物至 2021 年 5 月 13 日一直未办理出库手续，且未支付仓储费、商检费等费用。于是原告向法院提起诉讼，要求被告支付相关费用。

被告辩称，保税仓储合同有效期为一年，超过有效期限后双方须办理延期手续，原告应在合同有效期届满前联系自己。但原告既未联系自己办理延期手续，又未提请海关批准自行处理涉案货物，因此原告主张的自 2020 年 9 月 16 日之后的费用均是其自己造成的。并且原告于 2019 年 12 月 16 日前后已注销了《保税仓库注册登记证书》，因此原告要求自己支付相关费用不合理。

请问：本案的责任应如何界定？

要求：2～3 人一组，借助网络和书籍查找上述案例涉及的法律规范，然后将问题的答案进行汇总并形成 Word 文件，在课堂上进行分享。

项目考核

1. 选择题

（1）下列关于保管合同的说法中，不正确的是（　　）。

A．保管合同以物的保管为目的，保管人为寄存人提供的是保管服务

B．保管合同的履行只转移保管物的占有权

C．保管合同都是无偿合同

D．保管合同为实践合同、不要式合同

（2）下列不属于保管合同中保管人的义务的是（　　）。

A．由于自然原因致使保管物毁损、灭失的，保管人应当及时通知寄存人，并采取措施防止损失扩大

B．保管人应按规定向寄存人收取保管费

C．寄存人向保管人交付保管物时，保管人应当出具保管凭证

D．寄存人领取保管物时，保管人应当将保管物返还寄存人，如果保管期间保管物产生孳息，保管人应当将孳息一并返还寄存人

（3）下列不属于仓储合同中保管人的权利的是（　　）。

A．留置权　　B．提存权　　C．签发仓单　　D．收取仓储费

（4）下列不属于仓储合同存货人的义务的是（　　）。

A．凭仓单提取仓储物

B．支付仓储费和其他费用

C．说明危险货物的性质并提供相关资料

D．按约定在入库前对仓储物进行检验

（5）下列关于保管合同和仓储合同的说法中正确的是（　　）。

A．两者都是有偿合同

B．两者都是实践合同

C．寄存人和存货人均有权随时提取保管物或仓储物，且无须承担责任

D．因保管人保管不善造成保管物或仓储物毁损、灭失的，保管人应承担赔偿责任

（6）甲公司委托乙公司储存一批货物，但未在仓储合同中注明这批货物属于易燃品。货物入库后因温度过高发生自燃，乙公司库房被烧毁，经济损失达 50 万元。下列说法中正确的是（　　）。

A．甲公司应赔偿乙公司的全部经济损失

B．甲公司只应支付乙公司合同违约金

C. 乙公司未事先检验货物的性质，甲公司不用为乙公司的经济损失承担责任

D. 甲公司和乙公司共同承担经济损失

（7）（多选）下列关于保税仓库的说法中，正确的是（　　）。

A. 货物存入保税仓库后仍被认为处于境外，只有从保税仓库提出时，才会被当作进口货物对待

B. 保税仓库不得存放国家禁止进境货物，不得存放未经批准的影响公共安全、公共卫生或健康、公共道德或秩序的国家限制进境货物以及其他不得存入保税仓库的货物

C. 自用型保税仓库由主营仓储业务的中国境内独立企业法人经营，专门向社会提供保税仓储服务

D. 保税仓储货物存储期限为 2 年，确有正当理由的，经海关同意可予以延长期限；除特殊情况外，延期不得超过 1 年

2. 简答题

（1）简述仓单的法律特征。

（2）仓储合同中，保管人应承担哪些义务？

（3）简述如何进行保税仓储货物出库管理。

3. 综合分析题

【题一】甲公司委托乙物流公司保管 50 袋面粉（布袋装），双方签订了保管合同。合同期限届满，甲公司提取面粉时发现面粉已经受潮，遂要求乙物流公司赔偿。乙物流公司辩称，甲公司应将需要采取的保管措施告诉自己，但甲公司未告知，因此自己不应承担赔偿责任。

请问：乙物流公司的抗辩是否成立？为什么？

【题二】2021 年 6 月 3 日，A 公司委托 B 物流公司保管 60 000 千克小麦，双方签订了仓储合同。合同中约定：保管期限为 7 月 10 日至 11 月 10 日，仓储费为 50 000 元，违约的一方按仓储费的 20%支付违约金。

合同签订后，B 物流公司开始清理仓库，并拒绝了其他 3 家公司的存货请求。7 月 8 日，A 公司书面通知 B 物流公司："因收购的小麦尚不足 10 000 千克，故不需要存放贵公司仓库，双方于 6 月 3 日所签订的仓储合同终止履行，请谅解。"B 物流公司接到书面通知后，电告 A 公司："同意终止合同，但贵公司应当按合同约定支付违约金 10 000 元。"A 公司以提前通知终止合同为由，拒绝支付违约金，双方遂产生纠纷。最后，B 物流公司向人民法院提起诉讼，请求判令 A 公司支付违约金 10 000 元。

请问：法院会如何判决？为什么？

项目六 流通加工与配送法律制度

项目引言

流通加工与配送是现代物流系统中的重要环节。物流企业为了弥补生产加工中的不足、保护货物、提高物流效率、促进货物销售，会对货物进行流通加工；为了满足客户对货物的即时需求，会对货物进行配送。

本项目将结合《民法典》（合同编）中有关承揽合同的法律规定，介绍流通加工中的承揽合同；结合《民法典》（合同编）中有关配送的法律规定，介绍配送合同。

知识体系

✓ 认识承揽合同。

✓ 认识配送合同。

素质目标

✓ 了解我国物流领域自动化技术的发展与应用，强化科技兴国意识。

✓ 了解技术、专利对企业发展的意义，提高保密意识，培养诚实守信的职业操守。

任务一　认识承揽合同

【知识目标】

✓ 掌握流通加工的类型和作用。

✓ 了解与流通加工有关的法律规范。

✓ 掌握承揽合同的特征、类型和内容。

✓ 掌握承揽合同当事人的权利与义务。

【技能目标】

✓ 能够分析出承揽合同案件中定作人、承揽人的责任和责任界定的依据。

任务导入

2021 年 2 月 21 日，A 家具厂委托 B 配送中心加工 1 000 套家具，双方签订了承揽合同。合同中约定：每套家具的加工费为 30 元，B 配送中心于 5 月 25 日前交付加工完毕的家具。

由于疏忽，A 家具厂与 B 配送中心在承揽合同中没有写明 A 家具厂支付加工费的具体时间。B 配送中心于 2020 年 5 月 25 日完成加工，A 家具厂于当天提货时表示同年 9 月底付款。B 配送中心对此表示不同意，因而拒绝了 A 家具厂的提货要求。

思考：

（1）A 家具厂提出 9 月底付款的要求合理吗？

（2）B 配送中心能否拒绝交付加工完毕的家具？

知识讲解

一、流通加工概述

流通加工是指在流通过程中，根据客户的需要对货物实施的简单加工作业活动（如包装、分割、计量、分拣、刷标志、拴标签、组装等）的总称。

（一）流通加工的类型

（1）为弥补生产加工中的不足所进行的流通加工。例如，对按标准规格生产的钢材、钢板等进行进一步剪裁、下料等深加工。

（2）为保护货物所进行的流通加工。例如，避免货物在运输、储存、包装、装卸搬运等过程中遭受损失，对货物进行的加固、改装、喷漆、涂防锈油等流通加工处理。

（3）为提高物流效率的流通加工。例如，对大型设备在配送过程中进行解体，对气体在运输过程中进行液化处理等。

（4）为促进销售的流通加工。例如，将过大包装货物或散装货物分装成适合销售的小包装货物，将原来以保护货物为主的运输包装换成以促进销售为主的装饰性包装，将零配件组装成便于直接销售的成品，将蔬菜洗净、肉类切块等。

（二）流通加工的作用

虽然流通加工不是所有物流活动中一定要有的环节，但其对健全物流功能和促进流通的作用不容忽视。具体而言，流通加工的作用有：

（1）流通加工是生产加工在流通领域的延伸，能弥补生产过程中的加工不足，满足不同客户的需求，使产需双方更好地衔接。

（2）对流通过程中的原材料进行初级加工，可以为物流其他环节创造条件，提高物流效率和设施设备及原材料的利用率。

（3）流通加工是一种低投入、高产出的加工方式，能够提高货物的附加值，是物流的“第三利润源泉”。

（三）与流通加工有关的法律规范

目前，我国还没有专门针对流通加工的法律，流通加工中产生的纠纷适合用《民法典》（合同编）中关于承揽合同的相关条款来调解。除此之外，规范流通加工市场秩序的法律还有《商标法》《产品质量法》《反不正当竞争法》《中华人民共和国广告法》《中华人民共和国消费者权益保护法》等。

探渊索珠

随着我国经济进入转型升级阶段，土地、人工成本等不断增加，企业依靠降低成本或扩大销售已难以获得高利润，而机械自动化、物流自动化作为降本增效新的利润增长点，其优势已得到广泛认可。

讨论：物流企业想要在竞争激烈的市场中求突破、求发展，在流通加工环节应如何做？

二、承揽合同的特征、类型和内容

《民法典》第 770 条规定：“承揽合同是承揽人按照定作人的要求完成工作，交付工作成果，定作人支付报酬的合同。”在承揽合同中，完成工作并交付工作成果（即定作物）的一方为承揽人，接受承揽人的工作成果并支付报酬的一方为定作人。

（一）承揽合同的特征

扫一扫

承揽合同的概念和特征

承揽合同具有以下特征：

（1）在承揽合同关系中，承揽人的义务是按照定作人的要求完成工作，交付工作成果；定作人的义务是受领该工作成果并支付约定的报酬。当事人双方任何一方取得利益均应有所付出，所以承揽合同是有偿合同。

（2）承揽合同的当事人双方互负义务，且其义务存在对价关系，所以承揽合同是双务合同。

（3）承揽合同当事人双方意思表示一致，承揽合同即告成立，而不以实际交付标的物为合同成立的要件，所以承揽合同是诺成合同。

（4）在承揽合同中，承揽人为了完成工作成果，需要付出劳动，但劳动本身不是承揽的目的，而是承揽人完成工作成果的手段。承揽人完成约定的承揽工作后产生的工作成果，才是承揽工作完成的标志。

（5）承揽合同的标的物是承揽人完成并交付的工作成果，可以是体力劳动成果，也可以是脑力劳动成果，但都必须具有特定性。

实践中，当事人的意思表示可以采用口头形式，也可以采用书面形式。对于生产上的承揽项目或者需较长时间才能完成的项目，应当采用书面合同形式。

（二）承揽合同的类型

由于承揽包括加工、定作、修理、复制、测试、检验等工作，因此承揽合同相应地也可分为加工合同、定作合同、修理合同、复制合同、测试合同、检验合同等。下面主要介绍与物流关系较为密切的几种承揽合同。

1. 加工合同

加工合同是指承揽人按照定作人的具体要求，使用自己的设备、技术和劳动对定作人提供的原材料或半成品进行加工，然后将工作成果交付定作人，定作人支付报酬的合同。该合同的特点是定作人提供大部分或全部原材料，承揽人只提供辅助材料和收取加工费用。

2. 定作合同

定作合同是指承揽人按照定作人的具体要求，使用自己的设备、技术、原材料和劳动，为定作人制作成品，定作人支付报酬的合同。定作合同与加工合同的不同之处在于，定作所需要的原材料全部由承揽人提供，承揽人收取的报酬包括加工费用和原材料费用。

3. 修理合同

修理合同是指承揽人为定作人修理损坏或发生故障的设备或其他物品，使其达到正常使用的状态，定作人支付报酬的合同。在修理合同中，定作人可以提供原材料，也可以不提供原材料。在不提供原材料的情况下，定作人所支付的报酬中包括了原材料的价值。物流过程中，设备发生故障、货物和包装的破损不可避免，修理合同履行的好坏将直接影响物流的效率和质量。

（三）承揽合同的内容

承揽合同的内容一般包括承揽的标的、数量、质量、报酬，承揽方式，材料的提供，履行期限，验收标准和方法，违约责任等条款。其中，材料的提供条款在承揽合同中非常重要，关系到承揽合同的类型，因此在承揽合同中应明确由谁提供原材料。如果规定原材料由定作人提供，则应明确定作人提供原材料的具体日期；如果规定由承揽人提供，则应约定原材料的品牌、质量、型号、数量等，以便计算原材料费用和加工费用，避免在交付货款时发生纠纷。

三、承揽合同当事人的权利与义务

（一）定作人的权利与义务

1. 定作人的权利

（1）对材料的检验权。在加工承揽合同中，双方当事人可以自由约定材料由定作人提供或由承揽人提供。无论材料由哪方提供，都应符合合同要求。《民法典》第 774 条规定：“承揽人提供材料的，应当按照约定选用材料，并接受定作人检验。”

扫一扫

承揽合同当事人的权利与义务

（2）监督检验承揽人工作的权利。《民法典》第 779 条规定：“承揽人在工作期间，应当接受定作人必要的监督检验。定作人不得因监督检验妨碍承揽人的正常工作。”

（3）变更定作要求的权利。出于种种原因，定作人可能会觉得最初在合同中约定的要求不合适。在这种情况下，定作人可对合同中的要求进行变更。《民法典》第 777 条规定：“定作人中途变更承揽工作的要求，造成承揽人损失的，应当赔偿损失。”

（4）请求交付工作成果的权利。《民法典》第 781 条规定：“承揽人交付的工作成果不符合质量要求的，定作人可以合理选择请求承揽人承担修理、重作、减少报酬、赔偿损失等违约责任。”

（5）解除合同的权利。《民法典》第 787 条规定：“定作人在承揽人完成工作前可以随时解除合同，造成承揽人损失的，应当赔偿损失。”

2. 定作人的义务

（1）按照约定提供材料、设计图纸或技术要求。若承揽合同当事人双方约定了由定作人提供材料、设计图纸或技术要求，则定作人应按约定提供，并保证所提供材料的准确性或技术要求的合理性，否则由此造成的损失，由定作人承担。

（2）协助承揽人完成承揽工作。《民法典》第 778 条规定："承揽工作需要定作人协助的，定作人有协助的义务。定作人不履行协助义务致使承揽工作不能完成的，承揽人可以催告定作人在合理期限内履行义务，并可以顺延履行期限；定作人逾期不履行的，承揽人可以解除合同。"

（3）按照合同约定支付报酬。《民法典》第 782 条规定："定作人应当按照约定的期限支付报酬。对支付报酬的期限没有约定或者约定不明确，依据本法第五百一十条的规定仍不能确定的，定作人应当在承揽人交付工作成果时支付；工作成果部分交付的，定作人应当相应支付。"

（4）及时验收并受领工作成果。定作人应按约定的时间、地点及时验收工作成果。定作人在验收时发现工作成果有缺陷的，可以拒绝受领。如果工作成果存在隐蔽瑕疵，定作人仍可于验收后的相当期限内请求承揽人承担责任。定作人如果迟延接受或无故拒绝接受定作物，承揽人可以向提存机关提存该定作物。

同步案例

2020 年 6 月 4 日，甲公司委托乙物流公司加工一批钢琴零件，并将其组装成成品，双方签订了承揽合同。合同中约定：钢琴的主体零件由甲公司提供，乙物流公司负责钢琴其他零件的加工和组装。

合同签订后，乙物流公司按照约定开始工作。中途，甲公司要求乙物流公司更换部分零件。乙物流公司表示同意，并要求甲公司提供所需零件的规格要求和质量要求，然后开始拆卸已经安装好的钢琴。但甲公司迟迟不提供资料，乙物流公司也无法继续开展工作。乙物流公司遂催促甲公司在 15 日内告知具体要求，否则将解除合同。随后，甲公司将具体要求告知乙物流公司。

为了重新组装钢琴，乙物流公司多支出了共计 3 万元的误工费和材料费。乙物流公司在履行期限届满 10 日后完工，并且要求甲公司支付因拆卸、替换零件所支出的额外费用。甲公司以乙物流公司未按期完成组装任务为由，只同意按照合同约定支付材料费，不同意支付误工费。双方为此发生争执，乙物流公司遂向法院起诉，要求甲公司赔偿相关损失。

点评：

甲公司在乙物流公司开始工作后，经双方协商，对合同内容进行了变更。但甲公司提出变更合同后，却不履行协助义务，不告知乙物流公司更换的零件的具体要求，致使乙物流公司未如期完成组装任务。根据《民法典》第 778 条的规定，甲公司应承担未履行协助义务而给乙物流公司造成的损失。最终，法院判定甲公司赔偿乙物流公司误工费、材料费等共计 3 万元。

（二）承揽人的权利与义务

1. 承揽人的权利

在承揽合同中，承揽人的主要权利为收益权和留置权。承揽人在承揽合同中的收益权表现为承揽人在交付工作成果后，有权向定作人收取报酬或材料费等价款。《民法典》第 783 条规定："定作人未向承揽人支付报酬或者材料费等价款的，承揽人对完成的工作成果享有留置权或者有权拒绝交付，但是当事人另有约定的除外。"对于承揽人已完成工作但不便于行使留置权的，可通过拒绝交付的形式合法占有定作物。

2. 承揽人的义务

（1）承揽人有亲自完成承揽工作的义务。承揽工作分为主要工作和辅助工作，主要工作是指决定工作成果质量的工作，也可以指大部分或者绝大部分承揽工作。主要工作以外的辅助工作，承揽人可以将其交给第三人来完成。《民法典》第 772 条第 1 款规定："承揽人应当以自己的设备、技术和劳力，完成主要工作，但是当事人另有约定的除外。"《民法典》第 772 条第 2 款规定："承揽人将其承揽的主要工作交由第三人完成的，应当就该第三人完成的工作成果向定作人负责；未经定作人同意的，定作人也可以解除合同。"

小提示

一般情况下，承揽人与接受辅助工作的第三人之间会形成新的承揽关系。承揽人与第三人之间的关系不影响承揽人对定作人所负的义务，承揽人与定作人之间的合同效力也不影响承揽人和第三人之间的合同效力。

想一想

老张的汽车被撞坏了，老张便将汽车送到修理厂修理。因汽车的车门毁坏严重，修理厂无法修理，便将车门送到某钣金厂进行修理。则下列选项中，说法正确的是（　　）。

A. 修理厂构成违约，因为其未经老张许可便将修理工作交由第三人完成

B. 修理厂不构成违约，因为其未将主要工作交由第三人完成

C. 老张可以要求修理厂承担违约责任

D. 老张将汽车交给修理厂时，汽车所有权转移至修理厂

（2）验收与通知义务。《民法典》第 775 条第 1 款规定："承揽人对定作人提供的材料应当及时检验，发现不符合约定时，应当及时通知定作人更换、补齐或者采取其他补救措施。"《民法典》第 775 条第 2 款规定："承揽人不得擅自更换定作人提供的材料，不得更换不需要修理的零部件。"《民法典》第 776 条规定："承揽人发现定作人提供的图纸或者技术要求不合理的，应当及时通知定作人。因定作人怠于答复等原因造成承揽人损失的，

应当赔偿损失。”

（3）妥善保管定作人提供的材料及完成的工作成果。《民法典》第 784 条规定：“承揽人应当妥善保管定作人提供的材料以及完成的工作成果，因保管不善造成毁损、灭失的，应当承担赔偿责任。”

（4）接受定作人的检查。在承揽期间，承揽人不得拒绝定作人的正当检查，或为其检查设置障碍或采取隐瞒、逃避等行为。当然，定作人行使检查权应以不妨碍承揽人的正常工作为限，否则应对所造成的损失负责。为了避免产生纠纷，当事人双方可在合同中对定作人检查的时间、方式、次数做出详细规定。

（5）承揽人应按时向定作人交付已完成的工作成果。《民法典》第 780 条规定：“承揽人完成工作的，应当向定作人交付工作成果，并提交必要的技术资料和有关质量证明。定作人应当验收该工作成果。”

小提示

交付工作成果后，工作成果的占有权、所有权就会发生转移。若工作所需的材料主要或完全由定作人提供，工作成果的所有权归定作人所有，承揽人交付工作成果时，完成了对工作成果占有权的转移；若工作所需的材料主要或完全由承揽人提供，工作成果的所有权归承揽人所有，承揽人交付工作成果时，该工作成果的所有权也发生了转移。

（6）保密义务。《民法典》第 785 条规定：“承揽人应当按照定作人的要求保守秘密，未经定作人许可，不得留存复制品或者技术资料。”由于承揽合同的特殊性，定作人有时会向承揽人提供一些涉及商业机密或技术机密的资料，这些资料对定作人来说具有很大的价值，如果承揽人将其泄露，会使定作人受到严重损失。因此，合同当事人应该对保密条款中保密的范围、程度、期限、违反的责任等进行详细约定。

课堂讨论

2020 年 5 月 12 日，A 公司委托 B 公司对一批电弧炉进行设计、制造、安装及调试，双方签订了承揽合同。为优化合作，当事人双方在合同中约定可以对合同进行调整。合同签订后，A 公司依约向 B 公司支付了 300 万元预付款。B 公司遂开始进行电弧炉的前期设计，但其一直未依约向 A 公司交付前期设计成果。在此期间，A 公司多次向 B 公司提出商榷合同变更事宜，均遭到了 B 公司的拒绝。

同年 11 月 7 日，A 公司向 B 公司发函，称希望能与 B 公司协商合同变更事宜，并提出了明确的变更意见。B 公司于 11 月 13 日回函，称已经开始订货并拒绝变更合同，同时提出扣留 A 公司的全部预付款。2021 年 5 月 8 日，A 公司再次向 B 公司发函，邀约 B 公司尽快与其协商合同变更事宜，B 公司于同年 5 月 27 日向 A 公司回函，称 A 公司中途变更工作要求给自己造成了损失，要求 A 公司赔偿。

请同学们讨论：A 公司是否应按 B 公司所说赔偿其损失？本案的责任该如何界定？

案例解析

“任务导入”中所述案例的解析如下：

（1）A 家具厂与 B 配送中心没有对付款时间进行约定，根据《民法典》782 条的规定，A 家具厂应该在 2020 年 5 月 25 日提货时向 B 配送中心支付加工费，因此 A 家具厂提出的 9 月底付款的要求不合理。

（2）A 家具厂未向 B 配送中心按时支付加工费，根据《民法典》783 条的规定，B 配送中心可以行使留置权扣留已经加工完毕的家具。

实战演练

2020 年 4 月 25 日，A 公司委托 B 物流公司加工 100 套柚木家具，双方签订了承揽合同。合同中约定：“加工每套柚木家具的单价为 80 元，A 公司向 B 物流公司支付预付款 8 000 元，B 物流公司先按照 A 公司的要求加工一套样品，并在同年 5 月 10 日前向 A 公司交付。A 公司验收样品后下达样品确认书，B 物流公司根据样品确认书加工柚木家具。如有一方违约，另一方可以提出终止合同。在没有造成损失的情况下，违约方应支付合同价款 20%的违约金。”

合同签订后，A 公司向 B 物流公司支付了预付款，B 物流公司按约加工家具样品。2020 年 4 月 30 日和 5 月 9 日，A 公司分别派人到 B 物流公司对家具样品进行查验，并提出了修改意见。B 物流公司承诺将按照 A 公司的意见对家具样品进行改良。

2020 年 5 月 22 日，A 公司以 B 物流公司迟延交货为由，要求解除双方签订的承揽合同，并要求 B 物流公司返还预付款，支付违约金 1.6 万元。

请问：本案的责任应如何界定？

要求：2～3 人一组，借助网络和书籍查找上述案例涉及的法律规范，然后将问题的答案进行汇总并形成 Word 文件，在课堂上进行分享。

任务二 认识配送合同

【知识目标】

✓ 了解配送的分类和特征。

✓ 理解配送涉及的法律关系，了解与配送有关的法律规范。

✓ 掌握配送合同的种类、特征和主要内容。

✓ 掌握配送合同当事人的权利与义务。

【技能目标】

✓ 能够分析出配送合同案件中配送人、客户的责任和责任界定的依据。

任务导入

2020 年 8 月 4 日，甲公司与乙物流公司签订了配送合同。合同中约定：甲公司将一批价值 30 万元的黄磷（易燃物）交付乙物流公司，乙物流公司为其提供配送服务。

甲公司因听说乙物流公司已多次配送过黄磷，因此未将这批货物的具体信息告知乙物流公司，也未在货物包装上粘贴易燃物标志。8 月 9 日，乙物流公司按合同约定将这批货物运往目的地途中，黄磷突然起火，致使车上所有货物连同车辆被全部烧毁。据查，事发地当日最高温度达 36℃，而所运黄磷在 34℃下即可自燃。事后，甲公司要求乙物流公司赔偿全部损失。乙物流公司以甲公司未事先告知货物性质，使自己未能采取相应措施为由拒绝赔偿，并且要求甲公司赔偿车辆损失费 20 万元。

思考：

本案的责任应如何界定？

知识讲解

一、配送概述

配送是指在经济合理区域范围内，根据客户要求，对货物进行拣选、加工、包装、组配等作业，并按时送达指定地点的物流活动。

（一）配送的分类

配送的分类多种多样。按配送主体不同，配送可分为配送中心配送、仓库配送、商店配送等；按配送时间和数量不同，配送可分为定时配送、定量配送、定时定量配送、即时配送等；按配送的组织形式不同，配送可分为销售配送、供应配送、销售—供应一体化配送、代存代供配送等；按配送货物种类和数量多少不同，配送可分为少品种、大批量配送，多品种、少批量配送，配套配送等。

（二）配送的特征

（1）配送的本质是为客户提供服务。物流企业以客户的实际需要为出发点，通过一系列物流活动完成配送服务，帮助客户实现“零库存”。

（2）配送是短距离的末端运输。配送是从物流企业到终端客户的小批量、多品种运输，为客户提供的是短距离支线运输服务。

（3）配送具有较强的时效性。物流企业必须在客户约定的时间范围内，将约定数量的货物送达指定的地点，否则应承担赔偿责任。

（4）配送是各种业务的有机结合。除了送货外，配送还包括拣选、加工、包装、组配等物流作业。

（三）配送涉及的法律关系

1．配送服务法律关系

物流企业仅为客户提供货物的拣选、加工、包装、组配等配送服务时，其与客户总是以配送合同来确定双方的权利和义务。此时，他们之间的关系为配送服务法律关系。

2．买卖法律关系

无论是生产企业还是流通企业，他们作为商品的供应方在销售其商品时，往往还将配送服务作为附带服务。在这种情况下，不存在单独的配送合同，商品销售方和购买者之间是买卖法律关系，其权利与义务是根据买卖合同来确定的。

（四）与配送有关的法律规范

目前，我国还没有专门针对物流配送的法律，配送所涉及的各环节作业遵循《民法典》（合同编）中关于买卖合同、仓储合同、运输合同、承揽合同等的规定。实践中，当事人双方一般会在合同中对双方的权利与义务进行自由约定，当约定意思不明确或没有约定时，配送关系才由相关法律规范来调整。

探渊索珠

无人配送车（见图 6-1）是自动驾驶技术在物流领域的重要应用。自动驾驶技术已相对成熟，但其产品在取得上路合法身份方面困难重重。2021 年 5 月 25 日，北京市高级别自动驾驶示范区颁发了国内首批无人配送车车辆编码。除颁发上路资质外，该示范区还发布了《无人配送车管理实施细则》，实现对新产品、新技术的先行落地，探索对先行区具体场景应用政策的创新。

图 6-1　无人配送车

讨论：我国在物流配送领域的创新不止于此，除上述无人配送车外，你还知道哪些高科技配送设备？

二、配送合同的种类、特征和主要内容

配送合同是指配送人根据客户的要求为其提供配送服务，客户支付费用的合同。

（一）配送合同的种类

在实践中，配送人与客户一般以配送服务合同或销售配送合同来明确双方的权利与义务。

1. 配送服务合同

配送服务合同是指配送人接收客户待运送的货物后，根据客户的要求对货物进行拣选、加工、包装、组配等作业，并按照客户指定的时间将货物送达客户指定的地点，由客户支付配送服务费的合同。在配送服务合同中，货物的所有权始终归客户所有。

扫一扫

配送合同简介

2. 销售配送合同

销售配送合同是指配送人将货物所有权转移给客户的同时，为客户提供配送服务，由客户支付货物价款和配送服务费的合同。

小提示

因为销售配送合同中包含了买卖关系，所以才涉及货物所有权的转移问题，这也是销售配送合同与配送服务合同的主要区别。销售配送合同中关于货物所有权的转移问题，完全可以用与买卖合同有关的法律规范来解决。

（二）配送合同的特征

（1）配送合同是无名合同。无名合同又称非典型合同，是指法律上尚未确定具体名称与规则的合同。配送合同中所涉及的买卖、仓储、运输、承揽等活动，可参照《民法典》中有关买卖合同、仓储合同、运输合同、承揽合同等相关条款执行。

（2）配送合同是有偿合同。配送人需要投入相应的物化成本和劳动才能实现配送服务并获得利益回报。配送经营的营利性决定了配送合同为有偿合同。

（3）配送合同是诺成合同。配送合同当事人就配送服务的意思表示一致时，配送合同即告成立。配送合同成立后，配送人需为履行合同组织力量，安排人力、物力甚至投入较多资源，如购置设备、聘请人员等。

（三）配送合同的主要内容

配送合同种类繁多，但其主要内容大致相同，具体包括合同当事人、合同的标的物、配送服务项目、当事人的权利和义务、配送费、合同的期限、合同的变更与终止、违约责任、纠纷处理等。其中，合同的标的物条款、配送服务项目条款、配送费条款的内容如下：

（1）合同的标的物。配送合同中必须明确标的物的名称、数量、包装、重量、规格、

性质等，且标的物必须为动产。

（2）配送服务项目。该条款主要就配送服务项目进行详细约定，包括是否需要对货物进行加工、怎样包装、用什么方式运输、交货的时间和地点等。

（3）配送费。收取配送费是配送人订立配送合同的目的，配送合同中应明确计费标准、计费方法、费用的支付方式等。

三、配送合同当事人的权利与义务

（一）配送人的权利与义务

1. 配送人的权利

（1）要求客户支付配送费的权利。

（2）要求客户协助的权利。配送人按约定履行义务，在很大程度上依赖于客户的协助。客户应及时告知配送人有关货物的信息，如货物的品名、型号、数量等。若涉及危险货物，客户还应将有关危险货物的名称、性质、应当采取的预防措施等书面通知配送人。客户没有及时告知货物性质，由此造成的损失，应由客户承担。

（3）要求收货人及时受领货物的权利。收货人迟延受领货物造成配送人损失的，应当由配送委托人赔偿其损失。

（4）要求客户按约定提供原始货物的权利。如果客户没有按照约定提供，以至配送人没有按期送货，配送人无须承担责任。

2. 配送人的义务

（1）妥善保管的义务。在配送合同中，配送人在将货物交付之前，应尽到妥善保管货物的义务，以确保货物的数量和质量符合合同约定。除合同另有约定外，配送人应对其占有货物期间所发生的货损、货差承担责任。

（2）告知义务。配送人在履行配送合同期间，应将履行的情况、可能影响客户利益的事件等及时、如实地告知客户，以便客户采取合理的措施防止或减少损失的发生。否则，配送人应承担相应的责任。

（3）及时提供有效的配送服务的义务。配送人应使用合适的运输工具、装卸搬运工具等，并根据客户的要求选择合适的配送方案，及时为客户提供有效的配送服务，避免因配送不及时使客户遭受损失。

（4）提供符合合同约定的货物的义务。配送人应保证所配送的货物在交给收货人时，货物的重量、质量和包装等符合合同的约定；否则，因此给客户造成的损失，由配送人承担。

小提示

销售配送合同中的配送人同时也是出卖人，配送人不仅有转移货物所有权的义务，还有保证不会出现第三人对货物主张权利的义务。

同步案例

A公司（以下称“客户”）与B配送中心（以下称“配送人”）订有配送合同，合同中约定由配送人按客户要求对货物进行拣选、加工、包装、分割、组配等作业后，在指定的时间内，将货物送至客户指定的地点，客户支付配送费。客户在收到货物后，经检查发现有货物漏送情况；收到货物后第5天，发现一部分货物的包装不符合合同要求。

点评：

配送人有义务按照合同约定的货物重量、质量等配送货物，因此，货物漏送的责任应由配送人承担。配送人与客户签订的配送合同中约定，由配送人按客户要求对货物进行包装，因此货物的包装不符合合同约定的责任也应由配送人承担。

（二）客户的权利和义务

配送合同中，客户的权利有：享受安全、及时的配送服务；了解货物的配送状况。客户的义务有：支付配送费；及时向配送人提供所需配送的货物；告知配送人货物的性质；及时收取配送的货物。

案例解析

“任务导入”中所述案例的解析如下：

在配送合同中，客户有告知配送人货物的性质的义务。本案中，甲公司没有将货物的易燃性质告知乙物流公司，是导致货物发生自燃的主要原因。因此，对于黄磷自燃和乙物流公司运输车辆的全部毁损，甲公司应承担主要责任。

乙物流公司作为配送人，应了解货物的性质并妥善运输。但乙物流公司没有主动了解货物的性质，也未为妥善运输货物创造条件，因此乙物流公司对货物的损失负有一定的责任。

综上，法院认为甲公司、乙物流公司应根据过错程度按比例承担责任，最终判决甲公司自己承担黄磷毁损的全部责任，并赔偿由此给乙物流公司造成的部分损失共计5万元。

实战演练

2020年3月8日，A食品厂委托B配送中心对储存在其仓库中的一批食品进行配送，双方签订了配送合同。3月20日，B配送中心将A食品厂存储的20箱薯片送至C超市，C超市在未验货的情况下就签收了货物。3月21日，C超市工作人员发现部分薯片已经受潮且呈碎裂状态。于是，C超市向A食品厂提出退货退款要求，A食品厂则要求B配送中心赔偿相关损失，并扣压了本应支付给B配送中心的部分费用。B配送中心对此表示不满，称C超市已经签收了货物，自己不应承担货损责任，并将A食品厂的剩余货物强行占有，拒不归还。

请问：本案的责任应如何界定？

要求：2～3人一组，借助网络和书籍查找上述案例涉及的法律规范，然后将问题的答案进行汇总并形成Word文件，在课堂上进行分享。

项目考核

1. 选择题

（1）将鲜鱼冷冻、大型设备解体、气体液化是（　　）而进行的流通加工。

A．为弥补生产加工不足　　B．为提高物流效率

C．为促销销售　　D．为保护货物

（2）下列选项中，不属于承揽合同的是（　　）。

A．服装定作合同　　B．广告印刷合同

C．汽车修理合同　　D．建材买卖合同

（3）甲与乙签订了一份承揽合同，双方约定由甲为乙定做一套实木橱柜，乙提供图纸，甲提供材料，期限为3个月。则下列说法中不正确的是（　　）。

A．乙有权检验甲提供的材料是否符合约定

B．若乙中途变更设计图纸，造成甲损失3万元，则乙应赔偿甲的损失

C．若甲按约完成橱柜，而乙未向甲按约支付报酬，则甲可以留置橱柜

D．甲在任何情况下都不能单方面解除承揽合同

（4）下列选项中，属于承揽人在履行承揽合同过程中的违约行为的是（　　）。

A．承揽人发现定作人提供的图纸不合理，立即停止工作并通知定作人，因等待答复未能如期完成工作

B．承揽人发现定作人提供的材料不合格，遂自行更换为自己认为合格的材料

C．承揽人征得定作人同意，将其承揽的辅助工作交由第三人完成，并就第三人完成的工作成果对定作人负责

D．因定作人未按期支付报酬，承揽人拒绝交付工作成果

（5）（多选）按配送时间和数量不同，配送可分为（　　）等。

A．定时配送　　B．定量配送

C．仓库配送　　D．即时配送

（6）A 公司将一批玻璃制品运至 B 配送中心，B 配送中心负责对这批玻璃制品进行分拣、组配，并将组配好的玻璃制品直接运至 C 工厂的流水线。若 B 配送中心接货时发现部分玻璃制品有碎裂现象，则（　　）应承担货损责任；若 B 配送中心将玻璃制品送到 C 工厂时，C 工厂发现部分玻璃制品有碎裂现象，则（　　）应承担货损责任。

A．A 公司；B 配送中心　　B．B 配送中心；B 配送中心

C．B 配送中心；A 公司　　D．B 配送中心；C 工厂

2. 简答题

（1）简述承揽合同的特征。

（2）承揽合同中，承揽人的义务有哪些？

（3）简述配送合同的特征。

（4）配送合同中，配送人的义务有哪些？

3. 综合分析题

【题一】2020 年 4 月 13 日，B 物流公司要求 A 机械厂按其提供的图纸加工 3 套应用于 M 设备的配件，A 机械厂表示同意，并在双方签订的合同中注明。

2020 年 6 月 23 日，3 套配件被运到 B 物流公司。B 物流公司随即按合同支付了货款。可是 B 物流公司在同年 7 月初安装配件前，对这 3 套配件进行测试后，发现该批配件存在一些问题，随即要求 A 机械厂进行修理。配件经修理后，B 物流公司将其安装后，发现 M 设备远远达不到技术要求。调查得知，A 机械厂没有完全按 B 物流公司提供的图纸来制作配件，导致 M 设备无法正常投入使用。

请问：（1）该案件中的合同是买卖合同还是承揽合同？

（2）本案的责任应如何界定？

【题二】张某在某大型商场的网站上订购了一台电冰箱，并通过网上银行支付了电冰箱的价款和配送费。根据约定，该商场应在 3 天内将电冰箱配送至张某家。该商场于第 3 天将电冰箱送至张某家的途中，因遭遇强雷雨，电冰箱毁损。

请问：（1）在商场配送电冰箱的途中，电冰箱的所有权归谁？

（2）张某是否应承担电冰箱的毁损责任？

项目七

包装与装卸搬运法律制度

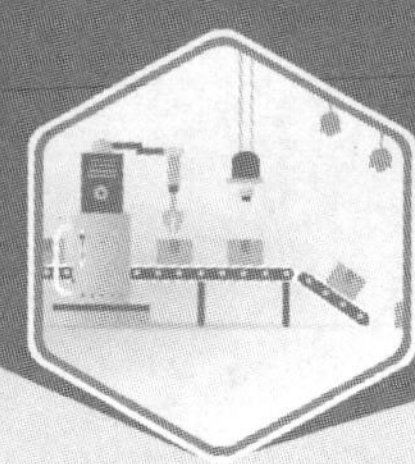

项目引言

在货物从生产地到消费地的过程中，为了方便运输，更好地保护货物，物流企业需要对货物进行包装。此外，装卸搬运也是运输、储存、配送等物流活动的重要组成部分，是各种物流活动能否形成有机联系和紧密衔接的关键。

目前，适用于我国包装和装卸搬运的规定分散于多个标准和法律规范中。本项目将结合《包装储运图示标志》《一般货物运输包装通用技术条件》《危险货物运输包装通用技术条件》等国家标准，介绍货物运输包装标志和普通货物包装、危险货物包装的相关知识；结合其他法律规范和行业标准介绍港口、铁路和公路装卸搬运的相关知识。

知识体系

✓ 掌握货物包装法律制度。

✓ 了解装卸搬运作业法律制度。

素质目标

✓ 了解绿色物流的含义，树立可持续发展理念。

✓ 树立安全无小事的观念，强化安全责任意识，培养严谨的科学态度和优良学风。

任务一 掌握货物包装法律制度

【知识目标】

✓ 了解包装的分类及物流行业对包装的要求。
✓ 了解普通货物运输包装标志和危险货物运输包装标志。
✓ 熟悉与普通货物包装和危险货物包装有关的法律规范。
✓ 掌握销售包装与运输包装的基本要求。
✓ 熟悉危险货物运输包装的基本要求。

【技能目标】

✓ 能够分析出物流法律案件中关于货物包装的责任及其界定的依据。

任务导入

2021 年 1 月 15 日，A 制衣厂委托 B 物流服务公司将一批服装从上海运至福州，双方签订了水路货物运输合同。合同中约定：A 制衣厂负责使用特制的防水编织袋对服装进行包装，B 物流服务公司安排货物的配送与装卸。

2021 年 2 月 14 日，载运这批服装的船舶驶离上海港后不久遭遇了台风，船体遭到严重破坏，船舱进水，由于集装箱密封不严，货物遭水浸泡毁损。事后，A 制衣厂要求 B 物流服务公司赔偿货物损失。B 物流服务公司辩称货损是不可抗力造成的，自己不应承担责任。

思考：

（1）本案中的防水编织袋和集装箱属于销售包装还是运输包装？

（2）B 物流服务公司的说法是否成立？

知识讲解

一、包装的分类

包装是指为了在流通过程中保护货物、方便储运、促进销售，按一定技术方法而采用的容器、材料及辅助物等的总称，也指为了达到上述目的而在采用容器、材料和辅助物的过程中施加一定技术方法的操作活动。根据包装在物流领域的作用，可将其分为销售包装和运输包装。

（一）销售包装

销售包装是指直接接触商品并随商品进入零售店和消费者直接见面的包装。销售包装不仅能保护商品，还能起到美化、宣传商品的作用。

（二）运输包装

运输包装（见图 7-1）是指以满足运输、仓储要求为主要目的的包装。

图 7-1　运输包装

设计运输包装时，应考虑如何抵御储运过程中雨、雪等自然因素和震动、碰撞、摩擦等外力因素对货物的破坏，同时还应考虑如何防止因货物溢出、撒漏、挥发等引发的安全事故。

根据包装方式的不同，运输包装可分为单体包装和集合包装。单体包装是指只包装一种或一套产品的包装。集合包装是指将若干包装或商品包装在一起，形成一个合适的搬运单元的包装。集合包装通常采用托盘、集装袋、集装箱等进行运输。

根据保护技术的不同，运输包装可分为防潮包装、防锈包装、防虫包装、防霉包装、防水包装、防静电包装等。

二、物流行业对包装的要求

（一）系统化和标准化

系统化和标准化要求从物流系统的整体出发，为货物制订统一的包装规格标准，使货物包装尺寸与物流有关的规格化空间尺寸（如叉车、传送带、托盘、集装箱等的规格）相契合，以提高货物的流通效率。

（二）合理化和科学化

合理化和科学化是指通过科学的方法对货物进行适度包装，既不片面强调节约包装费用，又要避免资源浪费，即杜绝过度包装或过简包装。合理化、科学化包装的宗旨，是在满足特定的货物运输、储存条件下，以最小的包装体积、最少的包装材料实现对货物的防护，或者达到满足销售的目的。

（三）信息化和智能化

现代物流对货物包装提出了新的要求，不仅要求从包装中能获得货物的信息，还要求包装具有防伪、防盗等功能，包装上的条形码和指纹包装、防窃包装等，都是包装信息化和智能化的体现。除此之外，电子订货系统、自动识别系统、条形码技术、电子数据交换技术在物流行业的广泛应用，也促进了货物包装向着信息化、智能化发展。

（四）绿色环保

一方面，制作包装会消耗大量的资源，增加货物成本；另一方面，包装废弃物的处理还会涉及垃圾回收、环境污染等社会问题。为了平衡与兼顾以上两个方面，设计包装时，应以保护自然环境、维持生态平衡和坚持可持续发展为出发点，力求包装绿色环保。

要实现绿色环保，在选用包装材料时，应遵循轻量化、可回收、可重复利用、可循环再生、拒绝使用非生态材料的原则和可降解原则。

和谐共生

绿色包装又称无公害包装，是指在包装产品全生命周期中，在满足包装功能要求的前提下，对人体健康和生态环境危害小、资源能源消耗少的包装。绿色包装从原材料选择、制造，再到使用和废弃的整个周期里，均应符合生态环境保护的要求。

2021 年 2 月 22 日，国务院印发《关于加快建立健全绿色低碳循环发展经济体系的指导意见》（以下简称《指导意见》）。《指导意见》对打造绿色物流、加强再生资源回收利用、建立绿色贸易体系等做出了重要指示，如：推广绿色低碳运输工具，淘汰、更新或改造老旧车船，港口和机场服务、城市物流配送、邮政快递等领域要优先使用新能源或清洁能源汽车；加大推广绿色船舶示范应用力度，推进内河船型标准化。支持物流企业构建数字化运营平台，鼓励发展智慧仓储、智慧运输，推动建立标准化托盘循环共用制度。

讨论：日常生活中常见的绿色包装有哪些？为响应国家“健全绿色低碳循环发展的流通体系”的号召，物流企业应该从哪些方面做起？

三、货物运输包装标志

（一）普通货物运输包装标志

普通货物是指除危险货物、鲜活易腐货物之外，在运输和保管方面没有特殊要求的货物。在对普通货物进行包装时，有相关法律和标准的，应根据相关法律和标准中的规定对货物进行包装；没有相关法律和标准的，应从适用于货物运输、储存、装卸搬运和销售的角度考虑，对货物进行妥善包装。

扫一扫

包装标志

运输包装上应有合适的运输包装标志。运输包装标志是指用图形或文字在运输货物的包装上制作的记号、代号，以及其他指示和说明的总称。普通货物的运输包装标志应按照《运输包装收发货标志》（GB/T 6388—1986）、《包装储运图示标志》（GB/T 191—2008）

的规定制作。其中，《包装储运图示标志》主要对包装储运图示标志的名称、图形符号、尺寸、颜色及应用方法做了规定。

1．标志的名称、图形符号和含义

根据《包装储运图示标志》的规定，包装储运图示标志由图形符号、名称及外框线组成，共 17 种。表 7-1 列出了几种常见的包装储运图示标志。

表 7-1　包装储运图示标志

名称	标志	含义	名称	标志	含义
易碎物品		表明运输包装件内装易碎物品，搬运时应小心轻放	禁用叉车		表明不能用升降叉车搬运的运输包装件
禁用手钩	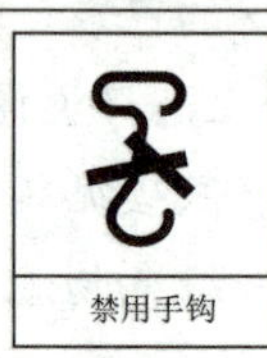	表明搬运运输包装件时禁用手钩	此处不能卡夹		表明搬运货物时不能用夹持的面
向上	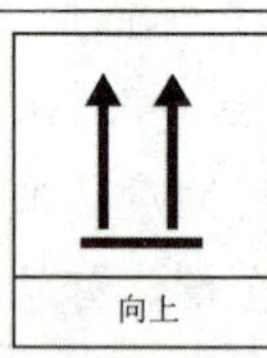	表明该运输包装件在运输时应竖直向上	禁止翻滚		表明搬运时不能翻滚该运输包装件
怕雨		表明该运输包装件怕雨淋	怕晒		表明该运输包装件不能直接照晒
禁止堆码	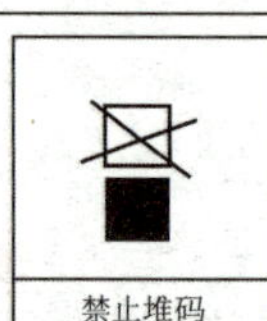	表明该运输包装件只能单层放置	堆码层数极限	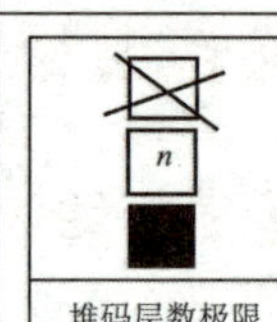	表明可堆码相同运输包装件的最大层数

2．标志的使用方法

（1）标志的制作。可采用印刷、粘贴、拴挂、钉附及喷涂等方法制作包装储运图示标志。印刷标志时，外框线及标志名称都要印上，出口货物可省略中文标志名称和外框线；喷涂标志时，外框线及标志名称可以省略。

（2）标志的数目和位置。一个包装件上使用相同标志的数目，应根据包装件的尺寸和形状确定。标志应标注在显著位置上，并依照表 7-2 中的规定使用。

表 7-2　包装储运标志应标注的位置

标志名称	标注的位置	图示	标志名称	标注的位置	图示
易碎物品	标在包装件所有的端面和侧面的左上角处	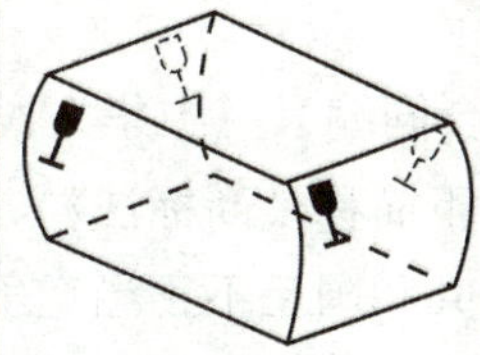	重心	尽可能标在包装件 6 个面的重心位置上，否则至少也应标在包装件 2 个侧面和 2 个端面上	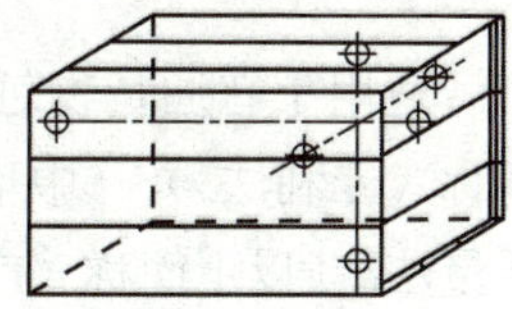
向上	标在与“易碎物品”标志相同的位置	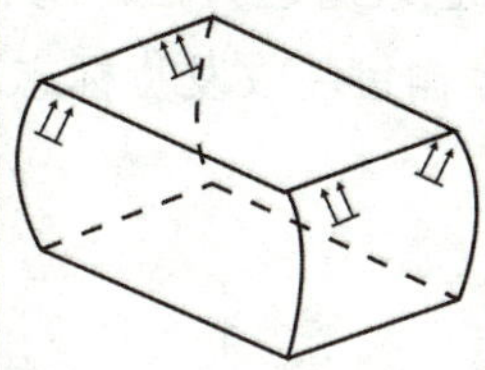	向上	当“易碎物品”标志和“向上”标志同时使用时，“向上”标志应更接近包装件的箱角	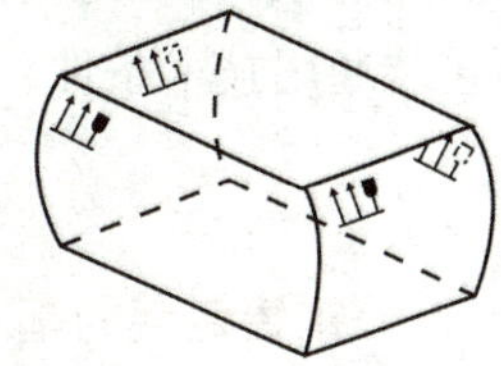

（二）危险货物运输包装标志

危险货物的种类以列入《危险货物品名表》（GB 12268—2012）中的为准，未列入《危险货物品名表》中的，以有关法律规范或国务院有关部门公布的信息为准。

《危险货物包装标志》（GB 190—2009）规定了危险货物包装图示标志的分类图形、尺寸、颜色及使用方法等。危险货物包装标志分为危险货物包装标记（见图 7-2）和危险货物包装标签（见图 7-3）。

（a）危害环境物质和物品标记

（b）方向标记

（c）高温运输标记

图 7-2　危险货物包装标记

（a）爆炸性物质或物品

（b）易燃气体

（c）易于自燃的物质

（d）毒性气体

图 7-3　危险货物包装标签

四、普通货物包装法律制度

（一）与普通货物包装有关的法律规范

适用于普通货物包装的法律有《民法典》（合同编）、《中华人民共和国专利法》（以下简称《专利法》）、《中华人民共和国商标法》（以下简称《商标法》）、《中华人民共和国产品质量法》（以下简称《产品质量法》）、《中华人民共和国反不正当竞争法》（以下简称《反不正当竞争法》）、《海商法》、《铁路零担货物运输包装管理办法》等，标准有《一般货物运输包装通用技术条件》《包装储运图示标志》《运输包装收发货标志》等。

（二）普通货物包装的基本要求

1. 销售包装的基本要求

销售包装一般由产品的生产者提供。但是，若物流服务合同中规定由物流企业为产品提供销售包装，则物流企业需要按照销售包装的基本要求进行制作。

销售包装一般包括装饰图、文字说明及条形码等。在实践中，销售包装应符合以下基本要求。

1）符合《专利法》的要求

在物流领域，越来越多与包装制造有关的材料技术、机械技术、结构设计等被申请为专利，物流企业在对产品进行包装时，不能侵犯他人的专利权。在未被授予专利权的产品或者其包装上标注专利标识；专利权被宣告无效或者终止后，继续在产品或者其包装上标注专利标识；未经许可，在产品或者产品包装上标注他人的专利号，这些都属于假冒专利的行为。

《专利法》第68条规定："假冒专利的，除依法承担民事责任外，由负责专利执法的部门责令改正并予公告，没收违法所得，可以处违法所得五倍以下的罚款；没有违法所得或者违法所得在五万元以下的，可以处二十五万元以下的罚款；构成犯罪的，依法追究刑事责任。"

2）符合《商标法》的要求

商标权是指商标所有人依法支配其注册商标并禁止他人侵害的权利。商标通常作为包装的一部分被印刷在销售包装上，为了避免引起商标权纠纷，生产企业和物流企业在设计包装时应遵守《商标法》的规定，既要防止侵犯他人的商标权，又要防止他人侵犯自己的商标权。

3）符合《反不正当竞争法》的要求

《反不正当竞争法》第6条规定，经营者不得实施下列混淆行为，引人误认为是他人商品或者与他人存在特定联系：

① 擅自使用与他人有一定影响的商品名称、包装、装潢等相同或者近似的标识；

② 擅自使用他人有一定影响的企业名称（包括简称、字号等）、社会组织名称（包括简称等）、姓名（包括笔名、艺名、译名等）;

③ 擅自使用他人有一定影响的域名主体部分、网站名称、网页等;

④ 其他足以引人误认为是他人商品或者与他人存在特定联系的混淆行为。

《反不正当竞争法》第 8 条第 1 款规定："经营者不得对其商品的性能、功能、质量、销售状况、用户评价、曾获荣誉等作虚假或者引人误解的商业宣传，欺骗、误导消费者。"

4）符合《产品质量法》的要求

我国参照国际先进的产品标准和技术要求，推行产品质量认证制度。企业根据自愿原则可以向国务院市场监督管理部门认可的或其授权的部门认可的认证机构申请产品质量认证。经认证合格的，由认证机构颁发产品质量认证证书，准许企业在产品或者其包装上使用产品质量认证标志。

《产品质量法》第 27 条规定，产品或者其包装上的标识必须真实，并符合下列要求:

① 有产品质量检验合格证明;

② 有中文标明的产品名称、生产厂厂名和厂址;

③ 根据产品的特点和使用要求，需要标明产品规格、等级、所含主要成分的名称和含量的，用中文相应予以标明；需要事先让消费者知晓的，应当在外包装上标明，或者预先向消费者提供有关资料;

④ 限期使用的产品，应当在显著位置清晰地标明生产日期和安全使用期或者失效日期;

⑤ 使用不当，容易造成产品本身损坏或者可能危及人身、财产安全的产品，应当有警示标志或者中文警示说明。

裸装的食品和其他根据产品的特点难以附加标志的裸装产品，可以不附加产品标识。

同步案例

2020 年 7 月 8 日，A 物流企业取得了某种销售包装的外观设计专利权，该销售包装的突出特征是包装箱的右上侧绘有粗黑线条的隶书"运"字。2020 年 12 月 9 日，A 物流企业发现 B 物流企业包装箱正面和背面的右上侧均有一个用粗黑线条绘制的隶书"运"字的变形体。

A 物流企业认为 B 物流企业包装箱上的图案与自己企业的专利图案相同，侵犯了自己的专利权，遂将 B 物流企业告至法庭，并向其索赔经济损失 50 万元。B 物流企业辩称自己包装箱上所使用的"运"字来源于秦代某名家的书法作品，坚称自己没有侵权。

点评:

A 物流企业的外观设计专利权是否被侵犯，首先应审查被控侵权产品与涉案专利产品是否属于同类产品，其次应当以普通消费者的审美能力和观察能力作为标准，来判断这两个"运"字是否容易让人产生误认。由于 B 物流企业的被控侵权产品与 A 物流企业的专利产品系同类产品，且包装箱设计的主要部分与 A 物流企业包装箱的外观设计专利相同或相似，普通消费者可能会对两种产品产生误认或混淆。因此，B 物流企业的行为已构成侵权。

由于A物流企业的实际损失及B物流企业的违法所得均难以确定，法院综合考虑涉案专利的类别、侵权人的侵权时间、销售范围等因素，最终判令 B 物流企业赔偿 A 物流企业经济损失 2 万元，同时判令 B 物流企业立即停止在包装箱上使用与 A 物流企业外观设计专利主要特征相同或相似的“运”字，并销毁库存的侵权包装箱。

2．运输包装的基本要求

普通货物运输包装应符合《一般货物运输包装通用技术条件》（GB/T 9174—2008）的规定，货物的运输包装标志应符合国标《包装储运图示标志》《运输包装收发货标志》等的规定，货物运输包装的尺寸应符合《运输包装件尺寸与质量界限》（GB/T 16471—2008）的规定。

《一般货物运输包装通用技术条件》适用于铁路、公路、水运、航空所承运的普通货物运输包装，不适用于危险货物、鲜活易腐货物的运输包装。该标准规定了普通货物运输包装的一般要求、类型、技术要求和性能试验。该标准对运输包装的部分要求如下：

（1）运输包装应符合科学、牢固、经济、美观的要求。

（2）运输包装应确保在正常的流通过程中，能抗御环境条件的影响而不发生破损、损坏等现象，保证安全、完整、迅速地将货物运至目的地。

（3）货物运输的包装材料、辅助材料和容器，均应符合国内有关国家标准和行业标准的相关规定。无标准的材料和容器应经试验验证，确保其性能可以满足流通环境条件的要求。

（4）运输包装应完整、成型。内装货物应均匀装载、压缩体积、排摆整齐、衬垫适宜、内货固定、重心位置尽量居中靠下。

（5）根据货物的特性及搬运、装卸、运输、储存等流通环境条件，选用带有防护装置的包装，如防震、防盗、防雨、防潮、防锈、防霉、防尘等防护包装。

（6）运输包装盛装货物后，其封口应严密牢固，对体轻、件小、易丢失的货物，应选用胶带封合、钉合或全粘合加胶带封口加固。根据货物的品名、体积、特性、质量、长度和运输方式的要求，选用钢带、塑料捆扎带等进行二道、三道、十字、双十字、井字、双井字等式样的捆扎加固。捆扎带应搭接牢固、松紧适度、平整不扭，不少于 2 道。

（7）货物运输包装标志应根据内装货物的性质和对货物储运的特殊要求，按《包装储运图示标志》中的标志在明显的部位标打。标志应正确、清晰、齐全、牢固。内货与标志一致。标志在整个流通过程中应不褪色、不脱落。旧标志应抹除。

此外，运输包装还应符合《民法典》（合同编）、《海商法》等法律的相关规定，运输过程中造成货损或对其他合同当事人造成人身伤害、财产损害的，包装责任人要承担赔偿责任。

课堂讨论

2021年1月18日，A公司委托B物流公司储存一批红磷（易燃物，应储存于阴凉、通风、温度不超过32℃的环境中），双方签订了仓储合同。

A公司因与B物流公司合作过多次，且正值天气寒冷的冬天，所以未将货物的具体情况告知B物流公司，也未在货物外包装上印制任何标志。同年2月9日，B物流公司将货物运至自己的仓库，货物在储存过程中突然起火，因扑救不及时，货物损失严重。据调查，货物起火是因仓库温度升高导致的。双方因赔偿问题发生了争议。

2人一组，讨论：A公司应在货物外包装上印制什么标志？本案的责任应如何界定？

五、危险货物包装法律制度

（一）与危险货物包装有关的法律规范

为了避免危险货物在运输、搬运、装卸过程中出现重大事故，国家标准和有关法律法规对危险货物在包装环节需要注意的事项做出了规定。例如，危险货物的运输包装应符合国标《危险货物运输包装通用技术条件》，危险货物运输包装标志的应用应符合国标《危险货物包装标志》，危险货物包装性能试验应符合国标《包装 运输包装件基本试验》等。

在对危险货物进行包装时，还应严格执行的标准主要有《危险货物分类和品名编号》《危险货物命名原则》《公路运输危险货物包装检验安全规范》《水路运输危险货物包装检验安全规范》《铁路危险货物运输包装技术条件》等。

（二）危险货物运输包装的基本要求

《危险货物运输包装通用技术条件》（GB 12463—2009）规定了危险货物运输包装的分级、基本要求、性能试验和检验方法、技术要求、类型和标记代号，是运输、生产和检验部门对危险货物运输包装质量进行性能试验和检验的依据。

小提示

盛装放射性物质的运输包装、盛装压缩气体和液化气体的压力容器的运输包装、净质量超过400千克的运输包装和容积超过450升的运输包装，不适用《危险货物运输包装通用技术条件》。

危险货物运输包装的基本要求如下：

（1）运输包装应结构合理，并具有足够的强度，防护性能好。包装的材质、规格、装裹方式和内装货物重量应与所装危险货物的性质和用途相适应，便于装卸、运输和储存。

（2）运输包装应质量良好，构造和封闭形式应能承受正常运输条件下的各种作业风险，不应因温度、湿度或压力的变化而使货物发生渗（撒）漏。包装的表面应保持洁净，不允许粘附有害物质。

（3）运输包装与内装货物直接接触部分，必要时应有内涂层或进行防护处理，运输包装材质不应与内装货物发生化学反应而形成危险产物或导致包装强度降低。

（4）内容器应予固定。若内容器易碎且盛装易撒漏货物，应使用与内装物性质相适应的衬垫材料或吸附材料衬垫妥实。

（5）盛装液体的容器，应能经受在正常运输条件下产生的内部压力。灌装时应留有足够的膨胀余量（预留容积），除另有规定外，应保证当温度达到 55℃时，内装液体不致完全充满容器。

（6）运输包装封口应根据内装物的性质采用严密封口、液密封口或气密封口。

（7）运输包装有降压装置时，其排气孔设计和安装应能防止内装物泄漏和外界杂质进入，排出的气体不应造成危险或污染环境。

小提示

防护材料包括用于支撑、加固、衬垫、缓冲和吸附等的材料。危险货物运输包装所采用的防护材料和防护方式，应与货物的特性相容，并满足运输包装整体性能的需要，能经受运输途中的冲击与振动，保护内装物与外包装；当内容器破坏、内装物流出时，也能保证外包装安全无损。

六、包装条款和物流包装中的法律责任

（一）包装条款

包装条款是物流服务合同的主要条款之一，当事人所制订的包装条款，要遵循相关法律的规定，如符合《民法典》（合同编）中买卖合同、运输合同和仓储合同有关包装的规定。包装条款一般包括包装的提供方、包装材料和包装方式、包装的文字说明等内容。

1. 包装的提供方

在物流服务合同的包装条款中应载明包装由哪一方提供，以便在物流包装不当引起货物损坏或灭失时划分责任。

2. 包装材料和包装方式

包装材料条款应载明货物采用的包装材料（如木箱、纸箱、铁桶、麻袋等），包装方式条款应载明怎样进行包装。如果包装材料由合同的另一方当事人供应，则条款中应明确包装材料的到达时间，以及逾期到达时该方当事人应负的责任。对于特别精密的设备

的包装方式，除规定包装必须符合运输要求外，还应对防震措施等条款在合同中做出明确规定。

3．包装的文字说明

包装的文字说明包括运输标志、使用的语种和其他文字内容。对于运输包装来说，包装上的运输标志只要符合约定即可。对于销售包装来说，包装上使用的文字说明要求较高，不仅内容要符合规定，语种也不能出错。例如，日本规定，凡销往日本的药品，必须说明成分、服用方法和功能；否则日本海关有权扣留，不予进口。又如，加拿大规定，进口货物说明必须有英法文对照。

小提示

包装条款中应避免使用如“普通包装”“习惯包装”“一般包装”等容易引起争议的词语，除非当事人双方已事先达成了一致意见。

（二）物流包装中的法律责任

若由托运人对货物进行妥善包装，则物流企业在接收货物时，应当检查包装是否完好，确保包装适合运输、储存等作业。对于包装明显不当的，物流企业可以拒绝接收；未拒绝接收的，应承担因此产生的货损赔偿责任。

若由物流企业对货物进行妥善包装，则需要注意以下两点：① 物流企业在设计包装时，需要注意避免侵犯他人的专利权、商标权及著作权等权益，否则需要承担相关法律责任；② 在托运人提供包装材料、包装设计的情况下，物流企业需要对托运人提供的材料和设计方案进行考量，对于材料不良和设计不合理之处，物流企业应立即告之托运人，以免承担因此产生的货损赔偿责任。

课堂讨论

2020 年 8 月 9 日，A 客户委托 B 物流公司将一批货物从上海运至南京，双方签订了货物运输合同。合同中约定：由 B 物流公司提供五层瓦楞纸纸箱并对货物进行包装后运输。B 物流公司在包装时发现部分五层瓦楞纸纸箱已经发霉，遂决定改用三层瓦楞纸纸箱包装货物。在运输途中，由于突遇泥石流，B 物流公司更改了行车路线。但更改后路况不佳，货物在颠簸中破损。A 客户要求 B 物流公司赔偿相关损失，B 物流公司辩称货损由不可抗力所致，自己不应承担赔偿责任。

2 人一组，讨论货物损失应当由谁来承担。

案例解析

“任务导入”中所述案例的解析如下：

（1）本案中，防水编织袋和集装箱是以满足储存、运输要求为主要目的的包装，具有保障货物安全、方便装卸搬运、提高货物交接效率的作用，因此属于运输包装。

（2）本案中，导致货物毁损的真正原因不是台风等不可抗力因素，而是B物流公司装载货物的集装箱密封不严。因此，B物流公司的说法不成立。

实战演练

2020年9月4日，某进出口公司（原告）委托某货运代理公司（被告）将一批冷轧钢带从京唐港运至上海港，双方签订了水路货物运输合同。合同中约定由原告负责包装货物，由被告提供集装箱。

2020年9月10日，原告收到货物后，发现两个集装箱内的钢带严重腐蚀。原告邀请某评估机构对涉案货物进行了查验，发现两个集装箱内的钢带均只用铁丝捆扎，且两个集装箱内均有几毫米厚的白色碱性粉末，一个集装箱底部还有一道0.2 m的裂口。报告结论为：集装箱破损导致潮气入侵，碱性粉末在潮气和高温作用下腐蚀钢带表面，导致货损。经鉴定，涉案货物实际损失达62 354.57元。原告认为被告违反承运人妥善保管货物的义务，应对货损承担赔偿责任。而被告认为涉案货物的包装不符合要求，责任应由原告自行承担，自己并没有过错。

请问：本案的责任应如何界定？

要求：2～3人一组，借助网络和书籍查找上述案例涉及的法律规范，然后将问题的答案进行汇总并形成Word文件，在课堂上进行分享。

任务二 了解装卸搬运法律制度

【知识目标】

✓ 了解装卸搬运的特点和与装卸搬运有关的法律规范。

✓ 认识物流企业在装卸搬运中的法律地位。

✓ 掌握港口装卸搬运作业法律制度。

✓ 了解铁路、公路装卸搬运作业法律制度。

【技能目标】

✓ 能够分析出案件中有关装卸搬运作业委托人和经营人的责任和责任界定的依据。

任务导入

2020年7月18日，大连华兴船行有限公司（以下称“A公司”）所属“华顺”轮船在营口港装载1 000吨煤炭运往广州港，约定由广州港集团新沙港务有限公司（以下称“B公司”）卸载。

2020年7月22日14:00，“华顺”轮船停靠在B公司2号码头卸载煤炭。7月23日00:30，B公司桥式卸船机的25吨抓力抓斗损坏，在未查明原因的情况下，B公司更换同一抓力的抓斗继续卸货，结果新抓斗再次损坏。最后，B公司更换了小抓斗，卸货工作才得以完成。

2020年7月31日，应B公司邀请，中国船级社广州分社检验人员对“华顺”轮船的货舱和B公司两只损坏的抓斗做了检验。检验结果如下：①“华顺”轮船为杂货型轮船，其舱底铺有木铺板，一般情况下，不应使用抓斗卸货；②“华顺”轮船货舱内部分木铺板裂散、松脱，应为抓斗作业所致；③两只抓斗的损坏推断为抓斗撞击到舱底独立、凸出的钢结构件所致。

B公司遂向法院提起诉讼，请求判令A公司赔偿抓斗修理费和公证检验费。A公司辩称，B公司的装卸工人在卸货时未严格遵守操作规程，以致起吊设备损坏，同时也造成“华顺”轮船舱底受损，故B公司除应自行承担抓斗损坏的损失外，还应赔偿自己的船舶修理费和船期损失费，自己不应承担任何责任。

思考：

本案的责任应如何界定？

知识讲解

一、装卸搬运概述

装卸是指在运输工具间或运输工具与存放场地（仓库）间，以人力或机械方式对货物进行载上载入或卸下卸出的作业过程。搬运是指在同一场所内，以人力或机械方式对货物进行空间移动的作业过程。在实际操作中，装卸与搬运通常是一起发生的，因此物流中并不过分强调两者的差别，而是将其作为一种活动来看待。

（一）装卸搬运的特点

（1）伴生性和附属性。装卸搬运是伴随运输、储存、配送等物流活动所必须进行的活动，是每一项物流活动开始及结束时必然发生的活动。在实践中，人们常把装卸搬运看成是其他物流活动的重要组成部分，而不是一项独立的物流作业活动。

（2）支持性和保障性。伴生性特点决定了装卸搬运对物流活动的支持、保障作用，具体表现在装卸搬运会影响其他物流活动的质量和速度。许多物流活动只有在有效的装卸搬运支持下，才能高水平、高效率、低成本地运行。

（3）衔接性。其他物流活动的相互过渡，一般都是通过装卸搬运来衔接的。这一衔接的有效性，直接关乎整个物流系统的有效性。

（二）装卸搬运的分类

装卸搬运的分类方法有很多，表 7-3 列举了两种常用的分类方法。

表 7-3　装卸搬运的分类

分类方法	类　型	解　释
按作业场所分类	仓库装卸搬运	为配合货物的入库、储存、出库等活动，而在仓库进行的以堆码、拆垛、搬运等操作为主的装卸搬运
	港口装卸搬运	在港口进行的装卸搬运，包括码头前沿的装卸船作业，前沿与后方间的搬运作业，港口仓库的堆码、拆垛、分拣、理货作业，港口理货场的中转作业，后方铁路车辆和汽车的装卸作业，以及平舱、计量、分装等辅助作业
	铁路装卸搬运	在铁路车站进行的装卸搬运，包括在铁路仓库和理货场进行的堆码、拆垛、分拣、配货、中转作业，在理货场和站台进行的装卸作业和装卸时的加固作业，以及清扫车辆、揭盖篷布、检斤计量等辅助作业
	公路装卸搬运	在公路车站进行的装卸搬运，多借助汽车来完成。由于汽车的灵活性大，可以让汽车尽可能靠近作业场地，减少搬运活动，以便快速完成物流设施与汽车之间的货物过渡
按货物属性分类	散装货物的装卸搬运	对煤炭、水泥、粮食、化肥等散装货物进行连续装卸搬运，或将其形成装卸搬运单元后再进行装卸搬运
	成组货物的装卸搬运	为提高装卸搬运效率，对采用捆扎、装箱等方式形成装卸搬运单元的货物进行装卸搬运
	流体货物的装卸搬运	对盛放在瓶、桶、罐装车内的气态或液态货物进行装卸搬运
	危险货物的装卸搬运	对化工产品、易燃易爆货物等严格按照操作程序和相关要求进行装卸搬运

（三）物流企业在装卸搬运中的地位

物流企业根据物流服务合同的要求亲自完成装卸搬运，其在装卸搬运过程中处于装卸搬运经营人的地位。根据装卸搬运类型的不同，物流企业可能为港口经营人、铁路装卸搬运经营人、公路装卸搬运经营人。

物流企业通过委托专业的装卸搬运公司来完成装卸搬运时，物流企业处于装卸搬运作业委托人的地位。

（四）与装卸搬运有关的法律规范

目前，我国还没有专门针对装卸搬运的法律规范。但是由于装卸搬运与运输、仓储、配送密切相关，因此装卸搬运中产生的纠纷适用于《民法典》（总则编和合同编）、《海商法》、《铁路法》、《公路法》、《中华人民共和国港口法》、《国内水路运输管理条例》中的相关条款。此外，适用于装卸搬运的国际惯例和国际公约有《联合国国际贸易运输港站经营人赔偿责任公约》《联合国国际货物多式联运公约》等。

本任务将围绕港口经营人、铁路装卸搬运经营人、公路装卸搬运经营人，介绍装卸搬运作业法律制度。

二、港口装卸搬运作业法律制度

港口是指位于江、河、湖、海或水库沿岸，具有一定设备和条件，供船舶往来停靠、办理客货运输或其他专门业务的场所。港口装卸搬运涉及港口货物作业合同和集装箱码头装卸搬运作业。

（一）港口货物作业合同

港口货物作业合同是指港口经营人在港口对水路运输货物进行装卸、驳运（用小船在岸与船、船与船之间转运货物的活动）、储存、装拆集装箱等作业，作业委托人支付作业费用的合同。其中，港口经营人是指依法取得经营资格从事港口经营活动的组织和个人，作业委托人是指与港口经营人订立港口货物作业合同的人。

小提示

港口经营人在港口区域内的经营活动主要包括下列各项：

（1）为船舶提供码头、过驳锚地、浮筒等设施。

（2）为旅客提供候船和上下船舶设施和服务。

（3）从事货物装卸（含过驳）、仓储、港区内驳运。

（4）为船舶进出港、靠离码头、移泊提供顶推、拖带等服务。

港口经营人与承运人、货运代理人、码头装卸工人的区别如下：

（1）与承运人相比，港口经营人仅仅为船舶停靠、运送货物和旅客而向船舶、货主和旅客提供服务，不直接从事货物运输活动。

（2）港口经营人只能在港区内提供服务，而货运代理人则可在法律允许的情况下不受地域限制地提供一切与运输有关的服务。

（3）码头装卸工人一般为港口经营人的雇员，港口经营人的概念应涵盖码头装卸工人。

港口货物作业合同可以采用书面形式、口头形式或其他形式。但由于口头合同在执行过程中会产生诸多不便，为防止产生不必要的纠纷，实践中应该尽量避免采用口头合同。

1．港口货物作业合同的主要内容

港口货物作业合同一般包括以下内容：① 作业委托人、港口经营人和货物接收人名称；② 作业项目；③ 货物名称、件数、重量、体积（长、宽、高）；④ 作业费用及其结算方式；⑤ 货物交接的地点和时间；⑥ 包装方式；⑦ 识别标志；⑧ 船名、航次；⑨ 起运港（站、点）（以下简称起运港）和到达港（站、点）（以下简称到达港）；⑩ 违约责任；⑪ 解决争议的方法。

2．港口货物作业合同当事人的义务

作业委托人具有及时办理港口、海关、检验、检疫、公安等机关所需的各项手续，并将这些手续的单证交付港口经营人的义务，还具有按合同交付或接收货物、妥善包装、支付费用等义务。

港口经营人具有根据货物的性质和状态，配备适合设备的义务，还具有接收货物、妥善保管货物、及时完工并交付货物的义务，以及对于装卸搬运过程中发生货物的损坏、灭失或迟延交付的情况承担相关赔偿责任的义务。

3．港口货物作业合同当事人的权利

1）作业委托人的权利

（1）变更权。在港口经营人将货物交付给合同约定的货物接收人之前，作业委托人有权随时变更货物接收人。但对于由此给港口经营人造成的损失，作业委托人应予以赔偿。

（2）保价权。作业委托人声明货物的价值，并向港口经营人支付一定的保价费，则在货物发生损坏、灭失后，可享受港口经营人按照货物声明价值所给予的赔偿。但如果港口经营人有证据证明货物的实际价值低于声明价值的，则按照货物的实际价值予以赔偿。

2）港口经营人的权利

（1）拒绝作业权。作业委托人的包装不符合要求时，港口经营人有权拒绝作业。对作业中的危险货物，若作业委托人未通知港口经营人或者通知有误，港口经营人可根据需要停止作业、销毁货物或采取其他使之不能为害的措施，而不用承担赔偿责任。

（2）催提处理权。货物接收人未按时接货，港口经营人可按有关规定将货物转栈储存，有关费用、风险由作业委托人承担。货物接收人逾期不提取货物，港口经营人每 10 天催提一次，满 30 天货物接收人不提取或找不到货物接收人，港口经营人应通知作业委托人。作业委托人在港口经营人发出通知后 30 天内负责处理该批货物。在上述期限内未处理的，港口经营人可依法将货物提存。

（3）留置权。若作业委托人未按约定付清作业费、速遣费和其他必要费用，港口经营人可要求作业委托人提供相应的担保。未提供适当担保的，港口经营人可留置相应的货物。超过法定宽限期后，作业委托人仍未履行的，港口经营人有权拍卖、变卖留置货物，或将其折价处理，并对所得价款优先受偿。

课堂讨论

2020 年 5 月 28 日，A 煤炭有限公司与 B 港务有限公司口头约定，由 B 港务有限公司完成 A 煤炭有限公司 5 000 吨煤炭的卸货作业。5 月 29 日，装载这批货物的轮船停靠在指定码头后，B 港务有限公司安排员工准备卸货。这时 C 公司员工来到该码头，称 A 煤炭有限公司拖欠自己货款，要求 B 港务有限公司停止装卸作业。之后，前来接货的 A 煤炭有限公司员工与 C 公司员工发生争执，导致 B 港务有限公司无法开展卸货作业，航道也因此堵塞。B 港务有限公司就此事与 A 煤炭有限公司和 C 公司协商未果，遂将这批煤炭卸至码头堆场。

2～3 人一组，讨论 B 港务有限公司的做法是否合理并说明原因。

（二）集装箱码头装卸搬运作业

集装箱码头是指包括港池、锚地、进港航道、泊位等水域，以及货运站、堆场、码头前沿、办公生活区域等陆域范围的专供停靠集装箱船、装卸集装箱用的场所。集装箱码头装卸搬运作业是指集装箱船舶装卸前和集装箱船舶装卸时所进行的一系列作业，主要包括集装箱装卸船作业、堆场作业、货运站作业。其中，集装箱装卸船作业是指将集装箱装上、卸下船舶的作业，堆场作业是指对集装箱在堆场内进行装卸搬运等作业，货运站作业是指对拼箱货物进行集中、分散等作业。

与普通港口货物作业相比，作业委托人和港口经营人在集装箱码头装卸搬运作业中有一些特殊的义务，具体如下。

1. 作业委托人的义务

（1）在进行集装箱装卸搬运作业前，作业委托人应填制港口集装箱作业委托单（以下简称“作业委托单”）。

（2）委托作业的集装箱货物的品名、性质、数量、包装、规格等应与作业委托单记载的内容相符，必须符合集装箱装卸搬运的要求，其标识应当明确清楚。由于申报不实给港口经营人造成损失的，作业委托人应负赔偿责任。

2. 港口经营人的义务

（1）港口经营人应确保装卸机械器具、集装箱场站设施技术状况良好，集装箱装卸、运输和堆存作业安全。

（2）港口经营人在装卸搬运集装箱过程中应做到：① 稳起稳落，不能拖拉集装箱；② 起吊集装箱要使用吊具，使用吊钩起吊时，必须将集装箱四角同时起吊，起吊后，每条吊索与箱顶的水平夹角应大于 45°；③ 随时关好箱门。

（3）港口经营人若发现集装箱内货物有碍装卸运输作业安全时，应采取必要处置措施。在集装箱装卸搬运过程中，港口经营人因操作不当造成集装箱箱体损坏，封志破坏，箱内货物损坏、短缺，应负赔偿责任。

三、铁路装卸搬运作业法律制度

（一）与铁路装卸搬运有关的法律规范

目前，规范我国铁路装卸搬运的规定分散于多个法律规范中。在法律层次上，《民法典》（总则编和合同编）、《铁路法》中的部分条款适用于铁路装卸搬运作业。在部门规章中，《铁路集装箱运输规则》和《铁路集装箱运输管理规则》规定了铁路集装箱装卸搬运作业应遵守规则。除此之外，我国还制定了多个装卸搬运作业标准，如《铁路装卸作业标准 作业程序》（TB/T 1936.1—1987）、《系列 1 集装箱 装卸和栓固》（GB/T 17382—2008）、《铁路车站集装箱货运作业标准》（TB/T 2174—1990）等。

（二）铁路货物装卸搬运作业规定

物流企业在自行进行铁路装卸搬运作业和委托他人进行铁路装卸搬运作业时，应遵守如下规定。

1. 自行进行铁路装卸搬运作业时应遵守的规定

（1）装车前，应配合货运员认真检查货车的车体（包括检查车体是否透光）、车门、车窗、车底板、钩链是否完好，车内是否干净、有无异味；认真核对待装货物的品名、件数，检查标志、标签、货物状态和集装箱箱内货物的装载情况，检查箱体、箱号和封印是否完好。

扫一扫

铁路货物装卸作业

（2）装车时，必须核对运单、货票、实际货物，保证运单、货票、货物“三统一”。对易磨损货件应采取防磨措施，对怕湿和易燃货物应采取防湿或防火措施；做好货物的加固工作，防止货物因倒塌、坠落而损毁。

（3）装车后，应认真检查车门、车窗的状态和货物的固定情况。如有必要，应按规定填制货车装载清单、绘制示意图，或对货车进行施封等。对于装载货物的敞车，要检查车门插销、搭扣及篷布苫盖、捆绑情况；装载超大、超重货物时，应按固定装载方案或批准的固定装载方案检查货物装载情况。

（4）卸车前，应认真检查车辆、篷布苫盖、货物装载状态有无异状，车辆施封是否完好。

（5）卸车时，应认真检查集装箱箱体，核对箱号和封印；严格按有关规定进行装卸搬运作业，并堆码货物。若发现货物有异状，要及时按规定处理。

（6）卸车后，应将车辆清扫干净，关好车门、车窗，将篷布折叠整齐并送到指定地点存放；对托运人自备的货车装备物品和加固材料，应妥善保管。

（7）在保证货物安全的条件下，组织快装、快卸，以缩短货车停留时间。

2．委托他人进行铁路装卸搬运作业时应遵守的规定

（1）及时办理检验、检疫、公安和其他铁路装卸搬运作业所需的手续，并告知铁路装卸搬运作业人货物的真实情况。

（2）提供约定的货物。合同约定铁路装卸搬运作业人从第三方接收货物的，物流企业应保证第三方及时交付货物。否则，装卸搬运作业延期损失由物流企业承担。

（3）按照约定支付装卸搬运费用。

课堂讨论

2020 年 5 月 20 日，魏某委托 B 火车站将 8 210 坛榨菜从长沙站运至武汉站，运单中载明：货物装卸搬运由 A 物流公司负责。A 物流公司卸完货后，收货人发现有 1 788 坛榨菜已毁损，魏某因此损失 34 104 元。事后，魏某要求 B 火车站和 A 物流公司赔偿全部损失。

B 火车站认为魏某的榨菜包装不符合国家标准，最终造成损失，因此拒绝赔偿。A 物流公司认为自己的卸货作业操作得当，魏某的损失应由其自行承担。

后经调查得知：① 魏某发运的榨菜坛子规格不一且包装陈旧，魏某没有按 A 物流公司的要求备足 2%的空坛以便破损后换装；② 破损的坛子内的榨菜汁流出导致其他坛子内的榨菜霉烂；③ A 物流公司的装卸搬运工人因见运单上载有“无空坛换装，破损自负”字样，故在装卸搬运时未做到轻拿轻放。

2～3 人一组，讨论法院应如何判决。

四、公路装卸搬运作业法律制度

目前，规范我国公路装卸搬运作业的规定分散于多个法律规范中，如《民法典》（总则编和合同编）、《公路法》等。实践中，公路货物装卸搬运由承运人或托运人承担的，有关装卸搬运作业的具体事项可在货物运输合同中约定。承运人（或托运人）也可作为委托人，委托场站经营人（或物流企业）及其他人员实施装卸搬运作业并通过签订货物装卸搬运合同来自由约定彼此的权利和义务。

同步案例

A 公司委托 B 物流公司运输一批电脑，双方约定由 B 物流公司对电脑进行装卸搬运。实际上，A 公司交给 B 物流公司的是一批用新电脑包装箱包装的旧电脑，但 A 公司按新电脑的标准交付了运费和保价费。B 物流公司收到货物后，只核对了货物数量，不料在运输途中发生盗窃事件，货物全部丢失。A 公司向 B 物流公司提出索赔。

事后，B 物流公司经过多方了解，才得知自己运输的是一批旧电脑，但因没有证据，

最终不得不按新电脑的标准对A公司进行赔偿。

点评：

装卸搬运作业人在收到货物后，应严格按照公路装卸搬运作业的规定，认真核对装车货物的名称、重量、件数等是否与合同或运单中记载的内容相符，认真检查包装是否完好。本案中，B物流公司在收到货物或装车前，若对货物进行抽样检查，确定货物的状态，则在A公司提出索赔要求时，便可据理力争，为自己争取更大的利益。

案例解析

“任务导入”中所述案例的解析如下：

本案中，“华顺”轮船为不宜使用抓斗卸货的杂货型轮船，A公司应估计到卸货过程中，抓斗和舱底木铺板有可能因舱底的特殊结构而损坏，故在卸货之前有义务告知B公司，并与B公司商定合理的卸货方案，以避免损坏事故的发生。A公司未尽告知义务，故应承担第一个抓斗损坏和因第一个抓斗卸货造成的舱底木铺板损坏的经济损失。

B公司在卸货前不清楚“华顺”轮船舱底结构特殊，按正常方式卸货并无不当。但在第一个抓斗受损后，B公司应谨慎处理，及时查找原因，排除障碍，避免损失扩大。B公司在原因尚未查明的情况下贸然更换新的抓斗继续卸货，导致损坏事故再次发生，因此B公司应承担第二个抓斗损坏和因第二个抓斗卸货造成的舱底木铺板损坏的经济损失。

由于第一次事故和第二次事故造成的经济损失无法准确划分，A公司和B公司应对两次事故造成的总损失各承担一半的责任。

实战演练

2021年2月28日，中国B汽车公司向意大利A销售公司购买了一批汽车发动机，双方签订了买卖合同。2021年3月20日，A销售公司将货物交由C班轮公司运输，C班轮公司签发了记名提单。

C班轮公司的船舶抵达中国港口后，C班轮公司委托D码头公司卸货。卸货过程中，装有该批货物的集装箱从码头的起重机上坠落。经检验，集装箱内货物毁损严重，且修理费用超过了货物的实际价值。为此，B汽车公司向法院提起诉讼，请求判令C班轮公司和D码头公司承担货损的全部赔偿责任。

C班轮公司辩称：① A销售公司是货物的装箱人，没有证据证明货物在卸货前品质良好、没有残损；② B汽车公司还未向A销售公司支付货款，故B汽车公司对该批货物不具有所有权，无权起诉自己；③ 自己在本次事故中没有直接过失，不应承担货损责任。

D 码头公司辩称：① 该批货损发生在 C 班轮公司的承运责任期间内，B 汽车公司依据托运单应起诉 C 班轮公司；② B 汽车公司与自己不存在任何合同关系，自己只是 C 班轮公司的受雇人，为其安排轮船停泊和货物装卸作业，因此 B 汽车公司无权就此事起诉自己；③ 本事故由货物包装不良、标志不清引起，自己可以免责。

请根据上述材料，回答下列问题：

（1）本案中，港口经营人是 C 班轮公司，还是 D 码头公司？理由是什么？

（2）本案的责任应如何界定？

要求：2～3 人一组，借助网络和书籍查找上述案例涉及的法律规范，然后将问题的答案进行汇总并形成 Word 文件，在课堂上进行分享。

项目考核

1. 选择题

（1）（　　）是指直接接触货物并随货物进入零售店和消费者直接见面的包装。

A．销售包装　　B．运输包装

C．防潮包装　　D．危险品包装

（2）（多选）销售包装的基本要求为（　　）。

A．符合《专利法》的要求　　B．符合《商标法》的要求

C．符合《反不正当竞争法》的要求　　D．符合《产品质量法》的要求

（3）（多选）在订立包装条款时，当事人需要特别明确（　　），以便界定责任。

A．包装由哪方提供

B．货物采用的包装材料

C．包装材料的到达时间和逾期到达时，提供包装材料的一方当事人应负的责任

D．包装是否需要采取防震措施

（4）下列选项中，对装卸搬运描述不正确的是（　　）。

A．装卸搬运具有伴生性和附属性

B．装卸搬运的作业量小，对安全性要求不高

C．其他物流活动的相互过渡，一般都是通过装卸搬运来衔接的

D．在实际操作中，装卸与搬运通常是一起发生的，因此物流中并不过分强调两者的差别，而是将其作为一种活动来看待

（5）在港口货物作业合同中，不属于港口经营人的义务是（　　）。

A．配备适合设备　　B．接收货物并签发单据

C．妥善保管货物　　D．妥善包装货物

（6）（多选）物流企业委托他人进行铁路装卸搬运作业时，应遵守的规定有（　　）。

A．及时办理检验、检疫、公安和其他铁路装卸搬运作业所需的手续

B．及时告知铁路装卸搬运作业人货物的真实情况

C．将车辆清扫干净，关好车门、车窗，将篷布折叠整齐并送到指定地点存放

D．按照约定支付装卸搬运费用

2. 简答题

（1）物流行业对包装有哪些要求？

（2）简述运输包装的基本要求。

（3）物流服务合同中，包装条款一般涉及哪些内容？

（4）在港口货物作业合同中，港口经营人的权利有哪些？

（5）物流企业自行进行铁路装卸搬运作业时，应遵守的规定有哪些？

3. 综合分析题

【题一】2020年9月15日，A客户从B空调专卖店购买了10台立式空调，共计12万元。9月16日，C配送中心将10台立式空调送至B空调专卖店，B空调专卖店负责将这批货物运给A客户。

收到空调后，A客户在安装时发现其中4台立式空调因在运输途中倒置出现故障，经检修后才运转正常，B空调专卖店为此支付了修理费和材料费近1.4万元。后经查明，C配送中心为了保护空调，对空调进行了二次包装，但外包装上漏印了不能倒置的警示标志。由于B空调专卖店与C配送中心对包装没有约定，因此双方对于修理费的偿付问题产生了争议。

请问：修理空调的费用应由谁承担？

【题二】2020年6月13日，A物流公司与B外贸公司签订了港口货物作业合同。合同中约定：A物流公司负责将B外贸公司的10个集装箱装上指定货轮，在7月25日前完成装船。

2020年7月23日，由于装卸集装箱的港口附近海域有12级强台风经过，导致装卸作业一度暂停。台风风力直至7月25日上午才渐渐减弱。7月27日，A物流公司在对集装箱进行装船作业时，起重机的钢绳松动导致集装箱从几十米高的空中坠落，集装箱严重变形，所装货物全部毁损，所幸没有造成人员伤亡。事后，B外贸公司以A物流公司未按照合同约定按时装船为由，要求其赔偿违约金，并对货损进行赔偿。A物流公司则以台风等不可抗力因素为由拒绝赔偿。

请问：（1）A物流公司在港口装卸搬运作业中扮演什么角色？

（2）A物流公司以台风为借口拒绝赔偿的说法是否成立？为什么？

项目八 物流保险法律制度

项目引言

目前，我国还没有专门针对物流保险的法律，但是《民法典》（总则编和合同编）、《中华人民共和国保险法》、《海商法》中有关保险的规定适用于物流保险。本项目先介绍保险基础知识，然后结合上述法律介绍货物运输保险法律制度。

知识体系

- ✓ 掌握保险基础知识。
- ✓ 了解货物运输保险法律制度。

素质目标

- ✓ 了解保险在促进对外经济贸易发展和保障社会稳定方面所发挥的作用。
- ✓ 了解国内货物运输保险责任界定的依据，唤醒责任意识，培养担当精神。
- ✓ 了解物流保险的现状，自觉提升保险意识。

任务一　掌握保险基础知识

【知识目标】

✓ 了解保险的分类和作用。

✓ 掌握保险合同的订立形式和基本原则。

✓ 掌握保险合同的主要内容和当事人的义务。

✓ 了解保险合同索赔和理赔的基本程序。

✓ 了解代位求偿权和委付。

【技能目标】

✓ 能够分析出保险案件中投保人、保险人的责任和责任界定的依据。

任务导入

2021年1月1日，A纺织公司与B仓储公司签订了一份棉花保管合同。合同约定：棉花在储存期间，由于保管不善发生灭失、短少、变质、污染、损坏的，B仓储公司负责赔偿损失；储存期间，B仓储公司应对棉花采取防火、防潮、防缺损措施。

4月6日，A纺织公司将储存于B仓储公司的棉花以2 000万元的保险金额向某保险公司投保财产综合险。4月21日，B仓储公司的仓库发生火灾，烧毁A纺织公司1 034件棉花，另有1 056件棉花因施救不当被淋湿。同日，保险公司委托某保险公估公司对保险事故进行勘验、理算。

事故发生后，A纺织公司向B仓储公司提出索赔后遭到拒绝，故A纺织公司要求保险公司在保险责任范围内先行赔偿。经法院判决，保险公司向A纺织公司支付保险赔偿金1 071 752.8元。保险公司在偿付A纺织公司保险赔偿金后，请求法院判令B仓储公司支付自己保险赔偿金1 071 752.8元、公估费5万元及利息损失。B仓储公司认为，因在发生火灾时，A纺织公司尚未向保险公司支付保险费，故原告与A纺织公司之间的保险合同在发生火灾时并未生效，自己无须对保险公司偿付任何费用。

思考：

（1）保险合同的成立是否以支付保险费为必要条件？

（2）保险公司能否向B仓储公司提出赔偿要求？

知识讲解

一、保险概述

保险是指投保人根据合同约定向保险人支付保险费，保险人对于合同约定的可能发生的事故因其发生所造成的财产损失承担赔偿保险金责任，或者当被保险人死亡、伤残、患病或者达到合同约定的年龄、期限等条件时承担给付保险金责任的商业保险行为。

（一）保险的分类

保险的分类有多种，下面仅介绍几种常见的分类方法：

（1）按经营目的不同，保险可分为社会保险和商业保险。其中，社会保险属于法定保险，是指国家基于社会保障政策的需要，不以营利为目的而推行的一种福利保险制度；商业保险是指除社会保险以外的普通保险，它以营利为目的，其资金来自投保人交纳的保险费。

（2）按保险标的不同，保险可分为财产保险和人身保险。其中，财产保险是以物质财产或财产性利益为保险标的，以实物的毁损和利益的灭失为保险事故的各种保险，如机动车辆保险、责任保险等；人身保险是以人的生命或健康为保险标的，以人的生理意外事故为保险事故的保险，如人身意外伤害险、健康保险等。

（3）按保险实施的方式不同，保险可分为自愿保险和强制保险。其中，自愿保险是指投保人根据自己的需要自愿参加的保险；强制保险又称法定保险，是指国家对一定的对象以法律、法令或条例规定其必须投保的保险。

（4）按保险人是否转移保险责任，保险可分为原保险和再保险。原保险是指保险人在保险责任范围内直接对被保险人负赔偿责任的保险；再保险是指保险人为减轻或避免所承担的风险，而把一部分或全部责任转移给其他保险人的保险，其目的是分散风险、扩大承保能力、稳定经营。

此外，按保险标的的价值，可将保险分为定值保险和不定值保险；按保险是否具有涉外因素，可将保险分为国内保险和涉外保险。

（二）保险的作用

保险职能包括保险补偿职能、保险给付职能、保险投资职能和防灾防损职能。保险的作用是保险职能在具体实践中表现出来的效果，具体表现在以下几个方面：

（1）损失赔偿。被保险人因保险事故导致的人身伤害或财产灭失和损坏，由保险人按合同的规定给予经济上的赔偿。

（2）分散风险。人类社会和赖以生存的自然界存在着各种风险，通过保险可以把风险转移给保险人，由保险人承担可能发生的各种风险。

（3）积累资金。利用保险可以筹集大量的资金，从而有利于改善金融体系，促进金融体系的稳定。

（4）促进对外经济贸易发展。保险是对外经济贸易不可缺少的重要部分。在国际贸易中，货物在长距离运输途中常会因各种风险的出现而遭受损失。为了避免或减少损失，买卖合同当事人需要办理货物运输保险，由保险人承担运输途中的风险，从而保障国际贸易的顺利开展。

（5）保障社会稳定。保险可以帮助人们解决因灾害事故而遇到的经济困难，对人民生活安定和社会稳定起到保障作用。

二、保险合同概述

扫一扫

保险合同概述

保险合同是投保人与保险人约定保险权利义务关系的协议。由此可见，投保人和保险人是保险合同的当事人。其中，投保人是指与保险人订立保险合同，并按照合同约定负有支付保险费义务的人；保险人是指与投保人订立保险合同，并按照合同约定承担赔偿或者给付保险金责任的保险公司。

在保险合同中，除当事人外，还存在关系人，如被保险人和受益人。其中，被保险人是指其财产或者人身受保险合同保障，享有保险金请求权的人；受益人是指人身保险合同中由被保险人或者投保人指定的享有领取保险金权益的人。

小提示

投保人可以为被保险人。投保人、被保险人均可以为受益人。

（一）保险合同的订立形式

保险合同的订立有两种形式：一种是双方经过协商共同签署书面协议；另一种是由投保人提出保险申请，经保险人同意承保，并就合同的条款达成协议，保险人以签署保险单或保险凭证为合同成立的证明。

保险单简称“保单”，是指保险人与投保人之间订立保险合同的书面凭证，据以证明保险人与投保人所约定的权利和义务。保险单上主要载有保险人、投保人和被保险人的名称和住所，人身保险受益人的姓名，保险标的，保险金额，保险期限，保险费，赔偿或给付的责任范围及其他约定事项。保险单由投保人申请，保险人签署，最后由投保人收执。保险凭证是保险人签发给投保人的简易凭证，是保险单的一种简化形式，与保险单具有同等效力。

小提示

投保人表示愿意同保险人订立保险合同时，一般会先签发投保单，它是保险人据以签发保险单的凭证。投保单的主要内容有：被保险人名称、保险标的名称和地址、投保险别、保险金额和保险责任起讫日期等。

（二）保险合同的基本原则

（1）保险最大诚信原则。保险最大诚信原则是指保险合同当事人应相互向对方提供做出签约决定的全部真实情况。由于保险人的义务一般都已列明在保险合同的有关条款中，所以最大诚信原则主要还是针对投保人的。如果投保人故意隐瞒重要事实，不履行如实告知义务，或者因过失未履行如实告知义务，且足以影响保险人做出是否同意承保或者提高费率的决定，保险人在得知真相后有权解除合同。

抱诚守真

诚信是中华民族的传统美德，是做人做事的道德底线，也是社会运行的基本准则。现代社会不仅是物质丰裕的社会，也应是诚信有序的社会；市场经济不仅是法治经济，也应是信用经济。如果个人失去诚信，就会失去立身之本，社会就会失去运行之轨。

诚信是社会主义核心价值观的重要内容，诚信建设是国家治理体系和现代化建设的重要根基。如果保险双方失去诚信，保险业务还能持续吗？

（2）保险利益原则。保险利益是指投保人或者被保险人对保险标的具有的法律上承认的利益。保险利益是保险法律关系的客体，会因保险事故的发生而受损。无保险利益则无保险合同。确立这一原则，可以防止投保人或被保险人利用保险活动取得其原来所没有的额外利益，或利用保险进行赌博的企图，从而避免不法行为。

（3）保险近因原则。保险近因原则也称保险主因原则，是指保险人只对由近因造成的损失负赔偿责任。近因不一定是在时间或空间上与损失结果最为接近的原因，而是其中起支配作用的最直接的原因。例如，一个未成年人擅自进入一个堆存货物的仓库玩耍，结果因货物倒塌而受伤。虽然货物倒塌是造成该未成年人受伤的主要原因，但其进入仓库玩耍是其监护人疏于管理所致，因此该未成年人的监护人未尽监护之责才是事故发生的近因。在保险合同中，只有近因属于保险责任范围。

（4）保险补偿原则。保险补偿原则是指保险人的赔偿责任是以被保险人遭受事故的实际损失为依据，并以保险标的的保险金额为限，主要适用于财产保险合同。规定保险补偿原则的目的有两个：一是防止被保险人从保险中营利，如果发生损失，只应使被保险人在经济上恢复到损失发生前不久的状况；二是减少道德危险因素，如果被保险人能从损失中不当获利，就有可能以取得保险赔偿为目的故意制造损失。

课堂讨论

某面粉厂于2020年2月3日向保险公司投保企业财产险，保险期限为一年。9月7日夜晚，下起了瓢泼大雨。由于厂房的一角有破洞，雨水由破洞流入厂房。当时仓库的一部分职工正在上夜班，由于噪声大，没有人注意到厂房进水，结果雨水进入正在高速运转的三台电机内部，导致电机被烧坏，生产也被迫中断。该车间的电机属面粉厂投保的固定资产中的一项。根据当天气象部门的测定，出险当晚降雨近一个小时，降雨量为12毫米，最大风力为7级。

2～3人一组，讨论这次保险财产损失是否构成保险责任并说明理由。

（三）保险合同的主要内容

保险合同种类繁多，但其主要内容大致相同，具体包括：① 保险人的名称和住所；② 投保人、被保险人的姓名或者名称、住所，以及人身保险的受益人的姓名或者名称、住所；③ 保险标的；④ 保险责任和责任免除；⑤ 保险期间和保险责任开始时间；⑥ 保险金额；⑦ 保险费及支付办法；⑧ 保险金赔偿或者给付办法；⑨ 违约责任和争议处理；⑩ 订立合同的年、月、日等。其中，保险标的条款、保险金额条款、保险费及支付办法条款、保险金赔偿或者给付办法条款内容如下：

（1）保险标的。在不同种类的保险合同中，保险标的有所不同。例如，在财产保险中，保险标的是投保人的财产及其有关利益，此时应说明标的的具体坐落地点或利益关系；在人身保险中，保险标的是人的生命和身体，此时应说明被保险人的年龄、职业、健康状况等。

（2）保险金额。保险金额是指保险人对被保险人承担赔偿或者给付保险金责任的最高限额。在财产保险合同中，保险金额不得超过保险标的的实际价值。在人身保险合同中，保险金额由双方当事人自行约定。保险金额不得超过保险价值，超过保险价值的，超过部分无效，保险人应当退还相应的保险费。

小提示

保险价值是指货物的实际价值，应按货物的实际价值或货物的实际价值加运杂费确定。

（3）保险费及支付方法。保险费是指投保人向保险人支付的费用。保险费根据保险金额、保险期限、保险费率等计算确定。保险费的支付方法包括约定支付时间、支付地点、支付方式。

（4）保险金赔偿或者给付办法。该条款是指当保险标的遭遇保险事故而导致经济损失发生时，或者人身保险合同约定的事故发生或约定的年龄、期限到来时，被保险人依合同约定向保险人提出索赔，保险人依合同约定的方式、标准、数额向被保险人支付保险金的方法。

同步案例

2020 年 3 月 15 日，某物流公司向保险公司投保车损险。保险合同中载明：保险期限为 2020 年 3 月 30 日至 2021 年 3 月 30 日。2020 年 4 月 10 日，该物流公司的货车在行驶途中出现故障。事后，该物流公司向保险公司索赔遭拒。保险公司称合同附加条款规定：在合同生效 15 天后，投保人的货车出现损坏时，保险公司才承担赔偿责任。

点评：

《中华人民共和国保险法》（以下简称《保险法》）第 13 条第 2 款规定："保险单或者其他保险凭证应当载明当事人双方约定的合同内容。当事人也可以约定采用其他书面形式载明合同内容。"《保险法》第 13 条第 3 款规定："依法成立的保险合同，自成立时生效。投保人和保险人可以对合同的效力约定附条件或者附期限。"

本案中，物流公司的货车虽然在保险期限内损坏，但合同附加条款规定投保人在合同生效 15 天后才可获赔，即保险公司在合同生效 15 天后才开始承担保险责任。物流公司的货车于 4 月 10 日受损，受损时间发生在保险公司承担保险责任的期限之外。因此，保险公司可以拒绝赔偿。

（四）保险合同当事人的义务

1. 投保人的义务

（1）交付保险费。保险合同成立后，投保人应按照约定交付保险费。若投保人未按照约定交付保险费，则保险人对保险费交付前发生的保险事故不承担赔偿责任。

（2）告知义务。《保险法》第 16 条第 1 款规定："订立保险合同，保险人就保险标的或者被保险人的有关情况提出询问的，投保人应当如实告知。"

（3）通知义务。《保险法》第 21 条规定："投保人、被保险人或者受益人知道保险事故发生后，应当及时通知保险人。故意或者因重大过失未及时通知，致使保险事故的性质、原因、损失程度等难以确定的，保险人对无法确定的部分，不承担赔偿或者给付保险金的责任，但保险人通过其他途径已经及时知道或者应当及时知道保险事故发生的除外。"

（4）提供资料的义务。《保险法》第 22 条第 1 款规定："保险事故发生后，按照保险合同请求保险人赔偿或者给付保险金时，投保人、被保险人或者受益人应当向保险人提供其所能提供的与确认保险事故的性质、原因、损失程度等有关的证明和资料。"

2. 保险人的义务

（1）承担保险责任。保险合同成立后，保险人按照约定的时间开始承担保险责任。

（2）说明义务。《保险法》第 17 条第 1 款规定："订立保险合同，采用保险人提供的格式条款的，保险人向投保人提供的投保单应当附格式条款，保险人应当向投保人说明合同的内容。”《保险法》第17条第2款规定：“对保险合同中免除保险人责任的条款，保险人在订立合同时应当在投保单、保险单或者其他保险凭证上作出足以引起投保人注意的提示，并对该条款的内容以书面或者口头形式向投保人作出明确说明；未作提示或者明确说明的，该条款不产生效力。”

（3）通知义务。《保险法》第22条第2款规定：“保险人按照合同的约定，认为有关证明和资料不完整的，应当及时一次性通知投保人、被保险人或者受益人补充提供。”

（4）给付保险金的义务。《保险法》第23条第1款规定：“保险人收到被保险人或者受益人的赔偿或者给付保险金的请求后，应当及时作出核定；情形复杂的，应当在三十日内作出核定，但合同另有约定的除外。保险人应当将核定结果通知被保险人或者受益人；对属于保险责任的，在与被保险人或者受益人达成赔偿或者给付保险金的协议后十日内，履行赔偿或者给付保险金义务。保险合同对赔偿或者给付保险金的期限有约定的，保险人应当按照约定履行赔偿或者给付保险金义务。”

三、保险合同的履行

（一）索赔和理赔

1. 索赔

索赔是指投保人、被保险人或受益人因保险人不履行或未正确履行所规定的义务而遭受损失，向保险人提出赔偿的要求。《保险法》第26条第1款规定：“人寿保险以外的其他保险的被保险人或者受益人，向保险人请求赔偿或者给付保险金的诉讼时效期间为二年，自其知道或者应当知道保险事故发生之日起计算。”

《保险法》第26条第2款规定：“人寿保险的被保险人或者受益人向保险人请求给付保险金的诉讼时效期间为五年，自其知道或者应当知道保险事故发生之日起计算。”

索赔程序如下：

（1）出险通知。出险通知也称损失通知、索赔通知，是指投保人、被保险人或受益人在保险事故发生后，对保险人的告知。在保险事故发生后尽快通知保险人，有利于保险人及时赶到现场查勘定损。

（2）申请检验。在向保险人发出出险通知的同时，投保人、被保险人或受益人应申请检验，以确定保险标的损失的原因及损失的程度。

（3）提供索赔单证。投保人、被保险人或受益人索赔时需要提交完整、真实的索赔单证。例如，在国际海洋货物运输保险合同中，索赔单证一般包括保险单或保险凭证正本、运输合同、发票、装箱单、向第三责任方（如承运人）请求补偿的函电或其他证明被保险人已履行应办的追偿手续的文件、由国外保险代理人或国外第三方公证机构出具的检验报告、涉海事故报告、货损货差证明、索赔清单。

（4）经保险人审查后，索赔符合保险合同规定的，被保险人或受益人可领取保险金。

小提示

存在对保险事故依法承担赔偿责任的第三人的，被保险人或受益人受领保险金后，应向保险人开具权益转让书，并协助其向第三人追偿。追偿可降低保险赔付率，同时使责任方意识到不能因为有了保险就可以逃脱自己应承担的法律责任，从而在一定程度上减少事故的发生。

2. 理赔

理赔是指保险人根据保险合同或有关法律规定，受理被保险人的索赔要求。理赔程序一般是：① 审核保险单与有关单据；② 查勘灾害事故现场；③ 确定灾害事故是否属于保险责任范围和受损财产是否为保险标的；④ 核定保险标的的损失程度；⑤ 确定和计算应赔付的金额等。

（二）代位求偿权和委付

1. 代位求偿权

代位求偿权是指保险人在保险赔偿后以被保险人的名义代位向造成被保险人财产损失的第三者请求赔偿的权利。在财产保险中，当被保险财产的损失由第三者的行为造成，根据法律、约定或惯例应由其承担赔偿责任时，被保险人在获得保险人的赔偿之后，应将向第三者请求赔偿的权利转让给保险人。

2. 委付

委付是指被保险人因保险标的发生推定全损时，提出放弃保险标的所有权，要求按全部损失赔偿的行为。委付不得附带任何条件，保险人如接受这一要求，委付即告成立，被保险人对委付财产的全部权利和义务随即转移给保险人。委付以不得撤回为原则，即被保险人对保险标的进行委付后，不得再以退还赔款，向保险人要求收回保险标的；保险人也不得以损失不属保险责任为由，拒绝按全部损失赔偿。

课堂讨论

2020 年 7 月 20 日，A 公司委托 B 航空公司运输 200 台电视机，总货款为 70 万元。同日，A 公司在某保险公司为这些电视机投保了运输保险，保险金额为 60 万元。A 公司交付了保险费，保险公司出具了保险单。

飞机因故障降落时机身抖动剧烈，导致 200 台电视机全部毁损。A 公司向保险公司索赔，保险公司审查了全部有关材料后，赔付 A 公司 60 万元。赔付后，保险公司向 B 航空公司提出追偿。B 航空公司拒绝赔付，理由是与保险公司没有任何关系。

2～3 人一组，讨论保险公司是否有权要求 B 航空公司赔偿。

案例解析

“任务导入”中所述案例的解析如下：

（1）《保险法》第13条第1款规定：“投保人提出保险要求，经保险人同意承保，保险合同成立。保险人应当及时向投保人签发保险单或者其他保险凭证。”由此可见，保险合同是诺成合同，只要双方当事人意思表示一致，保险合同即告成立。投保人支付保险费是保险合同成立后投保人依合同承担的主要义务，而不是保险合同成立的前提。因此，保险合同的有效成立不以支付保险费为必要条件。

（2）《保险法》第60条第1款规定：“因第三者对保险标的的损害而造成保险事故的，保险人自向被保险人赔偿保险金之日起，在赔偿金额范围内代位行使被保险人对第三者请求赔偿的权利。”A纺织公司储存于B仓储公司的棉花在储存期间发生毁损、灭失，根据双方签订的保管合同的约定，应由B仓储公司负责赔偿损失。因此，保险公司向A纺织公司支付保险赔偿款后，可依法取得涉案货物的代位求偿权。B仓储公司应支付保险公司垫付的保险赔偿金1 071 752.8元、公估费5万元及利息损失。

实战演练

2018年9月1日，A船舶公司为本公司的运货船舶向B保险公司投了为期10年的运输工具航程保险。保险合同中约定：保险期限为2018年10月15日至2028年10月14日。

2019年10月15日，A船舶公司新上任的经理张某为了节省开支，不支持为运货船舶投长达10年的保险，遂向B保险公司提出终止保险合同的要求，但是B保险公司未予同意，A船舶公司不再支付保险费。2021年1月，A船舶公司的一艘货船发生事故，损失惨重，A船舶公司向B保险公司提出赔偿请求。B保险公司则以A船舶公司停止支付保险费为由拒绝赔偿，双方遂起纠纷。

请问：A船舶公司是否有权要求B保险公司赔偿损失？

要求：2~3人一组，借助网络和书籍查找上述案例涉及的法律规范，然后将问题的答案进行汇总并形成Word文件，在课堂上进行分享。

任务二　了解货物运输保险法律制度

【知识目标】

✓ 了解货物运输保险的分类和与货物运输保险有关的法律规范。

✓ 理解货物运输保险合同的概念和特征。

✓ 了解国内水路、陆路、航空货物运输保险的保险责任。

✓ 认识国内货物运输保险的保险标的的范围和赔偿处理。

【技能目标】

✓ 能够分析出货物运输保险案件中投保人、保险人、被保险人及受益人的责任和责任界定的依据。

任务导入

2020 年 6 月 16 日，A 船务公司与位于河北的 B 公司签订了货轮运输合同。合同约定由 A 船务公司运输一批货物至广州鱼珠码头，B 公司向 A 船务公司支付包干费 93 元/吨。涉案货物于 2020 年 6 月 27 日在曹妃甸港由 C 货运代理公司装船，C 货运代理公司向 A 船务公司出具了装船清单，清单载明螺纹钢为 3 999 件、盘螺钢材为 1 470 件。

2020 年 6 月 30 日，A 船务公司为该批货物向某财保公司投保国内水路货物运输保险。7 月 1 日，财保公司向 A 船务公司出具了保险单。保险单的特别约定栏载明：本保险适用条款名称为“水路货物运输保险条款”。水路货物运输保险条款第 6 条规定，本保险除包括基本险责任外，保险人还负责赔偿因受碰撞、挤压而造成货物破碎、弯曲、凹瘪、折断、开裂的损失，遭受盗窃的损失，等等；第 18 条规定，被保险人向保险人申请索赔时，应当提供的单证有保险单（凭证）、运单（货票）、提货单、发票（货价证明）及其他与确认保险事故的性质、原因、损失程度等有关的证明和资料。

2020 年 7 月 8 日，该批货物到达广州鱼珠码头。7 月 15 日，广东某物流有限公司在货物交接清单上载明自己收到螺纹钢 3 995 件、盘螺钢材 1 470 件。7 月 20 日，A 船务公司就短少的 4 件货物向财保公司报险，并提交了工矿产品购销合同、国内水路货物运输保险单、保险费发票、C 货运代理公司装船清单等单证。财保公司对报险情况进行了查勘核实，对于短少 4 件螺纹钢的事实予以认可。但财保公司主张 A 船务公司应当就丢失的钢材向公安机关报警，经公安机关调查确定短少的货物是盗窃造成的；若无法证明，则财保公司不承担保险责任。财保公司未出具拒赔通知书。

A 船务公司认为货物短少事件在财保公司承保范围内，财保公司应赔偿。

思考：

财保公司是否应承担赔偿责任？为什么？

知识讲解

一、货物运输保险概述

货物运输保险是指以运输过程中的货物为保险标的，保险人承保因自然灾害或意外事故造成货物损失的一种保险。

（一）货物运输保险的分类

货物运输保险有多种分类，按保险人承担的责任不同，可分为基本保险和综合保险；按运输工具不同，可分为水路货物运输保险、公路货物运输保险、铁路货物运输保险、航空货物运输保险等；按适用范围不同，可分为国内货物运输保险和涉外货物运输保险。

扫一扫

什么是货物运输保险

（二）与货物运输保险有关的法律规范

与货物运输保险有关的法律法规有《民法典》（总则编和合同编）、《保险法》、《海商法》等。

政策引领

保险业为“一带一路”建设保驾护航

“一带一路”建设主要集中于重大项目建设、进出口贸易、对外直接投资等领域。在进出口贸易领域，“一带一路”因涉及多样化的运输方式，所以风险较多。这些风险主要集中在两个方面：

（1）货物运输风险。货物运输风险涉及船舶、飞机、火车等交通工具的风险，也涉及进出口货物可能面临的意外事故和自然灾害风险。尤其是水路运输，既有海上气象风险、航行的技术风险，也有船舶碰撞、遭遇海盗等风险。

（2）出口信用风险。“一带一路”沿线国家和贸易企业，从主权信用风险到商业信用风险，差异较大。常见的出口信用风险主要有伪造信用证风险、信用证“软条款”风险、进口商资信风险、拒付风险等。

2017年中国保险监督管理委员会（现为“中国银行保险监督管理委员会”）发布的《关于保险业服务“一带一路”建设的指导意见》指出，要构建“一带一路”保险支持体系，大力发展面向“一带一路”的出口信用保险和海外投资保险，对“一带一路”中风险可控的项目应保尽保。围绕“一带一路”建设中的特殊风险保障需求，保险业不断创新保险产品和服务，为“一带一路”沿线重大项目建设的成功保驾护航。在贸易畅通方面，我国保险业为“一带一路”提供进出口货物运输险、产品责任险、出口信用险、交通工具保险等。

二、货物运输保险合同的概念和特征

货物运输保险合同是指在运输过程中，保险人对作为保险标的的货物因自然灾害或意外事故所造成的损失承担赔偿责任而订立的保险合同。

货物运输保险合同的特征如下。

（一）以“仓至仓”方式确定保险期限

我国货物运输保险合同一般采用“仓至仓”条款来确定保险期限。该条款规定，保险人承担保险责任的期限从保险标的离开起运地时起，至保险标的到达收货人的储存场所时止。如果保险标的未到达收货人的储存场所，保险人对保险标的承担保险责任的期限，以保险标的卸离运输工具或收货人接到“到货通知单”后的 15 天为限。

（二）事先约定保险标的的价值

在货物运输保险合同中，保险标的流动性较大，所以货物运输保险一般以事先约定的保险标的的价值来确定保险金额。国内货物运输保险合同保险标的的价值一般通过起运地发票价、目的地成本价或目的地市价来确定。

三、货物运输保险的保险责任

（一）国内水路、陆路货物运输保险的保险责任

国内水路、陆路货物运输保险分为基本险和综合险两种险别，两者的保险责任也不相同。

1. 基本险的保险责任

（1）因火灾、爆炸、雷电、冰雹、暴风、暴雨、洪水、地震、海啸、地陷、崖崩、滑坡、泥石流所造成的损失。

（2）由运输工具发生碰撞、搁浅、触礁、倾覆、沉没、出轨或隧道、码头坍塌所造成的损失。

（3）在装货、卸货或转载时因遭受不属于包装质量不善或装卸人员违反操作规程所造成的损失。

（4）按国家规定或一般惯例应分摊的共同海损的费用。

（5）在发生上述灾害、事故时，因纷乱而造成货物的散失及因施救或保护货物所支

付的直接合理的费用。

2．综合险的保险责任

综合险的保险责任除了包括基本险责任外，保险人还负责赔偿下列损失：

（1）因受震动、碰撞、挤压而造成货物破碎、弯曲、凹瘪、折断、开裂或包装破裂致使货物散失的损失。

（2）液体货物因受震动、碰撞或挤压致使所用容器（包括封口）损坏而渗漏的损失，或用液体保藏的货物因液体渗漏而造成保藏货物腐烂变质的损失。

（3）遭受盗窃或整件提货不着的损失。

（4）符合安全运输规定而遭受雨淋所致的损失。

3．除外责任

由下列原因造成保险货物的损失，无论是基本险还是综合险，保险人均不负赔偿责任：

（1）战争或军事行动。

（2）核事件或核爆炸。

（3）保险货物本身的缺陷或自然损耗，以及由于包装不善。

（4）被保险人的故意行为或过失。

（5）全程是公路货物运输的，盗窃和整件提货不着的损失。

（6）其他不属于保险责任范围内的损失。

（二）国内航空货物运输保险的保险责任

1．保险责任

由下列保险事故造成保险货物的损失，保险人负赔偿责任：

（1）火灾、爆炸、雷电、冰雹、暴风、暴雨、洪水、海啸、地陷、崖崩。

（2）因飞机遭受碰撞、倾覆、坠落、失踪（在3个月以上），在危难中发生卸载以及遭受恶劣气候或其他危难事故发生抛弃行为所造成的损失。

小提示

“失踪（在3个月以上）”，是指飞机起飞后与地面失去联系，下落不明，并经民航局鉴定为失踪者，可先按推定完全灭失赔偿。“抛弃行为所造成的损失”，是指飞机航行中遭遇恶劣气候或其他危难事故时，机长决定抛弃的保险货物。

（3）因受震动、碰撞或压力而造成货物破碎、弯曲、凹瘪、折断、开裂的损失。

（4）因包装破裂致使货物散失的损失。

（5）凡属液体、半流体或者需要用液体保藏的保险货物，在运输途中因受震动、碰撞或压力致使所装容器（包括封口）损坏发生渗漏而造成的损失，或用液体保藏的货物因液体渗漏而致保藏货物腐烂的损失。

（6）遭受盗窃或者提货不着的损失。

（7）在装货、卸货时和港内地面运输过程中，因遭受不可抗力的意外事故及雨淋所造成的损失。

保险人除负上述赔偿责任外，还应承担在发生责任范围内的灾害事故时，因施救或保护保险货物而产生的直接合理费用。

2. 责任免除

由下列原因造成保险货物的损失，保险人不负责赔偿：

（1）战争、军事行动、扣押、罢工、哄抢和暴动。

（2）核反应、核子辐射和放射性污染。

（3）保险货物自然损耗，本质缺陷、特性所引起的污染、变质、损坏，以及货物包装不善。

（4）在保险责任开始前，保险货物已存在的品质不良或数量短差所造成的损失。

（5）市价跌落、运输延迟所引起的损失。

（6）属于发货人责任引起的损失。

（7）被保险人或投保人的故意行为或违法犯罪行为。

此外，由行政行为或执法行为所致的损失，保险人也不负责赔偿。

课堂活动

案例一：朱某于2020年12月26日和2021年1月6日在某县收购了两批红橘，并在某保险公司投保了铁路运输综合险。两批红橘先后从火车站起运，分别于2021年1月4日、1月15日运抵目的地火车站。朱某到火车站提货时发现红橘腐烂。火车站货运记录载明，第一批红橘腐烂80%，第二批红橘腐烂85%。朱某向保险公司提出赔偿请求。

案例二：被保险人A企业运输一集装箱汽车配件，该批货物由上海经水路至营口后，又经陆路至辽宁某物流有限公司，起运日期为2021年1月17日。2月2日，该物流公司在卸货时发现集装箱顶部有结冰现象，箱内80件汽车配件的表面出现锈斑。经现场查勘，发现集装箱顶部有一漏洞。被保险人提供了运输途中下雨的天气记录并向保险人索赔。

2～3人一组，讨论：案例一中红橘腐烂是否属于保险责任？案例二中汽车配件生锈是否属于保险责任？

四、国内货物运输保险的保险标的范围和赔偿处理

（一）保险标的范围

在国内货物运输保险中，下列货物非经投保人与保险人特别约定，并在保险单（凭证）

上载明，不在保险标的范围以内：金银、珠宝、钻石、玉器、首饰、古币、古玩、古书、古画、邮票、艺术品、稀有金属等珍贵财物。此外，蔬菜、水果、活牲畜、禽鱼类和其他动物，也不在保险标的范围内。

（二）赔偿处理

1. 申请索赔

在国内货物运输保险中，被保险人向保险人申请索赔时，应当提供下列有关单证：

扫一扫

国内货物运输保险合同中特别约定的含义

（1）保险单（凭证）、运单（货票）、提货单、发票（货价证明）。

（2）承运部门签发的货运记录、普通记录、交接验收记录、鉴定书。

（3）收货单位的入库记录、检验报告、损失清单及救护货物所支付的直接费用的单据。

（4）被保险人所能提供的其他与确认保险事故的性质、原因、损失程度等有关的证明和资料。

保险人收到被保险人的赔偿请求后，应按照《保险法》第 23 条第 1 款的规定履行赔偿义务。

2. 赔偿损失

保险货物发生保险责任范围内的损失，保险金额等于或高于保险价值时，保险人应根据实际损失计算赔偿，但最高赔偿金额以保险金额价值为限；保险金额低于保险价值的，保险人对其损失金额及支付的施救保护费用按保险金额与保险价值的比例计算赔偿。保险人对货物损失的赔偿金额，以及因施救或保护货物所支付的直接合理的费用，应分别计算，并各以不超过保险金额为限。

3. 向第三者追偿

保险货物发生保险责任范围内的损失，如果根据法律规定或有关约定，应当由承运人或其他第三者负责赔偿部分或全部的，被保险人应首先向承运人或其他第三者提出书面索赔，直至诉讼。保险事故发生后，保险人未履行赔偿保险金义务之前，被保险人放弃对有关责任方请求赔偿的权利的，保险人不承担赔偿责任；如被保险人要求保险人先予赔偿，被保险人应签发权益转让书，并将向承运人或第三者提出索赔的诉讼书及有关材料移交给保险人，协助保险人向责任方追偿。

由于被保险人的故意或重大过失致使保险人不能行使代位请求赔偿权利的，保险人可以相应扣减保险赔偿金。

案例解析

"任务导入"中所述案例的解析如下：

本案中，A船务公司与财保公司之间为保险合同关系，因此双方的权利和义务应依据保险合同和保险单所约定的保险条款确定。

A船务公司主张财保公司承担综合险保险责任，认为自己投保的综合险属于列明险，只要属于"水路货物运输保险条款"第6条列明的保险事故造成的损失，财保公司就负有赔偿责任。故本案双方争议的焦点为是否发生了保险条款中列明的保险事故。

根据《保险法》第22条的规定，A船务公司作为被保险人，在主张涉案货物遭受盗窃发生短少时，有责任提供证据证明其所主张的保险事故实际发生。但A船务公司所提交的证据中，并无有关保险事故发生的直接证据，其未就事故性质完成初步举证。财保公司在接到报案后，对事故现场进行查勘核实，未出具拒赔通知书等行为，尚不构成对发生保险事故的自认，不能以此免除A船务公司对该项主张的举证责任。故A船务公司关于"发生了遭受盗窃损失的保险事故，财保公司应承担保险赔偿责任"的主张证据不足，因此财保公司不用承担赔偿责任。

实战演练

A物流公司在B保险公司处投保了物流责任险。双方约定：保险期间，A物流公司在经营过程中因意外事故造成货物毁损、灭失的，B保险公司在责任限额（200万元）范围内承担保险赔偿责任。后A物流公司的一批货物在运输途中发生火灾，货损达20余万元，A物流公司遂向B保险公司提出赔偿请求，却遭到了拒绝。无奈之下，A物流公司将对方告上了法庭。

A物流公司认为，该事故发生于保险期间，应属于物流责任险的承保范围，货损价值并未超过合同约定的责任限额，B保险公司理应赔付。B保险公司应诉并提出了十分详细的拒赔答辩意见，主要观点如下：

（1）涉案车辆为非营运车辆，火灾事故发生时，车辆行驶证已过有效期。依据合同中"被保险人自有的运输工具不适合运输物流货物，无论任何原因造成物流货物的损失，保险人均不负责赔偿"的条款，保险公司不予赔付。

（2）A物流公司提供的证明已向货物所有人或托运人支付赔款的证据不足，缺少具体的对账明细及银行凭证等，依据合同中"被保险人未向该第三者赔偿的，保险人不得向被保险人赔偿保险金"的条款，保险公司有权拒绝赔偿。

（3）缺少赔偿依据，如火灾原因鉴定结论，货物价值税务发票等。

（4）根据保险合同，火灾免赔额为损失金额的 20%，因此即使赔偿，赔偿金额最多为货损金额的 80%。

B 保险公司依据上述四点理由，请求法院驳回 A 物流公司的全部赔偿请求。

请问：B 保险公司是否应向 A 物流公司赔偿？若需要赔偿，应赔偿多少？

要求：2～3 人一组，借助网络和书籍查找上述案例涉及的法律规范，然后将问题的答案进行汇总并形成 Word 文件，在课堂上进行分享。

项目考核

1. 选择题

（1）（　　）是指与投保人订立保险合同，并按照合同约定承担赔偿或者给付保险金责任的保险公司。

A．投保人　　B．保险人

C．被保险人　　D．受益人

（2）（　　）指保险人的赔偿责任是以被保险人遭受事故的实际损失为依据，并以保险标的的保险金额为限。

A．保险最大诚信原则　　B．保险利益原则

C．保险近因原则　　D．保险补偿原则

（3）（　　）是指保险人在保险赔偿后以被保险人的名义代位向造成被保险人财产损失的第三者请求赔偿的权利。

A．委付　　B．代位求偿权

C．索赔　　D．理赔

（4）2020 年 4 月 13 日，A 公司将一批加硫机从常熟市运至厦门市，并为这批货物向某保险公司购买了公路货物运输保险。当一部分加硫机装上货车后，A 公司为了不影响后续货车装货，准备在货车驶出仓库后再对已装车的加硫机进行绑扎。但是货车在仓库门口转向时，两台加硫机从货车上摔落，受损严重。事故发生后，A 公司第一时间通知保险公司到事故现场进行查勘。下列说法正确的是（　　）。

A．本次事故不属于保险责任范围，保险公司可拒绝赔偿

B．保险公司在查清保险标的损失的原因、范围和程度后，应按保险标的的实际损失对 A 公司进行赔偿

C．本次事故的货车司机是造成该事故应依法承担责任的第三人，保险公司向 A 公司赔偿后，再向该司机追偿

D．A 公司与保险公司共同承担此次货损责任

2. 简答题

（1）简述保险合同中投保人和保险人的义务。

（2）简述索赔与理赔的一般程序。

（3）简述货物运输保险合同的特征。

（4）以国内水陆货物运输和陆路货物运输为例，说明基本险和综合险的区别。

3. 综合分析题

2020 年 5 月 11 日，王某驾驶一辆装载水泥的卡车行至某处，为避让一辆小轿车而与相向而来由某物流公司的驾驶员赵某驾驶的大型货车相撞，赵某当场死亡，其货车上所载货物毁损严重。经当地人民法院审理，判决王某犯交通肇事罪，判处有期徒刑两年缓刑两年，赔偿物流公司经济损失 87 620 元。

判决生效后却难以执行，因为王某的卡车未投保，王某家中也无任何有价值的财产。物流公司为赵某所驾货车投保了车辆损失险、第三者责任险、货主责任险、承运货物责任险。在向王某索赔无果的情况下，物流公司遂向保险公司索赔。

请问：保险公司是否该赔偿？若该赔偿，应如何赔偿？

项目九 物流争议解决

项目引言

物流活动具有综合性和复杂性，当事人在从事物流活动时，难免产生争议。发生物流争议时，物流活动当事人可在自愿、互谅的基础上协商解决，也可通过调解、仲裁、诉讼等途径来解决。本项目将介绍调解、仲裁、诉讼的基础知识，为物流企业处理物流争议提供帮助。

知识体系

- ✓ 调解概述。
- ✓ 仲裁概述。
- ✓ 诉讼概述。

素质目标

- ✓ 了解物流争议的解决途径，自觉树立依法办事的理念。

物流活动当事人因物流活动引起的争议统称为物流争议。物流争议发生后，如何解决争议是物流活动当事人需要考虑的问题。一般情况下，当事人双方会事先在合同中约定物流争议的解决方法。若物流服务合同中没有约定物流争议的解决方法，在争议发生后，当事人双方首先应协商解决。若协商未果，则可采用申请调解、申请仲裁、提起诉讼等途径来解决。

一、调解概述

调解是指由争议当事人以外的第三人，通过说服教育和劝导协商，在查明事实、分清是非和争议当事人双方自愿的基础上达成协议，解决纠纷。在我国，调解是处理民事案件、行政侵权赔偿案件和刑事自诉案件的一种重要方法。

根据调解主体的不同，调解可以分为人民调解、法院调解、行政调整和仲裁调解等。

（一）人民调解

扫一扫

人民调解制度

人民调解是指在人民调解委员会主持下，以国家法律、法规、规章和社会公德规范为依据，对争议当事人双方进行调解、劝说，促使他们互相谅解、平等协商，自愿达成协议，消除纷争的活动。人民调解属于诉讼外调解中的一种，不具有法律上的强制执行效力。

人民调解委员会是依法设立的调解民间纠纷的群众性组织，其调解的民间纠纷包括发生在公民与公民之间、公民与法人、公民与其他社会组织之间涉及民事权利义务争议的各种纠纷。

1. 人民调解的原则

《人民调解法》第 3 条规定，人民调解委员会调解民间纠纷，应当遵循下列原则：

① 在当事人自愿、平等的基础上进行调解；

② 不违背法律、法规和国家政策；

③ 尊重当事人的权利，不得因调解而阻止当事人依法通过仲裁、行政、司法等途径维护自己的权利。

2. 人民调解的程序

1）选定调解主持人

《人民调解法》第 19 条规定：“人民调解委员会根据调解纠纷的需要，可以指定一名或者数名人民调解员进行调解，也可以由当事人选择一名或者数名人民调解员进行调解。”

2）调查核实纠纷情况

人民调解委员会应当分别向双方当事人询问纠纷的事实和情节，了解双方的诉求和理由，然后就相关情况进行核实或实地勘察，形成调查笔录。调查笔录经调查人校阅或向被调查人宣读后，由被调查人、调查人、记录人签名。

3）拟定调解方案

调解方案的内容主要有：调解所要达到的目的、消除双方当事人争执的可行性方法和技巧、调解过程中可能出现的问题和对策、调解具体纠纷所涉及的法律法规和政策条款等。

4）实施调解

（1）告知权利和义务。《人民调解法》第23条规定，当事人在人民调解活动中享有下列权利：

① 选择或者接受人民调解员；

② 接受调解、拒绝调解或者要求终止调解；

③ 要求调解公开进行或者不公开进行；

④ 自主表达意愿、自愿达成调解协议。

《人民调解法》第24条规定，当事人在人民调解活动中履行下列义务：

① 如实陈述纠纷事实；

② 遵守调解现场秩序，尊重人民调解员；

③ 尊重对方当事人行使权利。

（2）双方当事人陈述。调解主持人要在当事人陈述过程中进一步查明事实，分清双方的责任；对于个别当事人在陈述过程中故意歪曲事实、无理纠缠的，应及时予以纠正或制止。

（3）依法进行调解。人民调解员根据纠纷的不同情况，可以采取多种调解方式，充分听取当事人的陈述，讲解有关法律、法规和国家政策，耐心疏导，在当事人平等协商、互谅互让的基础上提出纠纷解决方案，帮助当事人自愿达成调解协议。在调解过程中，应做好调解笔录，保证调解笔录客观、真实、简练、整洁。

（4）达成调解协议。人民调解委员会经调解达成调解协议的，可以制作调解协议书。调解协议书自各方当事人签名、盖章或者按指印，人民调解员签名并加盖人民调解委员会印章之日起生效。当事人认为无须制作调解协议书的，可以采取口头协议方式。口头调解协议自各方当事人达成协议之日起生效。

小提示

《人民调解法》第26条规定："人民调解员调解纠纷，调解不成的，应当终止调解，并依据有关法律、法规的规定，告知当事人可以依法通过仲裁、行政、司法等途径维护自己的权利。"

《人民调解法》第33条第1款规定："经人民调解委员会调解达成调解协议后，双方当事人认为有必要的，可以自调解协议生效之日起三十日内共同向人民法院申请司法确认，人民法院应当及时对调解协议进行审查，依法确认调解协议的效力。"

《人民调解法》第 33 条第 2 款规定："人民法院依法确认调解协议有效，一方当事人拒绝履行或者未全部履行的，对方当事人可以向人民法院申请强制执行。"

《人民调解法》第 33 条第 3 款规定："人民法院依法确认调解协议无效的，当事人可以通过人民调解方式变更原调解协议或者达成新的调解协议，也可以向人民法院提起诉讼。"

（二）法院调解

法院调解又称诉讼调解，是指在法院主持下进行的调解，属于诉讼内调解。

《民事诉讼法》第 9 条规定："人民法院审理民事案件，应当根据自愿和合法的原则进行调解；调解不成的，应当及时判决。"

《民事诉讼法》第 94 条第 1 款规定："人民法院进行调解，可以由审判员一人主持，也可以由合议庭主持，并尽可能就地进行。"

《民事诉讼法》第 95 条规定："人民法院进行调解，可以邀请有关单位和个人协助。被邀请的单位和个人，应当协助人民法院进行调解。"

根据《民事诉讼法》第 97 条的规定，调解达成协议，人民法院应当制作调解书。调解书应当写明诉讼请求、案件的事实和调解结果。调解书由审判人员、书记员署名，加盖人民法院印章，送达当事人双方。调解书经当事人双方签收后，即具有法律效力。

（三）行政调解

行政调解又称政府调解，是指在我国行政机关主持下进行的调解。行政调解分为基层人民政府的调解、国家合同管理机关的调解和公安机关的调解。行政调解是在自愿基础上所进行的调解活动，属于诉讼外调解，所达成的协议均不具有法律上的强制执行效力，但对当事人均具有约束力。

二、仲裁概述

仲裁又称公断，是指由当事人双方以外的第三者对民事、经济、劳动等争议做出的对当事人双方均具约束力的裁决。当事人采用仲裁方式解决纠纷，应当双方自愿，达成仲裁协议。没有仲裁协议，一方申请仲裁的，仲裁委员会不予受理。

（一）仲裁的适用范围

《中华人民共和国仲裁法》（以下简称《仲裁法》）第 2 条规定："平等主体的公民、法人和其他组织之间发生的合同纠纷和其他财产权益纠纷，可以仲裁。"

《仲裁法》第 3 条规定，下列纠纷不能仲裁：

① 婚姻、收养、监护、扶养、继承纠纷；

② 依法应当由行政机关处理的行政争议。

小提示

当事人达成仲裁协议，一方向人民法院起诉的，人民法院不予受理，但仲裁协议无效的除外。

（二）仲裁机构

目前，我国对经济合同纠纷和其他财产权益纠纷的仲裁机关有仲裁委员会和中国仲裁协会。

1．仲裁委员会

《仲裁法》第12条第1款规定：“仲裁委员会由主任一人、副主任二至四人和委员七至十一人组成。”《仲裁法》第12条第2款规定：“仲裁委员会的主任、副主任和委员由法律、经济贸易专家和有实际工作经验的人员担任。仲裁委员会的组成人员中，法律、经济贸易专家不得少于三分之二。”

仲裁委员会应当从公道正派的人员中聘任仲裁员。《仲裁法》第13条第2款规定，仲裁员应当符合下列条件之一：

① 通过国家统一法律职业资格考试取得法律职业资格，从事仲裁工作满八年的；

② 从事律师工作满八年的；

③ 曾任法官满八年的；

④ 从事法律研究、教学工作并具有高级职称的；

⑤ 具有法律知识、从事经济贸易等专业工作并具有高级职称或者具有同等专业水平的。

2．中国仲裁协会

中国仲裁协会是社会团体法人。仲裁委员会是中国仲裁协会的会员。中国仲裁协会的章程由全国会员大会制定。中国仲裁协会是仲裁委员会的自律性组织，根据章程对仲裁委员会及其组成人员、仲裁员的违纪行为进行监督，并依照《仲裁法》和《民事诉讼法》的有关规定制定仲裁规则。

（三）仲裁协议

仲裁协议是指双方当事人自愿将他们之间已经发生或将来可能发生的争议提交仲裁人仲裁的协议。《仲裁法》第16条第1款规定：“仲裁协议包括合同中订立的仲裁条款和以其他书面方式在纠纷发生前或者纠纷发生后达成的请求仲裁的书面协议。”

1．仲裁协议的内容

《仲裁法》第16条第2款规定，仲裁协议应当具有下列内容：

① 请求仲裁的意思表示；

② 仲裁事项；

③ 选定的仲裁委员会。

2. 仲裁协议的无效

《仲裁法》第 17 条规定，有下列情形之一的，仲裁协议无效：

① 约定的仲裁事项超出法律规定的仲裁范围的；

② 无民事行为能力人或者限制民事行为能力人订立的仲裁协议；

③ 一方采取胁迫手段，迫使对方订立仲裁协议的。

《仲裁法》第 18 条规定："仲裁协议对仲裁事项或者仲裁委员会没有约定或者约定不明确的，当事人可以补充协议；达不成补充协议的，仲裁协议无效。"

小提示

> 《仲裁法》第 20 条第 1 款规定："当事人对仲裁协议的效力有异议的，可以请求仲裁委员会作出决定或者请求人民法院作出裁定。一方请求仲裁委员会作出决定，另一方请求人民法院作出裁定的，由人民法院裁定。"

（四）仲裁程序

1. 申请与受理

1）申请仲裁

扫一扫

仲裁的流程

（1）申请仲裁的条件。《仲裁法》第 21 条规定，当事人申请仲裁应当符合下列条件：

① 有仲裁协议；

② 有具体的仲裁请求和事实、理由；

③ 属于仲裁委员会的受理范围。

（2）申请仲裁的手续。《仲裁法》第 22 条规定："当事人申请仲裁，应当向仲裁委员会递交仲裁协议、仲裁申请书及副本。"《仲裁法》第 23 条规定，仲裁申请书应当载明下列事项：

① 当事人的姓名、性别、年龄、职业、工作单位和住所，法人或者其他组织的名称、住所和法定代表人或者主要负责人的姓名、职务；

② 仲裁请求和所根据的事实、理由；

③ 证据和证据来源、证人姓名和住所。

小提示

《仲裁法》第 29 条规定：“当事人、法定代理人可以委托律师和其他代理人进行仲裁活动。委托律师和其他代理人进行仲裁活动的，应当向仲裁委员会提交授权委托书。”

2）受理仲裁

《仲裁法》第 24 条规定：“仲裁委员会收到仲裁申请书之日起五日内，认为符合受理条件的，应当受理，并通知当事人；认为不符合受理条件的，应当书面通知当事人不予受理，并说明理由。”

《仲裁法》第 26 条规定：“当事人达成仲裁协议，一方向人民法院起诉未声明有仲裁协议，人民法院受理后，另一方在首次开庭前提交仲裁协议的，人民法院应当驳回起诉，但仲裁协议无效的除外；另一方在首次开庭前未对人民法院受理该案提出异议的，视为放弃仲裁协议，人民法院应当继续审理。”

2．组成仲裁庭

仲裁机构仲裁案件，不是由仲裁委员会直接进行仲裁，而是通过仲裁庭来实现的。仲裁庭是指对争议案件进行仲裁的组织。仲裁庭根据当事人的意愿产生。

《仲裁法》第 31 条第 1 款规定：“当事人约定由三名仲裁员组成仲裁庭的，应当各自选定或者各自委托仲裁委员会主任指定一名仲裁员，第三名仲裁员由当事人共同选定或者共同委托仲裁委员会主任指定。第三名仲裁员是首席仲裁员。”

《仲裁法》第 31 条第 2 款规定：“当事人约定由一名仲裁员成立仲裁庭的，应当由当事人共同选定或者共同委托仲裁委员会主任指定仲裁员。”

《仲裁法》第 32 条规定：“当事人没有在仲裁规则规定的期限内约定仲裁庭的组成方式或者选定仲裁员的，由仲裁委员会主任指定。”

3．开庭与裁决

1）开庭

开庭是仲裁活动的实质性阶段，其目的是查清事实、分清是非、解决纠纷，使当事人之间的争议得到解决。

《仲裁法》第 39 条规定：“仲裁应当开庭进行。当事人协议不开庭的，仲裁庭可以根据仲裁申请书、答辩书以及其他材料作出裁决。”《仲裁法》第 40 条规定：“仲裁不公开进行。当事人协议公开的，可以公开进行，但涉及国家秘密的除外。”

2）裁决

裁决是指仲裁庭根据事实和法律，对当事人提交仲裁的争议事项做出的具有法律效力的判决。裁决应当按照多数仲裁员的意见作出，少数仲裁员的不同意见可以记入笔录。仲裁庭不能形成多数意见时，裁决应当按照首席仲裁员的意见作出。裁决标志着案件的审结，是仲裁审理的最终程序。

《仲裁法》第 49 条规定："当事人申请仲裁后，可以自行和解。达成和解协议的，可以请求仲裁庭根据和解协议作出裁决书，也可以撤回仲裁申请。"当事人达成和解协议，撤回仲裁申请后反悔的，可以根据仲裁协议申请仲裁。

《仲裁法》第 51 条第 1 款规定："仲裁庭在作出裁决前，可以先行调解。当事人自愿调解的，仲裁庭应当调解。调解不成的，应当及时作出裁决。"《仲裁法》第 51 条第 2 款规定："调解达成协议的，仲裁庭应当制作调解书或者根据协议的结果制作裁决书。调解书与裁决书具有同等法律效力。"

（1）调解书。《仲裁法》第 52 条第 1 款规定："调解书应当写明仲裁请求和当事人协议的结果。调解书由仲裁员签名，加盖仲裁委员会印章，送达当事人双方。"调解书经当事人双方签收后，即发生法律效力。在调解书签收前当事人反悔的，仲裁庭应当及时做出裁决。

（2）裁决书。《仲裁法》第 54 条规定："裁决书应当写明仲裁请求、争议事实、裁决理由、裁决结果、仲裁费用的负担和裁决日期。当事人协议不愿写明争议事实和裁决理由的，可以不写。裁决书由仲裁员签名，加盖仲裁委员会印章。对裁决持不同意见的仲裁员，可以签名，也可以不签名。"裁决书自作出之日起发生法律效力。

（五）仲裁裁决的撤销和执行

1. 仲裁裁决的撤销

《仲裁法》第 58 条规定，当事人提出证据证明裁决有下列情形之一的，可以向仲裁委员会所在地的中级人民法院申请撤销裁决：

① 没有仲裁协议的；

② 裁决的事项不属于仲裁协议的范围或者仲裁委员会无权仲裁的；

③ 仲裁庭的组成或者仲裁的程序违反法定程序的；

④ 裁决所根据的证据是伪造的；

⑤ 对方当事人隐瞒了足以影响公正裁决的证据的；

⑥ 仲裁员在仲裁该案时有索贿受贿，徇私舞弊，枉法裁决行为的。

人民法院经组成合议庭审查核实裁决有前款规定情形之一的，应当裁定撤销。

人民法院认定该裁决违背社会公共利益的，应当裁定撤销。

《仲裁法》第 59 条规定："当事人申请撤销裁决的，应当自收到裁决书之日起六个月内提出。"《仲裁法》第 60 条规定："人民法院应当在受理撤销裁决申请之日起两个月内作出撤销裁决或者驳回申请的裁定。"

2. 仲裁裁决的执行

当事人应当履行裁决。一方当事人不履行的，另一方当事人可以依照《民事诉讼法》的有关规定向人民法院申请执行。受申请的人民法院应当执行。

《民事诉讼法》第 237 条第 2 款规定，被申请人提出证据证明仲裁裁决有下列情形之一的，经人民法院组成合议庭审查核实，裁定不予执行：

① 当事人在合同中没有订有仲裁条款或者事后没有达成书面仲裁协议的；

② 裁决的事项不属于仲裁协议的范围或者仲裁机构无权仲裁的；

③ 仲裁庭的组成或者仲裁的程序违反法定程序的；

④ 裁决所根据的证据是伪造的；

⑤ 对方当事人向仲裁机构隐瞒了足以影响公正裁决的证据的；

⑥ 仲裁员在仲裁该案时有贪污受贿，徇私舞弊，枉法裁决行为的。

人民法院认定执行该裁决违背社会公共利益的，裁定不予执行。

三、诉讼概述

诉讼是指纠纷当事人通过向具有管辖权的法院起诉另一方当事人解决纠纷的活动。

（一）诉讼的种类

根据要解决事件的性质不同，诉讼可分为民事诉讼、刑事诉讼和行政诉讼。其中，民事诉讼是指为解决财产和婚姻家庭等民事、经济纠纷而进行的诉讼；刑事诉讼是指为解决犯罪嫌疑人、被告人是否犯罪、犯何种罪、要不要处刑、如何处刑的问题而进行的诉讼；行政诉讼是指公民、法人和其他组织认为行政机关和行政机关工作人员的具体行政行为侵犯其合法权益而向法院提起的诉讼。

小提示

民事诉讼、行政诉讼和刑事诉讼除解决的问题不同外，三者的不同之处还体现在以下几个方面：

（1）提起诉讼的主体不同。民事诉讼中双方当事人都可以提起诉讼，原告起诉后，被告可以反诉；刑事诉讼除自诉案件由自诉人提起诉讼外，均由人民检察院提起公诉；行政诉讼只能由行政管理的相对人提起诉讼，行政机关始终处于被告地位，不能反诉。

（2）举证责任不同。在民事诉讼中，谁主张权利谁负责举证；在刑事诉讼中，公诉人负有提供被告人有罪的证据，并加以证明的责任，被告人不负举证责任，但可以提出减轻罪行或无罪的材料为自己辩护；在行政诉讼中，只能由被告（行政机关）负举证责任。

（3）适用的法律不同。民事诉讼主要适用《民法典》和《民事诉讼法》，刑事诉讼主要适用《中华人民共和国刑法》和《中华人民共和国刑事诉讼法》，行政诉讼主要适用行政法规和《中华人民共和国行政诉讼法》（以下简称《行政诉讼法》）。

物流活动中以民事诉讼最为常见，因此下文将重点介绍民事诉讼。

（二）民事诉讼的基本制度

《民事诉讼法》第 10 条规定：“人民法院审理民事案件，依照法律规定实行合议、回避、公开审判和两审终审制度。”

（1）合议制度。合议制度是指由三名以上的审判人员（人数为单数）组成合议庭对案件进行审理的制度。

（2）回避制度。回避制度是指为了保证案件的公正审判，而要求与案件有一定利害关系的审判人员或其他有关人员，不得参与案件的审理活动或诉讼活动的审判制度。

（3）公开审判制度。公开审判制度是指人民法院审理民事案件，除法律规定的情况外，审判过程及结果应当向群众、社会公开。其中，向群众公开是指允许群众旁听案件审判过程（主要是庭审过程和宣判过程）；向社会公开是指允许新闻记者对庭审过程进行记录，允许其对案件审理过程进行报道。

（4）两审终审制度。两审终审制度是指一个民事案件经过两级人民法院审判后即告终结的制度。我国人民法院分为基层人民法院、中级人民法院、高级人民法院和最高人民法院四级。当事人不服一审人民法院的裁决时，可在规定期限内向上一级人民法院上诉，上一级人民法院对上诉案件所做出的裁决为终审裁决，当事人不得再上诉。

小提示

最高人民法院所做的一审判决和裁定为终审判决和裁定，当事人不得上诉。

（三）民事诉讼的受案范围和管辖

1. 民事诉讼的受案范围

民事诉讼的受案范围是指人民法院对民事案件行使审判权的范围。根据《民事诉讼法》第 3 条的规定，人民法院受理公民之间、法人之间、其他组织之间以及他们相互之间因财产关系和人身关系提起的民事诉讼。

2. 民事诉讼的管辖

民事诉讼的管辖分为级别管辖、地域管辖、移送管辖和指定管辖。

1）级别管辖

级别管辖是指在上下级法院之间受理第一审民事案件进行的分工和权限划分，解决的是哪些一审案件应当由哪一级法院管辖的问题。

《民事诉讼法》对各级法院管辖的第一审民事案件做了原则性的规定：基层人民法院管辖第一审民事案件，但本法另有规定的除外；中级人民法院管辖重大涉外第一审民事案件、在本辖区有重大影响的第一审民事案件、最高人民法院确定由中级人民法院管辖的第一审民事案件；高级人民法院管辖在本辖区有重大影响的第一审民事案件；最高人民法院管辖在全国有重大影响的和认为应当由自己审理的第一审民事案件。

2）地域管辖

地域管辖是指以地区来划分同级人民法院受理第一审案件的职权范围的管辖，解决的是案件由同级法院中的哪一个具体法院管辖的问题。地域管辖分为一般地域管辖、特殊地域管辖和专属管辖。

（1）一般地域管辖。以法院辖区与当事人的隶属关系为标准确定的管辖叫作一般地域管辖，适用于一般性的诉讼。例如，对公民提起的民事诉讼，由被告住所地人民法院管辖；被告住所地与经常居住地不一致的，由经常居住地人民法院管辖。《民事诉讼法》第 22 条规定，下列民事诉讼，由原告住所地人民法院管辖；原告住所地与经常居住地不一致的，由原告经常居住地人民法院管辖：

① 对不在中华人民共和国领域内居住的人提起的有关身份关系的诉讼；

② 对下落不明或者宣告失踪的人提起的有关身份关系的诉讼；

③ 对被采取强制性教育措施的人提起的诉讼；

④ 对被监禁的人提起的诉讼。

（2）特殊地域管辖。以法院辖区与诉讼标的或法律事实的隶属关系为标准确定的管辖叫作特殊地域管辖，适用于某些具有一定特殊性的诉讼。例如，因合同纠纷提起的诉讼，由被告住所地或者合同履行地人民法院管辖；因票据纠纷提起的诉讼，由票据支付地或者被告住所地人民法院管辖；因公司设立、确认股东资格、分配利润、解散等纠纷提起的诉讼，由公司住所地人民法院管辖等。

（3）专属管辖。专属管辖是指法规规定某些民事案件只能由特定的人民法院管辖。《民事诉讼法》第 33 条规定，下列案件，由本条规定的人民法院专属管辖：

① 因不动产纠纷提起的诉讼，由不动产所在地人民法院管辖；

② 因港口作业中发生纠纷提起的诉讼，由港口所在地人民法院管辖；

③ 因继承遗产纠纷提起的诉讼，由被继承人死亡时住所地或者主要遗产所在地人民法院管辖。

3）移送管辖和指定管辖

移送管辖是指法院受理案件后，发现自己对案件并无管辖权，依法将案件移送到有管辖权的法院受理。指定管辖是指上级法院以裁定方式指定其下级法院对某一案件行使管辖权。

小提示

移送管辖只是案件的移送，不涉及管辖权的转移。

（四）民事诉讼的审判程序

民事诉讼的审判程序包括第一审程序和第二审程序。

1. 第一审程序

第一审程序可分为第一审普通程序和第一审简易程序。第一审普通程序是人民法院审理案件时通常适用的程序，包括起诉和受理、审理前

扫一扫

民事诉讼流程

的准备、开庭审理几个阶段。基层人民法院和它派出的法庭审理事实清楚、权利义务关系明确、争议不大的简单的民事案件，适用于第一审简易程序。

下面以第一审普通程序为例，介绍第一审程序。

小提示

《民事诉讼法》第 149 条规定："人民法院适用普通程序审理的案件，应当在立案之日起六个月内审结。有特殊情况需要延长的，由本院院长批准，可以延长六个月；还需要延长的，报请上级人民法院批准。"

1）起诉和受理

原告（与案件有直接利害关系的公民、法人和其他组织）必须向有管辖权的法院起诉，并指明被告人，同时应提出诉讼请求和事实、理由。起诉应向人民法院递交起诉状（原告为提起诉讼而写的文书），并按照被告人数提出副本。《民事诉讼法》第 121 条规定，起诉状应当记明下列事项：

① 原告的姓名、性别、年龄、民族、职业、工作单位、住所、联系方式，法人或者其他组织的名称、住所和法定代表人或者主要负责人的姓名、职务、联系方式；

② 被告的姓名、性别、工作单位、住所等信息，法人或者其他组织的名称、住所等信息；

③ 诉讼请求和所根据的事实与理由；

④ 证据和证据来源，证人姓名和住所。

小提示

《民事诉讼法》第 120 条第 2 款规定："书写起诉状确有困难的，可以口头起诉，由人民法院记入笔录，并告知对方当事人。"

人民法院收到起诉状或口头起诉，经审查，认为符合起诉条件的，应当在 7 日内立案，并通知当事人；不符合起诉条件的，应当在 7 日内做出裁定书，不予受理；原告对裁定不服的，可以提起上诉。

2）审判前的准备

人民法院应当在立案之日起 5 日内将起诉状副本发送被告，被告应当在收到之日起 15 日内提出答辩状。人民法院应当在收到答辩状之日起 5 日内将答辩状副本发送原告。被告不提出答辩状的，不影响人民法院审理。

人民法院对决定受理的案件，应当在受理案件通知书和应诉通知书中向当事人告知有关的诉讼权利义务，或者口头告知。

小提示

《民事诉讼法》第133条规定，人民法院对受理的案件，分别情形，予以处理：
① 当事人没有争议，符合督促程序规定条件的，可以转入督促程序；
② 开庭前可以调解的，采取调解方式及时解决纠纷；
③ 根据案件情况，确定适用简易程序或者普通程序；
④ 需要开庭审理的，通过要求当事人交换证据等方式，明确争议焦点。

3）开庭审理

人民法院审理民事案件，除涉及国家秘密、个人隐私或者法律另有规定的以外，应当公开进行。涉及商业秘密的案件，当事人申请不公开审理的，可以不公开审理。

开庭审理分以下几个阶段：

（1）庭前准备。人民法院审理民事案件，应当在开庭3日前通知当事人和其他诉讼参与人。公开审理的，应当公告当事人姓名、案由和开庭的时间、地点。开庭审理前，书记员应当查明当事人和其他诉讼参与人是否到庭，宣布法庭纪律。开庭审理时，由审判长核对当事人，宣布案由，宣布审判人员、书记员名单，告知当事人有关的诉讼权利义务，询问当事人是否提出回避申请。

（2）法庭调查。法庭调查按照下列顺序进行：① 当事人陈述；② 告知证人的权利义务，证人作证，宣读未到庭的证人证言；③ 出示书证、物证、视听资料和电子数据；④ 宣读鉴定意见；⑤ 宣读勘验笔录。

（3）法庭辩论。法庭辩论是当事人及其诉讼代理人在合议庭的主持下，根据法庭调查阶段查明的事实和证据，阐明自己的观点和意见，相互进行言词辩驳的诉讼活动。审判人员通过当事人的辩论，能够掌握案件的关键所在，有助于查清案件事实，分清是非责任。法庭辩论按照下列顺序进行：① 原告及其诉讼代理人发言；② 被告及其诉讼代理人答辩；③ 第三人及其诉讼代理人发言或者答辩；④ 互相辩论。法庭辩论终结，由审判长按照原告、被告、第三人的先后顺序征询各方最后意见。

（4）案件评议。法庭辩论结束后，还可以进行调解。调解不成的，合议庭应当休庭，进入评议室进行评议。评议时，合议庭应根据法庭调查和法庭辩论的情况，确定案件的性质，认定案件的事实，分清是非责任，正确地适用法律，对案件作出最后的处理。合议庭评议案件，由审判长主持，秘密进行。合议庭有不同意见时，实行少数服从多数的原则，但少数意见要如实记入笔录。评议结束后，应制作判决书，并由合议庭成员签名。

（5）宣告判决。《民事诉讼法》第148条第1款规定："人民法院对公开审理或者不公开审理的案件，一律公开宣告判决。"宣告判决有两种方式：一种是当庭宣判，即在合议庭评议后，由审判长宣布继续开庭并宣读裁判，宣判后10日内向有关人员发送判决书；另一种是定期宣判，即不当庭宣判而另定日期宣判，宣判后立即发给判决书。

2. 第二审程序

当事人不服地方人民法院第一审判决的，有权在判决书送达之日起15日内向上一级人民法院提起上诉。当事人不服地方人民法院第一审裁定的，有权在裁定书送达之日起10内向上一级人民法院提起上诉。

《民事诉讼法》第170条规定，第二审人民法院对上诉案件，经过审理，按照下列情形，分别处理：

① 原判决、裁定认定事实清楚，适用法律正确的，以判决、裁定方式驳回上诉，维持原判决、裁定；

② 原判决、裁定认定事实错误或者适用法律错误的，以判决、裁定方式依法改判、撤销或者变更；

③ 原判决认定基本事实不清的，裁定撤销原判决，发回原审人民法院重审，或者查清事实后改判；

④ 原判决遗漏当事人或者违法缺席判决等严重违反法定程序的，裁定撤销原判决，发回原审人民法院重审。

原审人民法院对发回重审的案件作出判决后，当事人提起上诉的，第二审人民法院不得再次发回重审。

《民事诉讼法》第176条第1款规定：“人民法院审理对判决的上诉案件，应当在第二审立案之日起三个月内审结。有特殊情况需要延长的，由本院院长批准。”

小提示

民事诉讼第二审程序中的审理程序与第一审程序大体相同，此处不再赘述。

（五）法院裁决的执行

《民事诉讼法》第224条第1款规定：“发生法律效力的民事判决、裁定，以及刑事判决、裁定中的财产部分，由第一审人民法院或者与第一审人民法院同级的被执行的财产所在地人民法院执行。”《民事诉讼法》第224条第2款规定：“法律规定由人民法院执行的其他法律文书，由被执行人住所地或者被执行的财产所在地人民法院执行。”

《民事诉讼法》第236条第1款规定：“发生法律效力的民事判决、裁定，当事人必须履行。一方拒绝履行的，对方当事人可以向人民法院申请执行，也可以由审判员移送执行员执行。”《民事诉讼法》第236条第2款规定：“调解书和其他应当由人民法院执行的法律文书，当事人必须履行。一方拒绝履行的，对方当事人可以向人民法院申请执行。”

《民事诉讼法》第239条第1款规定：“申请执行的期间为二年。申请执行时效的中止、中断，适用法律有关诉讼时效中止、中断的规定。”《民事诉讼法》第239条第2款规定：“前款规定的期间，从法律文书规定履行期间的最后一日起计算；法律文书规定分期履行的，从规定的每次履行期间的最后一日起计算；法律文书未规定履行期间的，从法律文书生效之日起计算。”

参考文献

［1］罗佩华，郭可．物流法律法规［M］．3 版．北京：清华大学出版社，2021．

［2］王玫．物流法律法规［M］．3 版．武汉：华中科技大学出版社，2019．

［3］王芸．物流法律法规与实务［M］．3 版．北京：电子工业出版社，2017．

［4］马俊生，王晓阔．配送管理［M］．2 版．北京：机械工业出版社，2020．

［5］李爱华，王宝生．物流法律法规［M］．2 版．北京：清华大学出版社，2018．

［6］苏彩．物流法律法规［M］．北京：北京理工大学出版社，2013．

［7］赵阳．物流法律法规［M］．北京：机械工业出版社，2017．

［8］郭声龙．现代物流法规概论［M］．武汉：武汉理工大学出版社，2010．